Aufrichtig und von ganzem Herzen
möchte ich mich bei Ihnen, lieber Prof. Dr. Reinfried Pohl, bedanken.
Sie gaben mir die Chance und Möglichkeit, Ihre
wertvollsten Mitarbeiter über 30 Jahre
auf eine erfolgreiche Zukunft einzustimmen.

Nikolaus B. Enkelmann/
Claudia E. Enkelmann

Erst dein Traum macht dich groß

Wie Wünsche uns den Weg weisen

GABAL

Bibliografische Information der Deutschen Bibliothek

Die Deutsche Bibliothek verzeichnet diese Publikation in der Deutschen Nationalbibliografie; detaillierte bibliografische Daten sind im Internet über http://dnb.d-nb.de abrufbar.

ISBN 978-3-86936-114-7

Umschlaggestaltung: Martin Zech, Bremen | www.martinzech.de
Satz und Layout: Das Herstellungsbüro, Hamburg
www.buch-herstellungsbuero.de
Druck und Bindung: Salzland Druck, Staßfurt

www.gabal-verlag.de
Abonnieren Sie den GABAL-Newsletter unter:
newsletter@gabal-verlag.de

Inhalt

Vorwort *von Gerd Kulhavy*

Erst dein Traum macht dich groß – ein Buch, das Sie sicher ein zweites, drittes und viertes Mal in Ihren Händen halten werden. Nikolaus B. Enkelmann ist es auf faszinierende Art und Weise gelungen, mit diesem Buch ein Gesamtwerk über die Lehren und Gesetze des Lebensglücks und des Erfolgs zu verfassen und sie miteinander zu verbinden.

Nikolaus B. Enkelmann hat auf seinem Weg Hunderttausende von Menschen inspiriert und mit seinen Seminaren, Büchern und CDs auf ihrem Erfolgsweg begleitet. Er ist selbst immer wieder Schüler und Lehrender und hat mit vielen Denkern unserer Zeit zusammengewirkt. In seinem Werk *Erst dein Traum macht dich groß* verdichtet und komprimiert er seine Lehren und bringt sie in einer konzentrierten Essenz lebhaft, informativ und fundiert zum Ausdruck. Dieses Buch ist ein »Muss« für jeden erfolgsorientierten Menschen, der erkennt, dass Wissen nur durch Handeln zum Ausdruck kommt und jeder dafür selbst die Verantwortung übernehmen muss. Aus diesem Grunde halte ich es wie Erich Kästner: *»Es gibt nichts Gutes, außer man tut es.«*

Ich wünsche Ihnen viel Erfolg beim Finden Ihrer persönlichen Wahrheit und beim Gestalten Ihres Lebensglücks.

Herzlichst
Gerd Kulhavy

Geschäftsführer Speakers Excellence
www.speakers-excellence.de

Vorwort *von Professor Dr. Lothar Seiwert*

Wir Menschen sind fasziniert von Geheimnissen. Sie locken uns und verlocken uns, sie zu lüften. Um das Lüften eines der wichtigsten Erfolgsgeheimnisse geht es auch in diesem neuen Buch von Nikolaus B. und Claudia E. Enkelmann, das ich Ihnen hiermit ans Herz legen möchte. Denn so wie ich dem Geheimnis der Zeit auf der Spur bin, beschäftigen sich Nikolaus B. Enkelmann und seine Tochter Claudia schon seit vielen Jahrzehnten mit dem Geheimnis von Glück und Erfolg. Als erfahrener Zeitmanagement-Experte möchte ich Sie zudem motivieren, Ihre kostbare Zeit zu nutzen, um aus sich und Ihrem Leben das Beste zu machen. Dieses Buch nimmt Sie mit auf eine spannende Reise zu sich selbst. Es wird Ihnen Mut machen und wird Ihnen unglaublich viele umsetzbare Strategien aufzeigen. Strategien, mit denen es gelingt, ein traumhaftes Leben zu führen.

Eines wird dieses einzigartige Buch Ihnen jedoch nicht abnehmen: die Verantwortung für Ihre Zukunft. Vergessen Sie nie, dass dies ein großes Geschenk der persönlichen Freiheit ist und so jeder selbst dafür verantwortlich ist, was er aus seinem Leben macht, für was er sich entscheidet und welche Wege er geht. Nikolaus B. Enkelmann hat ein sicheres Erfolgssystem entwickelt – anwenden kann und muss es aber jeder selbst. Lassen Sie mich vorweg schon Folgendes verraten: Die beiden Autoren legen Ihnen immer wieder nahe, wie wichtig Selbsterkenntnis, Konzentration und Standfestigkeit sind. Nur wenn man für sich entschieden hat, in welchem Bereich man erfolgreich werden möchte, und kontinuierlich daran arbeitet, gibt es Aussicht auf persönlichen Erfolg.

Dieses Buch verändert Ihren Blick auf die Zukunft und lässt Sie nicht allein mit Ihren Ängsten. Mehr noch lüftet es schließlich das große Geheimnis des Erfolgs und verrät Ihnen die ganze Wahrheit. Sie haben es selbst in der Hand, ein *er*fülltes Leben statt nur ein *ge*fülltes Leben zu führen. Als Redner, Trainer und Buchautoren können wir Ihnen dazu zwar Hilfsmittel anbieten, umsetzen müssen Sie diese allerdings selbst. Dabei unterstützt Sie dieses Buch: Sie lernen zu unterscheiden, wann der Glaube ausreicht, wann Sie Ihr Leben tatsächlich beeinflussen können und wann große Schicksale uns nur noch die Freiheit lassen zu reagieren. In den vier großen Schritten *Wünschen, Planen, Wagen, Siegen* leitet Sie dieses Buch auf Ihren einzigartigen Lebensweg. Dieses Buch wird Ihr Schlüssel zu Ihrem persönlichen Glück und Erfolg; er begleitet Sie zu unterschiedlichen Türen und lässt Sie einen Blick in die dahinterliegenden Räume und Welten werfen. Lassen Sie diesen Schlüssel nicht ungenutzt. Ich wünsche Ihnen viel Spaß und viel Erfolg mit diesem Buch.

Prof. Dr. Lothar Seiwert

Bestsellerautor, Keynote-Speaker und
Präsident der German Speakers Association,
www.seiwert.de

Einleitung – von Visionen und Wünschen

> *»Wer keine Vision hat, vermag weder große Hoffnung zu erfüllen noch große Vorhaben zu verwirklichen.«*
> (THOMAS WOODROW WILSON)

Amerika stand kurz vor einem neuen Bürgerkrieg. Der Graben zwischen Schwarzen und Weißen schien unüberwindbar. Der Rassenkonflikt hatte seinen Höhepunkt erreicht. Am 28. August 1963 hielt der Bürgerrechtler Martin Luther King in Washington D. C. vor dem Lincoln Memorial eine Rede, die den 250 000 Zuhörern unter die Haut ging und Einzug in die Geschichtsbücher hielt. *»I have a dream«* – mit diesem Satz verkündete Martin Luther King öffentlich seine Vision von Freiheit und Gleichheit speziell für die afroamerikanische Bevölkerung der USA. Mit dieser Rede wollte er vor allem der schwarzen Bevölkerung die Aggression nehmen. Und wirklich: Martin Luther King veränderte mit seiner Vision die Welt: Schwarze und Weiße näherten sich an, die Diskriminierung nahm ab und mehr und mehr etablierte sich die Gleichberechtigung.

Visionäre verändern die Welt

Nicht nur Martin Luther King, auch andere große Persönlichkeiten veränderten mit ihrer Vision, mit ihrem starken Wunsch, die Welt. Was bisher unmöglich erschien, ist heute eine Selbstverständlichkeit. Denken Sie nur an Christoph Kolumbus, Otto Lilienthal, Henry Ford oder Mahatma Gandhi, den politischen und geistigen Führer der indischen Unabhängigkeitsbewegung: Er führte 1947 mit seinem Konzept des gewaltfreien Widerstands das Ende der britischen Kolonialherrschaft über Indien herbei. Gandhis Name gilt heute als Synonym für gewaltlosen Widerstand, für die Freiheit und die Wahrung der Menschenrechte. Heute wissen wir, wie sehr es sich lohnt, für seine Überzeugungen zu kämpfen: Ob sich Martin Luther King wohl hätte träumen lassen, dass im Jahr 2008 ein Farbiger zum Präsidenten gewählt wird? Was würde Mahatma Gandhi sagen, wenn er wüsste, dass Indien heute eine aufstrebende Industrienation ist und auf dem Gebiet der Informationstechnologie weltweit an zweiter Stelle steht?

Zum Beispiel: Claus Hipp

Auch im unternehmerischen Bereich gibt es viele Beispiele dafür, dass es allein durch eine große Vision, Ausdauer und Hartnäckigkeit möglich ist, sich und seine Überzeugungen durchzusetzen. Dr. Claus Hipp, Hersteller von Bio-Babynahrung, bekannt als »Pionier der Wertekultur«, setzt zum Beispiel beruflich und privat auf ethisch-ökologisches Handeln und die Übernahme gesellschaftlicher Verantwortung. Für seine gelebte Firmenphilosophie wurde Hipp mehrfach ausgezeichnet, unter anderem mit dem Verdienstkreuz 1. Klasse, dem BDI-Umweltpreis und dem Deutschen Gründerpreis für sein Lebenswerk. Immer wieder wird von Fällen berichtet, in denen Claus Hipp an seiner Überzeugung von ökologisch produzierter Babynahrung festhielt. So sollte er seine Produkte an die Drogerie-Kette Schlecker billiger abgeben. Dies sah er nicht ein, da er sonst nicht mehr ökologisch hätte produzieren können. Schlecker nahm die Hipp-Gläschen kurzerhand aus seinen Regalen. Nach einem Jahr konnte es sich Schlecker aufgrund der Kundennachfrage nicht mehr leisten, auf die Hipp-Produkte zu verzichten, und nahm sie wieder auf – ein Erfolg für Claus Hipp.

Zum Beispiel: Reinfried Pohl

Wirtschaftsgeschichte hat hierzulande Professor Dr. Reinfried Pohl geschrieben, als er mit über 47 Jahren seine Vision von einer Allfinanz-Idee verwirklichte. Er entwickelte erstmalig ein Konzept für die private Vermögensplanung aus einer Hand. Heute ist sein Unternehmen, die Deutsche Vermögensberatung AG (DVAG) in Frankfurt, mit über vier Millionen Kunden weltweit der größte eigenständige Finanzbetrieb und er kann zu Recht von sich sagen: *»Ich habe Finanzgeschichte geschrieben«*[1].

Zum Beispiel: Toni Innauer

Ganz große Visionen werden schließlich auch im Sport gelebt und verwirklicht. Denken Sie nur an Sir Edmund Hillary, den ersten Bezwinger des legendären Mount Everest. Oder an den österreichischen Skispringer Toni Innauer: Als dieser 1976 das erste Mal über 174 Meter weit sprang und im gleichen Jahr noch ein weiteres Mal den Weltrekord brach, war jeder überrascht, dass so etwas möglich war. Mehr noch: Innauer war der erste Skispringer der Geschichte, der für einen perfekten Sprung von den Sprungrichtern fünf Mal die Note 20 erhielt – eine Bewertung, die nach ihm bisher nur vier weitere Springer erhalten haben.

Eines wird bei all diesen Pionieren und Visionären deutlich: Sie haben bewiesen, dass sich die Grenzen des möglich Geglaubten erweitern lassen. Und solche Pioniere wird es im Lauf der Geschichte immer wieder geben. Ihnen folgt stets eine neue Generation, die wiederum Pioniere hervorbringt. Das Faszinierende an der Menschheit ist, dass sie ihre Grenzen noch längst nicht ausgereizt hat. In fünfzig oder hundert Jahren werden so viele Dinge möglich sein, von denen wir heute noch nicht zu träumen wagen. Und doch sollten wir dabei nicht vergessen, dass es immer einzelne Menschen waren, die an etwas glaubten und dann etwas schafften, was andere für unmöglich hielten.

Was ist Ihre Vision?

Wie sieht es mit *Ihrer* Vision aus? Haben Sie noch große Träume, einen großen Wunsch, eine große Vision, die Sie nicht mehr loslässt, die Sie unbedingt verwirklichen möchten? Nehmen Sie sich einige Minuten Zeit und denken Sie darüber nach. Wenn Ihnen nicht gleich etwas einfällt – spätestens wenn Sie dieses Buch gelesen haben, haben Sie herausgefunden, was Ihre Vision ist. Wenn Sie dann vielleicht auch nicht gleich die ganze Welt revolutionieren werden – zumindest Ihr eigenes Leben werden Sie dadurch nachhaltig positiv verändern!

Sie werden sich sicherlich fragen: Was bringt es mir überhaupt, mich mit dem Thema Visionen zu beschäftigen? Ganz einfach: Im Grunde will jeder Mensch ein gutes Leben führen, stolz auf sich und das Geleistete sein. Jeder Mensch will glücklich sein. Zum Glück gehören immer auch Erfolge. Sie sind für das menschliche Leben von entscheidender Bedeutung. Unsere These lautet:

Der Weg zu Glück, persönlicher Weiterentwicklung und Erfolg führt immer über Wünsche und Visionen. Daher ist es so wichtig, sich mit dem Thema Visionen auseinanderzusetzen!

Wie ist das bei Ihnen? Haben Sie schon einmal über folgende Fragen nachgedacht?

- Was bedeuten Glück und Erfolg für mich persönlich?
- Weiß ich, was mich glücklich und zufrieden macht?
- Kenne ich meine persönlichen Stärken und Schwächen?
- Was kann ich am besten und welche Talente habe ich?
- Habe ich Fähigkeiten, die ich gar nicht auslebe?
- Habe ich schon eine Erfolgsstrategie?
- Welche Vorbilder habe ich?
- Weiß ich, wie mein Unterbewusstsein arbeitet und wie ich mich von ihm unterstützen lassen kann?
- Wer oder was könnte mich bei meinen Vorhaben unterstützen?
- Wie steht es mit meinem Mut und meiner Motivation, um ins Handeln zu kommen?

»Der Wille zum Sinn«

Mit dem Streben nach einem erfüllten Leben kommt gleichzeitig die Frage nach dem Sinn des Lebens auf. So nehmen wir gleich zu Beginn unseres Buches das Ende vorweg: Wir sind fest davon überzeugt, dass der Mensch einen Sinn in seinem Tun und Dasein braucht. In diesem Punkt ist uns der große Psychiater Viktor E. Frankl ein Vorbild und Lehrer, wenn er betont: *»Es ist schwer zu leben, ohne für etwas zu leben.«* Die treibende Kraft des Menschen sah Frankl in dessen »Willen zum Sinn«. Ohne Lebensaufgabe tue sich ein existenzielles Vakuum auf. Wie kein anderer hat Frankl selbst eine tief beeindruckende Glaubwürdigkeit – er hat die Gräuel des Konzentrationslagers er- und überlebt (vgl. Kapitel 5).

Kapitel 1: Was ist Glück?

Am Anfang dieses Buches, in Kapitel 1, steht die Frage aller Fragen: Was ist überhaupt Glück? Die Glücksforschung – oder Happiness Research – sucht nach Antworten darauf. Wir beleuchten dieses Thema unter philosophischen, psychologischen, soziologischen, biologischen, ökonomischen und vielen weiteren Aspekten. Was die Forschung bisher über die guten Gefühle herausgefunden hat, erfahren Sie hier. Außerdem lassen wir verschiedene Stimmen zu Wort kommen, ob denn der Mensch Einfluss auf sein Glücksempfinden hat. In der Folge denken wir darüber nach, warum (mehr) Geld nicht glücklich(er) macht.

Worauf es vielmehr ankommt: Man sollte in der Lage sein, das große Glück auch im Kleinen zu finden, also in scheinbar banalen Dingen wie einem Spaziergang in einem Frühlingswald, einem netten Abend mit Freunden oder einem gelungenen Projekt. Weil unser Glück jedoch vor allem von unseren Beziehungen zu anderen Menschen und unserer Zufriedenheit mit der Arbeit abhängt, greifen wir auch dieses Thema auf. Doch Vorsicht: Wer zu angestrengt nach dem Glück sucht, verpasst es oder erkennt es möglicherweise gar nicht!

Kapitel 2: Die klassischen Denker

In Kapitel 2 lernen Sie verschiedene Lehren und Ansätze über die Suche nach Glück und Erfolg kennen. Die Wurzeln gehen dabei sehr weit zurück – bis in die Antike! Schon große griechische Denker haben Entwürfe gemacht, wie Glück und Glückseligkeit entstehen, wie man ein glückliches und tugendhaftes Leben führen kann. So befremdlich hier manches klingen mag – es hat enormen Einfluss auf alle weiteren Überlegungen im Lauf der Geschichte – bis heute! Lassen Sie sich von Aristipp, Aristoteles und Epikur inspirieren.

Kapitel 3: Ich denke, also kann ich!

Was haben unsere Gedanken mit Glück und Erfolg zu tun? Das erfahren Sie in Kapitel 3. Lesen Sie dort, welche gewaltige Macht Ihre Gedanken in Bezug auf Ihre Handlungen und somit auch auf Ihr Glück und Ihren Erfolg haben. Während Ihnen freundliche und optimistische Gedanken Vertrauen, Zuversicht und Zufriedenheit geben, lähmen Sie düstere und negative Gedanken geradezu und rauben Ihnen Motivation und Energie. Nur was Sie sich mit klaren Gedanken vorstellen können, können Sie auch verwirklichen! »*Achte auf deine Gedanken! Sie sind der Anfang deiner Taten*«, so sagt ein chinesisches Sprichwort: Vor jeder Tat steht ein Gedanke. Ihr Denken – in welcher Ausprägung auch immer – wirkt sich stets auf Ihre Taten und Vorhaben aus. Denken Sie daher bewusst positiv und konstruktiv und ebnen Sie so den Weg, damit sich Ihre Wünsche und Vorhaben realisieren!

Kapitel 4: Individualismus ist nicht Egoismus

Langfristiges Glück entsteht, wenn man eine Identität entwickelt, einen Sinn im Leben, in der täglichen Arbeit und in seinen menschlichen Beziehungen sieht. Daher hängt die Suche nach dem Glück eng mit der Sinnfrage zusammen. Die Sinnfindung wiederum ist im Zuge der Individualisierung der Gesellschaft wichtiger denn je geworden. Aus diesem Grund greifen wir in Kapitel 4 das Thema Individualismus auf und bringen hier einige interessante Aspekte aus der Soziologie ins Spiel. Sie erfahren hier, warum Individualismus nicht gleichzusetzen ist mit Egoismus und warum Selbstverwirklichung nicht unser höchstes Ziel sein sollte, sondern Sinnverwirklichung.

Kapitel 5: Worin liegt der Sinn des Lebens?

Die Frage nach dem Sinn vertiefen wir dann in Kapitel 5. Dieses bildet gleichsam den Dreh- und Angelpunkt des Buches: Wenn alles bestens läuft, denken wir nicht viel über den Sinn des Lebens nach, weil uns das Leben per se sinnvoll erscheint. Doch wenn wir uns in schwierigen Situationen befinden, wird die Sinnfrage höchst brisant. Professor Viktor E. Frankl, Psychiater und Begründer der Logotherapie, war zwangsläufig in seinem eigenen Leben auf der Suche nach dem Lebenssinn. Sein Ansatz für die Sinnfindung und die Sinnverwirklichung gibt uns wertvolle Hilfestellungen. Lesen Sie hier, wie Viktor Frankls persönliches Erfolgsgeheimnis lautete.

Kapitel 6: Was falsche Propheten versprechen

Warum denn alles so kompliziert, wenn es auch einfacher geht? Dies fragen sich möglicherweise Leser, die *The Secret* und ähnliche »Wünsch-dir-was«-Ratgeber gelesen haben. Klar können Sie Ihre Wünsche im Universum bestellen. Realistischer und vor allem erfolgversprechender sind jedoch das aktive Gestalten

Ihrer inneren Vision und Ihr persönlicher Einsatz. In Kapitel 6 *Falsche Propheten – die halbe Wahrheit* setzen wir uns mit zahlreichen Aspekten einiger esoterischer »Wünsch-dir-was«-Bücher und den darin vertretenen Lebensphilosophien auseinander und kommen zu dem Schluss: Denken Sie positiv, wünschen Sie sich etwas – und kommen Sie dann ins Handeln, anstatt nur zu wünschen und zu warten. Und: Sie werden sehen, dass sich dann auch ein ganz anderes Gefühl einstellt. Übernehmen Sie doch einfach selbst die Verantwortung für Ihr Leben.

Sie fragen sich jetzt sicherlich: »Worin liegt nun der große Unterschied dieses Buches zu den vielen ›Wünsch-dir-was-Büchern‹?« Ganz einfach, uns geht es um die Entfaltung Ihrer Persönlichkeit und die gezielte Selbstverwirklichung mit System. Wir wollen, dass Sie alles bekommen, was Sie sich wünschen, ohne jedoch Ihr Schicksal dem Zufall zu überlassen. Uns geht es auch darum, dass Sie sich etwas wirklich »Sinnvolles« wünschen. In einem Prozess filtern Sie Ihren wichtigsten und wertvollsten Wunsch heraus. Dieser Wunsch ist gleichsam Ihr großes Ziel, Ihre Vision – er gibt Ihrem Leben Sinn. Genau das sagt Viktor E. Frankl: Der Mensch braucht einen Sinn. Und damit Sie nicht »sinnlos« an das Universum Wünsche schicken und dabei möglicherweise nur kurzfristige und oberflächliche Bedürfnisse befriedigen, begleiten wir Sie im Prozess der positiven Selbsterkenntnis: Gehen Sie Schritt für Schritt vor und finden Sie so Ihren Herzenswunsch, für den es sich lohnt, mit Begeisterung und Leidenschaft zu leben!

Kapitel 7: Glücksgefühle zur Belohnung

Was genau hat denn nun Glück mit Wünschen zu tun? Das fragen Sie sich vielleicht nach der »1. Halbzeit«. Sehr viel, sagen wir. In Kapitel 7 erläutern wir Ihnen unsere eigene Glückstheorie. Sie ist quasi das fehlende Teil im Mosaik der unterschiedlichen Glücksphilosophien, Forschungsergebnisse und Erklärungsversuche. Der Grund: Sie bringt die menschliche Evolution ins Spiel und ermöglicht so eine schlüssige und überzeugende Erklärung für unser ständiges Suchen nach dem angenehmen Glücksgefühl. Wir kommen zu dem Ergebnis: Der beste Weg zum Glück führt über die aktive Verwirklichung unserer Wünsche und Träume!

Kapitel 8: Wünschen

Dazu sollten Sie zunächst einmal Ihre Wünsche überhaupt kennen! Dass dies gar nicht so einfach ist, erfahren wir immer wieder in unseren Seminaren. Oft genug treffen uns ratlose Blicke, wenn die wichtigsten Wünsche auf ein Blatt Papier notiert werden sollen. Nur wenn Sie gut nachdenken und die Übungen in Kapitel 8 Schritt für Schritt ausführen, werden Sie die befreiende Wunschklarheit erreichen. Wunschklarheit zu erhalten ist das wichtigste Ziel unseres Buches! Nun haben wir heute allerdings sehr viele Optionen und Möglichkeiten – das überfordert uns und wir haben Schwierigkeiten, uns zu entscheiden. Konzentrieren Sie sich daher bei der Suche nach Ihrem wichtigsten Wunsch auf das Wesentliche, auf Ihre eine große Vision. So umgehen Sie die Verlockungen der tausend Chancen und Möglichkeiten, die Sie tagtäglich umgeben.

Kapitel 9: Planen

Nach dem Wünschen folgt das Planen (Kapitel 9): Gut geplant ist halb gewonnen! Wo die Fans der »Wünsch-dir-was«-Manie die Hände in den Schoß legen, da geht bei Ihnen das Abenteuer erst richtig los! Aufschreiben bringt Sie Ihrem Wunsch näher. Daher sollten Sie sich jeden Wunsch und jedes Ziel unbedingt notieren. Eine ähnliche Wirkung hat das Visualisieren: Alles, was Sie sich vorstellen können, was Sie vor Ihrem inneren Auge sehen können, können Sie auch realisieren. Zum Planen gehört auch, dass Sie sich persönliche Vorbilder suchen und diese ganz intensiv studieren. Von wem sonst sollten Sie lernen, wenn nicht von jenen, die bereits realisiert haben, wovon Sie noch träumen? Da unsere Gewohnheiten erheblich unseren Lebenserfolg beeinflussen, sollten Sie Ihre Gewohnheiten einmal ordentlich durchchecken. Falls nötig, müssen Sie die eine oder andere lieb gewonnene, aber kontraproduktive Gewohnheit ablegen und durch eine neue, gute ersetzen. Wir erklären Ihnen die Hintergründe und wie Sie Ihrem Gehirn – das alles Neue grundsätzlich erstmal ablehnt – auf die Sprünge helfen können. Damit Sie das Wichtigste, nämlich Ihren wertvollsten Wunsch, nicht aus den Augen verlieren und ihn verstärken, bieten wir Ihnen auch noch eine Lektion Zeitmanagement sowie Anleitungen zur Autosuggestion.

Kapitel 10: Wagen

»Die Welt wird durch mutiges Handeln, nicht allein durch Denken verändert« – so lautet das Resümee von Kapitel 10 *Wagen*. Wenn Sie nicht aktiv werden und mutig den nächsten Schritt gehen, wird nichts passieren und Ihr Wunsch bleibt für immer nur ein Wunsch. Wenn Sie aber innerhalb von 72 Stunden aktiv werden, hat die Aufschieberitis keine Chance! Natürlich ist der erste Schritt immer auch eine Frage des Mutes. Welche Bedeutung der Mut für Ihren Wunsch hat, lesen Sie ebenfalls in diesem Kapitel. Eine gehörige Portion Optimismus brauchen Sie außerdem. Erfahren Sie, warum der Mensch von Natur aus Optimist ist. Da kann man gar nicht mehr dauerpessimistisch sein! Und wenn Sie in eine Krise geraten, wenn sich Zweifel und Verunsicherung auftun, wenn Ihnen Fehler unterlaufen? Dann sehen Sie es sportlich: In jeder Krise steckt ein Abenteuer, eine Chance. Jede Verunsicherung, die überwunden wird, lässt Sie wachsen. Jeder Fehler lässt Sie dazulernen. Dies vor Augen, können Sie schon wesentlich gelassener an die Realisierung Ihres wichtigsten und wertvollsten Wunsches herangehen.

Kapitel 11: Siegen

In Kapitel 11 geht es schließlich darum, was den letzten Ausschlag zu Ihrem Erfolg, zum Siegen, gibt. Zwischen Erfolg und Nicht-Erfolg liegen 10 000 Stunden voller Training und Ausdauer, so zeigen es Studien. Talent spielt überhaupt keine so große Rolle, wie immer angenommen wird. Was heißt das konkret für Sie? Wenn Ihr Vorhaben nicht gleich klappt, können Sie vieles nicht mehr auf Ihre mangelnde Begabung schieben. Sie müssen sich einfach mehr reinhängen und: üben, üben, üben! Und wenn Sie Ihrer Vision näher gekommen sind, wenn sich für Sie ein Wunsch erfüllt hat, dann feiern Sie dies und lassen Sie Mitarbeiter, Familie und Freunde an Ihrer Freude und Ihrem Erfolg teilhaben. Ist etwas gut gelaufen, so ist es für andere ungeheuer motivierend, wenn Sie ihnen ein positives Feedback geben. Und für Sie selbst ist eine Belohnung natürlich auch ein enormer Ansporn!

Kapitel 12: Leben Sie Ihren Traum!

»Heute ist ein wichtiger Tag in meinem Leben, heute ist der Beginn meiner Glückszeit.« – Wir wünschen Ihnen, dass Sie dies nach der Lektüre unseres Buches auch für sich sagen können (Kapitel 12)! Mit den 33 Weisheiten des Wünschens und zwei ergreifenden Geschichten geben wir Ihnen einen letzten kostbaren Schlüssel mit auf den Weg: Leben Sie Ihren Traum – und beginnen Sie heute damit!

Noch ein Hinweis zum Gebrauch dieses Buches:* Es ist nicht notwendig, dass Sie es von vorne bis hinten durchlesen. Sehen Sie sich erst einmal das Inhaltsverzeichnis an und markieren Sie die für Sie spannendsten Kapitel. Lesen Sie zunächst nur diese Kapitel und streichen Sie wichtige Sätze an. Erarbeiten, Umsetzen, Anwenden – das muss Ihr Ziel sein. Machen Sie viele Randbemerkungen und Ausrufezeichen. So erarbeiten Sie sich nach und nach Ihr persönliches Erfolgswissen und die Strategie für die Umsetzung Ihrer Vision und die Erfüllung Ihres Wunsches. Durch den Prozess der positiven Selbsterkenntnis und der Sinnfindung stellen sich Glück, Erfolg und Zufriedenheit wie von selbst ein!

Nikolaus B. Enkelmann
Dr. Claudia E. Enkelmann

Königstein im Taunus
www.enkelmann.de

---

* Der besseren Lesbarkeit wegen haben wir in der Regel auf die weibliche Sprachform verzichtet. Wir bitten alle Leserinnen um Verständnis. Bitte beachten Sie außerdem, dass alle Zitate, deren Urheber nicht ausdrücklich erwähnt ist, von Nikolaus B. Enkelmann stammen.

1. Die ewige Suche nach dem Glück

»Wo, bitte, geht's zum Glück? Ist, wer Glück hat, auch glücklich?« – der Spiegel formuliert, was die Menschen seit jeher bewegt.[1]

Glück hat Konjunktur

»Wie werde ich glücklich?« »Kann ich mein Glück beeinflussen?« »Und wieso kann ich es nicht festhalten?« Sicherlich haben Sie sich – bewusst oder unbewusst – diese Fragen auch schon gestellt. Da sind Sie nicht allein, denn solche Fragen brennen gerade in unseren turbulenten, krisengeprägten Zeiten vielen Menschen unter den Nägeln. Sie suchen Hilfestellung und greifen zu einem der Ratgeber, die momentan die Regale der Buchhandlungen füllen: *Die Glücksformel, The Secret, Der Glücks-Faktor, Glück kommt selten allein*. All diese Titel versprechen den zuverlässigen Weg zum Glück – und werden vom Publikum dankbar gekauft. Gemeint ist bei allen das Glücksgefühl, jene wohlige Wärme, die einen in bestimmten Situationen durchströmt. Die Glückswissenschaft erlebt eine Hochkonjunktur sondergleichen. Immer mehr Glücksforscher und Glücksinstitute treten auf den Plan – die Amerikaner und damit die neue, positive Psychologie haben dabei scheinbar die Nase vorn. Die Suche nach dem Glück – ist sie mehr als die Jagd nach einem Phantom?

Glückssuche ist Orientierungssuche

Der Wunsch, glücklich zu sein, ist so alt ist wie die Menschheit. Bereits in der Antike haben die Menschen systematisch über das Glück nachgedacht. Die griechischen Denker, die bekanntlich das christliche Abendland entscheidend geprägt haben, haben verschiedene Glücksphilosophien entworfen (ausführlich in Kapitel 2 *Schon die alten Griechen wollten es wissen*). In unserer modernen Welt ist Glücksforschung – die empirische Form der

Glücksphilosophie – besonders gefragt. Was ist der Hintergrund dieses Booms, dieser Euphorie, die nicht selten in esoterischen Halbwahrheiten endet? (Lesen Sie mehr dazu in Kapitel 6 *Falsche Propheten – die halbe Wahrheit*.) Ist es nur die Frage nach dem tieferen Sinn für alles, die nach Antwort sucht? Sicherlich haben Sie sich diese Frage auch schon einmal gestellt, vielleicht, als Sie gerade von Termin zu Termin gehetzt sind, fünf Dinge gleichzeitig erledigen mussten und schlechte Stimmung an Ihrem Arbeitsplatz herrschte. Viele Menschen empfinden ihre Lebensbedingungen als belastend: Stress im Beruf, Sorgen im privaten Bereich, Beziehungsprobleme, Unzufriedenheit auf allen Ebenen, fehlende Selbstverwirklichung, Reizüberflutung – und schließlich die Sinnfrage: Warum bin ich hier und was soll das Ganze? Verunsicherung macht sich breit. Ein starker Wunsch nach praktischer Lebenshilfe ist entstanden. Die Menschen suchen nach Antworten und würden sich am liebsten die Welt mit wenigen einfachen Worten erklären lassen.

Was ist überhaupt Glück?

Was ist Glück? Wenn Sie zehn Menschen diese Frage stellen, werden Sie voraussichtlich zehn verschiedene Antworten erhalten. Glück scheint also immer das zu sein, was jeder Einzelne jeweils darunter versteht.

Dichter und Denker über das Glück

»Gott, was ist Glück?«, grübelte auch Theodor Fontane und antwortete bescheiden: *»Eine Grießsuppe, eine Schlafstelle und keine körperlichen Schmerzen, das ist schon viel.«*[2] Ernest Hemingway sagte, Glück sei *»einfach eine gute Gesundheit und ein schlechtes Gedächtnis«*. Bei Buddha heißt es dagegen schlicht: *»Glück allein ist der innere Friede.«* Goethe dichtete: *»Glücklich allein ist die Seele, die liebt.«*[3] Und der französische Philosoph Voltaire nahm die Frage nach dem Glück humorvoll: *»Wir alle suchen das Glück, wissen aber nicht, wo es ist – wie ein Betrunkener, der sein Haus sucht und sich nur dunkel erinnert, dass er eines hat.«* Pessimistisch sieht es dagegen Sigmund Freud: *»Glück ist im Plan der Schöpfung nicht enthalten.«*[4]

So eindeutig scheint also niemand zu wissen, was Glück ist. Vielleicht kommen wir einen Schritt weiter, wenn wir fragen: Was macht glücklich? Nicht wenige würden heute antworten: »Geld und Luxus.« Die werden zwar landläufig als Glücksfaktoren gefeiert – doch sie allein können den Menschen nicht glücklich machen, vor allem nicht, wenn ihm die Anerkennung fehlt. Denn die Anerkennung durch andere, durch Partner, Familie, Arbeitskollegen, Freunde, ist eine weitere wichtige Quelle für Glücksgefühle. Allerdings nicht die einzige! Werfen wir einen Blick auf einige aktuelle Umfragen und Untersuchungen.

Was sind die Quellen für Glück und Wohlbefinden? Eine bundesweite Befragung der Bertelsmann-Stiftung zeigt, dass zum Glück der Menschen ganz unterschiedliche Aspekte beitragen:[5]

Eine Umfrage: Was macht glücklich?

Freunde und Partnerschaft sind nach Ansicht der Befragten die wichtigsten Quellen persönlichen Glücks. Aber auch das Erreichen selbst gesteckter Ziele sowie das altruistische Moment – Gutes tun, um anderen zu helfen – sind für viele eine wichtige Glücksquelle. Eher hedonistische Faktoren (»schönes Haus«, »schöner Urlaub«, »fit sein durch Sport«) sind aus Sicht der Bevölkerung dagegen nur von mittlerer Wichtigkeit für persönliches Glück. Immer wieder etwas Neues erlernen zu können, macht nach Ansicht von 40 Prozent der Befragten »sehr« glücklich.

Auch die Münchner Ethnologin Annegret Braun ist der Frage nachgegangen, was Glück überhaupt ist. Im Rahmen eines Projekts über »Glückssuche und Glückserleben im Alltag« an der Ludwig-Maximilians-Universität hat sie ihre Studenten über 700 Interviews führen lassen. Ziel war, reale Glückserlebnisse zu sammeln. Auch hier wurde deutlich, dass sich bei jedem Menschen in ganz unterschiedlichen Situationen das Glücksgefühl einstellt:

- bei einem Heiratsantrag
- bei einem überraschenden Geschenk
- bei Anerkennung und Bestätigung im Beruf
- bei einer positiven Work-Life-Balance

Quellen für Glück und Wohlbefinden

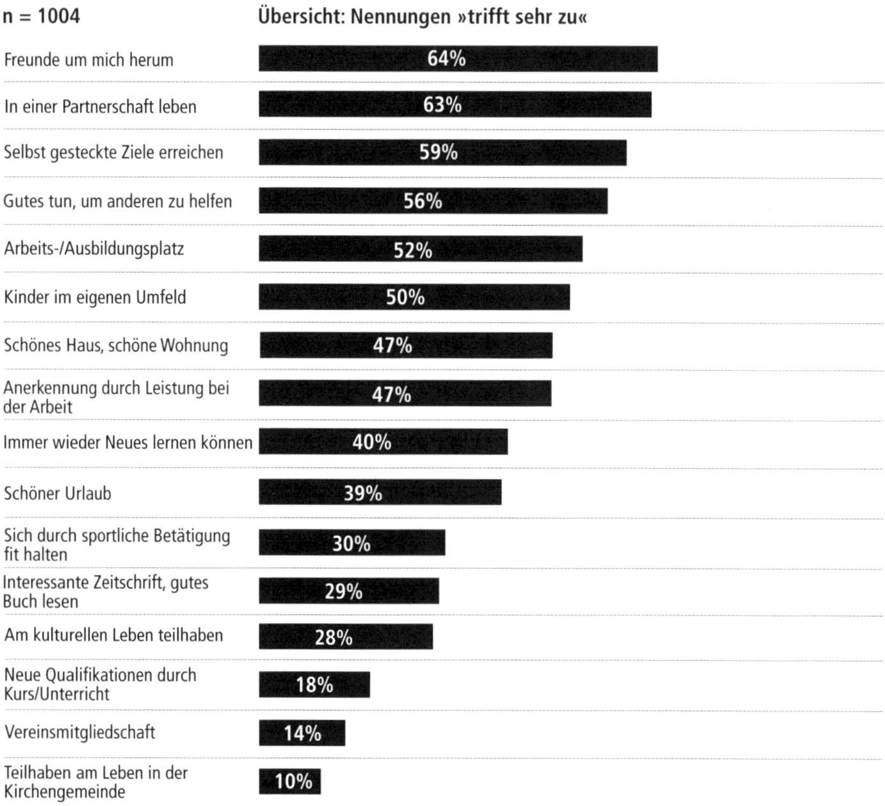

BertelsmannStiftung

- wenn die zwischenmenschlichen Beziehungen stimmen
- bei schönen Naturerlebnissen und sportlichen Erfolgen usw.

Dreierlei Glück

Glück, so folgert Annegret Braun, lässt sich in drei verschiedene Kategorien einteilen: Euphorie, Freude und Zufriedenheit.

- Das *euphorische Glück* kann uns ganz unvermittelt und überraschend begegnen, etwa in Form eines wunderbaren Regenbogens nach einem Gewitter.

- *Zufriedenheit* ist eine Form von Glück, die nicht ganz so intensiv ist wie die Euphorie, dafür aber lange anhält. Zufrieden ist man beispielsweise mit seinem Leben, seiner Ehe, seinen Kindern usw.

- Zwischen euphorischem Glück und Zufriedenheit ist die *Freude* angesiedelt. Dabei kann es sich zum Beispiel um die Vorfreude auf ein gutes Essen handeln.

Der Ethnologin Braun zufolge zeigt ihre Studie[6], dass viele kleine Freuden mehr zu einem glücklichen Leben beitragen als wenige große Glückserlebnisse.

Epikur über Glück

Dieser Meinung war schon Epikur. Für den berühmten Denker der Antike bedeutete Glück vor allen Dingen die Abwesenheit von Unlust und Schmerz. Er war überzeugt: Glück erreicht, wer sich aus der Welt der geschäftigen Eitelkeit und des getriebenen Ehrgeizes zurückzieht. Und mit Freunden einfache Freuden teilt. Viele haben Epikur als Lüstling verkannt. Er war aber keiner! Unter Freuden verstand er schlichtweg Wasser, Brot, Worte und ab und zu ein Gläschen Wein. (Mehr dazu in Kapitel 2 *Schon die alten Griechen wollten es wissen*.)

Kant über Glück

Ende des 18. Jahrhunderts räumte allerdings einer entschieden mit den gut gemeinten Ratschlägen der Alten auf: Immanuel Kant war der Meinung, es solle jedem selbst überlassen bleiben, wie er sein Leben führt. Was war der Hintergrund? Die Lehren der antiken Glücksphilosophie stimmten nicht überein mit seinem rationalen Glücksverständnis. Kant definierte Glück ausschließlich über den Begriff der Pflicht: Wenn der Mensch seine Pflichten verwirkliche und die Rechtsvorschriften respektiere, stelle sich ein Glücksgefühl ein. (Lesen Sie mehr über Immanuel Kant in Kapitel 3 ab Seite 62.)

Später interpretierten auch andere Philosophen und Denker das Glück als Abwesenheit von Unglück. Dass sich Unglücke ereignen und Dinge schiefgehen, sei der Normalzustand. Glück sei damit erfahrbar als Nichtereignis des Schlechten. So philosophierte Georg Wilhelm Friedrich Hegel: *»Die Weltgeschichte ist nicht der Boden des Glücks. Die Perioden des Glücks sind leere Blätter in ihr.«*[7]

Glück sei ein bewertender Begriff, der im Nachhinein auf Erlebnisse angewandt wird, stellt der Münchner Gehirnforscher Professor Ernst Pöppel[8] fest. Demnach erleben wir also etwas unmittelbar und spüren den Glücksmoment. Erst später abstrahieren und bewerten wir den Glücksmoment und nennen ihn »Glück«.

Glück haben – glücklich sein

Was hat ein Lottogewinn mit Glück zu tun? Wer im Lotto gewinnt, hat Glück gehabt. Ob ihn der Gewinn glücklich macht, ist eine ganz andere Frage. Die deutsche Sprache unterscheidet – genau wie die lateinische – zwischen Glück haben (lat. fortuna) und glücklich sein (lat. felicitas). Uns interessiert hier in jedem Fall das »Glücklich-Sein«.

Wussten Sie, dass das Wort »Glück« auch die Bedeutung von »gelingen« hat? Im Mittelniederdeutschen kommt »Glück« in der Gestalt des »Geluckes« vor. Auch heute noch sagen wir »Das ist mir geglückt« und meinen damit, dass uns ein Vorhaben gelungen ist, dass wir es zu einem erfolgreichen Ende gebracht haben. Wenn Sie zum Beispiel Freunde eingeladen haben und das neue Gericht ist Ihnen so richtig gut gelungen, sind Sie glücklich. Wenn Ihr Sohn das Abitur bestanden hat, ist er glücklich – und Sie sind es natürlich auch. Sie sehen: Glücklich sein hat auch etwas mit Zielen zu tun: Sie fühlen sich glücklich, wenn Sie sich ein Ziel gesetzt haben und dieses tatsächlich erreichen.

Was die Forschung über die guten Gefühle weiß

Seit den 1990er-Jahren beschäftigen sich Wissenschaftler intensiv mit positiven Gefühlen. Es gibt mehrere Tausend Studien zum Thema. Die Glücksforschung boomt, insbesondere in den USA. Und Amerika ist auch das Land, in dem es die ersten Universitätslehrstühle für die sogenannte »Positive Psychology« gibt. Das liegt möglicherweise daran, dass das Streben nach Glück bereits in der amerikanischen Verfassung verankert ist. Die amerikanische Bestimmung »Pursuit of Happiness« ist einzigartig in der Welt und ein fester Bestandteil des amerikanischen Bewusstseins. Wenn das Streben nach Glück zum Menschenrecht erklärt wird, dann bedeutet das eine enorme Aufwertung menschlicher Freiheit. Den »Pursuit of Happiness« darf man aber nicht falsch verstehen: Der Staat hat nicht die Aufgabe, Glück zu garantieren, sondern soll nur das Streben nach Glück möglich machen!

Die interdisziplinäre Beschäftigung mit dem Glück

Früher haben nur die Philosophen über das Menschen bewegende Thema Glück nachgedacht. Heute hat sich ein breites interdisziplinäres Forschungsprogramm daraus entwickelt. Soziologien, Psychologen, Biologen, Pädagogen, Ökonomen, Ethnologen, Staatstheoretiker, Literatur-, Kultur-, Kommunikations- und Religionswissenschaftler steuern ihre Erkenntnisse bei. Während die einen primär die Hirnforschung im Blick haben, interessieren sich andere für kulturspezifische Glücksvorstellungen. Im Grunde führen sie alle das systematische Nachdenken über das Glück weiter, das in der Antike begonnen hat, und machen somit das Thema Glück wissenschaftlich greifbar.

Flow – mit sich eins sein

Von Professor Mihaly Csikszentmihalyi erhielt das Glück einen besonderen Namen: *Flow*. Dieser Glücksforscher brachte das »Gerede vom Glück« erst so richtig ins Rollen. Auch wenn es Ihnen nicht bewusst ist, so kennen Sie sicherlich den Zustand, den Csikszentmihalyi mit Flow beschreibt: das völlige Versinken in eine Tätigkeit, das Sie alles um Sie herum vergessen lässt – beim Tanzen, Klettern, Segeln oder Skifahren ebenso wie beim Musizieren, Malen oder Schachspielen. Flow empfinden Kinder, wenn sie sich in ihr Spiel versenken und das Gefühl für die Zeit verlieren. Flow strömt in den Programmierer, wenn er nach der Lösung für ein hoch kompliziertes Problem sucht. Flow tritt ein, wenn

- Ihre Aktivität ein deutliches Ziel hat (zum Beispiel eine Klettertour zu einem Berggipfel),
- Sie sich voll darauf konzentrieren können (Sie werden nicht abgelenkt, etwa durch Gespräche),
- Sie weder über- noch unterfordert sind (Schwierigkeitsgrad der Klettertour und Ihre körperliche Fitness stehen im ausgewogenen Verhältnis zueinander).

Ein Flow-Erlebnis vermittelt Ihnen das Gefühl, eins zu sein mit sich selbst, mit Ihren Mitmenschen und mit Ihrer Umgebung. Hier zeigt sich die ganzheitliche Sichtweise vom Glück:

Glücklich ist der Mensch nur, wenn er »ganz« ist.

Wie wichtig es ist, in einer Aufgabe aufzugehen und sich selbst dabei zu vergessen, erkannte übrigens schon sehr früh Viktor E. Frankl. (Mehr dazu in Kapitel 5.)

Glück ist individuell verschieden

Glück ist sehr individuell, meint der ungarische Glücksforscher Csikszentmihalyi. Für jeden bedeutet Glück etwas anderes. Wenn Sie also glücklich sein möchten, stehen Sie vor der Aufgabe, Ihr Glück im Tun zu entdecken. Was heißt das konkret? Zunächst müssen Sie sich selbst kennenlernen. Erst wenn Sie Ihre eigenen Bedürfnisse, Fähigkeiten und Wünsche kennen, können Sie sich auf den Weg zum Glücklichsein begeben (lesen Sie dazu auch Kapitel 8 *Wünschen – ganz praktisch*).

Glück kommt nicht nur als kurzer Glücksmoment daher, sondern kann sich auch ausbreiten als langfristiges Lebensglück. Die meisten Glücksforscher unterscheiden folglich zwischen kurzfristigem Glücksgewinn und langfristigem Lebensglück. Konsum verschafft beispielsweise einen kurzen Glücks-Kick – doch das langfristige Lebensglück bleibt aus. Konsum, das »gekaufte Glück«, erweist sich allzu oft nur als Strategie, mit der

Ein Märchen

Zwei Mönche suchten in ihrer Klosterzelle nach dem Haus des Glücks. Um dieses zu finden, studierten sie in vielen Büchern, bis sie eines Tages in einem uralten Buch einen Hinweis fanden. Dort stand geschrieben: Das Haus des Glücks befindet sich an einem Ort, wo sich Himmel und Erde berühren. Sie leisteten einen Schwur, dass sie so lange nach dem Haus des Glücks suchen würden, bis sie es gefunden hätten. Und so begannen sie ihre Suche und ließen sich auch durch die größten Widerstände nicht von ihrem Weg abbringen. Nach vielen Jahren und mühevollen Versuchen entdeckten sie eines Morgens in der Ferne eine Stelle, an der sich Himmel und Erde berührten. Voller Herzklopfen gingen sie darauf zu. Als sie die Stelle erreichten, sahen sie ein altes Haus. Sie betraten voller Aufregung das Haus des Glücks und bemerkten zu ihrem Erstaunen, dass sie in ihrer Zelle standen. In diesem Augenblick erkannten sie, dass die Stelle, wo Himmel und Erde sich berühren, der Ort ist, an den Gott uns hingestellt hat.

das eigentliche Bedürfnis verdeckt wird. So steckt zum Beispiel hinter dem Wunsch nach einem teuren Auto ganz einfach das Bedürfnis nach Aufmerksamkeit, Anerkennung und Respekt.

***Das* Glück gibt es nicht**

»*Was man besitzt, verliert den Reiz*« – dieser Meinung ist Alfred Bellebaum[9], der ebenfalls dem ersehntesten aller Zustände, dem Glück, auf der Spur ist. Der Soziologe gilt als deutscher Pionier der Glücksforschung und gründete 1990 das Institut für Glücksforschung e.V. in Vallendar. Die Schuld daran, dass die Freude über das Erreichte oft schnell verfliegt, trägt die Erlebnisorientierung der Gesellschaft. Das heißt, die Menschen jagen immer stärkeren Genüssen nach. Kleine Freuden zählen oft nichts mehr. Und wie definiert der Glücksforscher, der sich mit großer Hingabe seiner Wissenschaft widmet, das Glück? Dazu sagt Bellebaum in einem Interview: »*Ich definiere das Glück nicht.*

Für mich ist Glück das, was sich Menschen unter Glück vorstellen … Es gibt so unterschiedliche individuelle und gesellschaftlich vermittelte Glücksvorstellungen, dass alle Versuche, zu einer verbindlichen Definition zu kommen, fehlschlagen müssen.«[10]

Minutenglück

Goethe hielt Glück für zeitlich begrenzt: *»Einen Regenbogen, der eine Viertelstunde steht, sieht man nicht mehr an.«* Heinrich Heine drückte es so aus: *»Das Glück, das gestern mich geküsst, ist heute schon zerronnen.«* Darin sind sich Dichter, Denker und Glücksforscher einig: Das Glücksgefühl ist nur von kurzer Dauer. Es hält nie lange an. Steigt der Hochstimmungspegel durch »unverdientes« Glück an (etwa einen Lottogewinn, siehe Seite 35), so sinkt er nach spätestens sechs Wochen wieder auf ein normales Niveau.

Gut, sagt Professor Pöppel, dass das Glück nur kurz andauert und sich in der Regel nur in flüchtigen Glücksmomenten einstellt. Wenn Sie sich schon einmal in ganz euphorischen Augenblicken wie berauscht gefühlt haben, können Sie die Erklärung von Ernst Pöppel nachvollziehen: Lange andauerndes Glück würde wie eine Droge wirken, uns in einen Rausch versetzen und uns schaden.[11]

Glücklichsein ist ansteckend

Wenn Sie glücklich sind und dies Ihren Mitmenschen zeigen, beispielsweise durch ein strahlendes Lächeln, können Sie diese leicht mitreißen. Das liegt an bestimmten Nervenzellen des Gehirns, die seit 1991 als »Spiegelneurone« bekannt sind.[12] Diese können Sie sich am besten als nervliche Nachahmer fremder Gefühle vorstellen: Sie sitzen im Kino, sind völlig ergriffen vom Happy End und fühlen sich ein bisschen so, als hätten Sie selbst den glücklichen Ausgang erlebt. Dank der Spiegelneurone haben Sie sich mit dieser Filmszene identifiziert und im wahrsten Sinn des Wortes »mitgefühlt«. Nachempfundenes Glück macht also auch ein bisschen glücklich.

Wie Spiegelneurone wirken

Giacomo Rizzolattis Entdeckung war eine der großen wissenschaftlichen Sensationen der letzten Jahre und gab auf einen Schlag vielen scheinbar ausschließlich menschlichen Fähigkeiten eine biologische Basis: Sie erklärt, warum wir ein Lächeln erwidern, warum wir intuitiv verstehen, was andere fühlen, warum wir die Freude, das Glück, aber auch den Schmerz anderer Menschen mitempfinden können. Diese Phänomene der Gefühlsübertragung sind uns so vertraut, dass sie uns ganz selbstverständlich vorkommen. Nur wenn sie ausbleiben, werden wir uns dieser Phänomene bewusst. Menschen reagieren selbst wie unter Schmerz, wenn sie den Schmerz einer anderen Person erleben. Für andere Menschen ist ein ganzer Tag gerettet, wenn sie ein freundliches Lächeln sehen. Wir steigen regelmäßig auf Stimmungen und Situationen, in denen andere sich befinden, emotional ein und lassen dies durch verschiedene Formen unserer Körpersprache sichtbar werden. Meist dadurch, dass wir die zu einem Gefühl gehörenden Verhaltensweisen unbewusst imitieren oder reproduzieren.

Wir spiegeln andere

Diese sogenannten Resonanzphänomene können im Alltag auch bei ganz normalen körperlichen Bewegungen auftreten. Oft übernehmen sitzende Gesprächspartner – vor allem, wenn ihnen jemand sympathisch ist oder wenn sie im guten Einvernehmen sind, unwillkürlich dieselbe Körperhaltung, die kurz zuvor der andere eingenommen hat. Sicher ist Ihnen schon einmal aufgefallen, dass Ihr Gesprächspartner das Bein überschlägt, wenn Sie dies gerade ebenfalls getan haben, oder? Die »Ansteckung« funktioniert also nicht nur bei Emotionen, sondern auch bei Bewegungen und Haltungen.

Alles Übungssache? – Ist jeder seines Glückes Schmied?

»Was gibt uns wohl den schönsten Frieden, als frei am eignen Glück zu schmieden«, dichtete Johann Wolfgang von Goethe. Wie gern wären wir unseres eigenen Glückes Schmied und würden unser Glück aktiv herbeiführen, ja sogar erkaufen! Doch hat es jeder Einzelne überhaupt in der Hand, glücklich zu sein?

Glück ist auch Einstellungssache

Glück lässt sich nicht so einfach einfangen – und schon gar nicht kaufen. Der berauschende Glücksmoment, das ersehnte Hochgefühl, das nachhaltige Flow-Erlebnis – all dies sind äußerst flüchtige Erscheinungen. Allerdings, so meint der Soziologie-Professor Ruut Veenhoven von der Universität Rotterdam, gibt es sehr wohl eine unterschiedlich ausgeprägte psychische Fähigkeit, glücklich zu sein. Darauf beruhe der Unterschied zwischen eher glücklichen und eher unglücklichen Menschen. Glück sei nicht pures Schicksal, sondern Sie können – zumindest in einem gewissen Umfang – Ihres eigenen Glückes Schmied sein![13] Das bedeutet, dass das Glück ein Zustand ist, für den Sie bereit sein müssen und den Sie für sich kultivieren müssen.

Die logische nächste Frage lautet: Nehmen Menschen, die unglücklich sind, möglicherweise die Glücksmomente oft gar nicht richtig wahr? Grundsätzlich ist jeder dazu fähig, glücklicher zu sein. Aber kleine Glücksmomente, die en passant daherkommen, werden oft übersehen.

Selbst Glücksquelle sein

Der Glücksforscher David Lykken, Psychologieprofessor an der University of Minnesota, hat die Frage, ob wir in der Lage sind, unser Glücksempfinden zu beeinflussen, experimentell überprüft.[14] Dafür hat er sich in einem Krankenhaus umgesehen und die Patienten beobachtet. Überrascht musste er feststellen, dass Menschen, die schlimme Diagnosen hatten und im Rollstuhl saßen, eine enorme Lebensfreude ausstrahlten. Ja, sie waren sogar in der Lage, ihre Mitmenschen damit anzustecken. Offensichtlich gibt es Freude, die unabhängig von äußeren Bedingungen ist. David Lykken folgert: Glück ist die Erfahrung, dass wir selbst die Quelle der empfundenen Freude sein können. Diese Erfahrung machen wir als Kinder. Sobald wir allerdings erwachsen werden, beginnen wir feste Vorstellungen vom Glück zu entwickeln. Je fester diese Vorstellungen, umso unzufriedener sind wir. Und umgekehrt: Je flexibler unsere Vorstellungen vom Glück, desto zufriedener können wir werden. Glück habe nichts mit Alter, Geschlecht und Herkunft zu tun. Reichtum und Komfort brächten auch nichts, ebenso wenig Intelligenz, Bildung oder große Ereignisse[15] (lesen Sie mehr zum Thema Geld und Glück auf Seite 35).

Glücklich sein ist also trainierbar, sagt die Gehirnforschung. Was Sie dazu beitragen müssen? Sorgen Sie täglich dafür, dass

Sie Grund zu Freude haben. Wenn Sie sich in freudiger Stimmung befinden, ist ein Belohnungszentrum in Ihrem Gehirn sehr aktiv (siehe auch Kapitel 3, Seite 66). Dadurch verdichtet sich die Verästelung der Neurone im Gehirn. Wie ein Muskel, den Sie durch Training leistungsfähiger machen können, kann das Areal der positiven Emotionen im Gehirn durch freudige Momente stärker ausgeprägt werden.

Die Idee, dass Glück bis zu einem gewissen Grad erlernbar ist, tauchte bereits bei Aristoteles auf.[16] Konkret bedeutet das: Wer glücklich sein will, muss erst seine eigenen Bedürfnisse kennen! Für Sie persönlich heißt dies, dass Sie sich über Ihre Wünsche klar werden müssen. Denn der Weg zum Glück kann nur über Ihre Wünsche führen.

Dickes Bankkonto – schmales Glückskonto

Immer wieder wird die Frage nach dem Glück zu Geld und Wohlstand führen: Macht Geld glücklich? Nicht automatisch, haben Glücksforscher festgestellt. Für Menschen, die unter dem Existenzminimum und in Armut leben, bedeutet Geld sehr wohl Glück. Sind allerdings die Grundbedürfnisse gedeckt, hat Geld kaum mehr einen maßgeblichen Einfluss auf das Glücksempfinden. Im Gegenteil: An ein gutes Gehalt gewöhnt man sich schnell. Das gilt übrigens für sämtliche Annehmlichkeiten. Langfristig glücklicher werden lassen sie uns nicht. Der Zusammenhang zwischen Reichtum und Glück ist nach Meinung des Oxford-Professors Michael Argyle *»erstaunlich gering«*. Hundert befragte Supermillionäre mit jeweils mehr als 125 Millionen Dollar Vermögen fühlten sich zu 67 Prozent glücklich, zufällig ausgewählte Amerikaner zu 62 Prozent.[17]

Ein Lottogewinn macht eher unglücklich

Und was ist mit den Lottogewinnern, die von heute auf morgen über oft atemberaubende Summen verfügen? Die Fakten: 80 Prozent aller Lottomillionäre sind nach drei Jahren wieder finanziell da, wo sie vorher waren.[18] Manche sind sogar höher verschuldet als vor dem Gewinn. Und was ist mit dem Glück?

Nach kurzer Euphorie versinkt die Mehrzahl in Trübsinn – sie haben einen richtigen Glückskater. Zudem übersteigt drei Jahre nach dem Ereignis die Zahl der Depressiven bei Weitem den Durchschnitt der Bevölkerung. Dies fand Professor Andrew Oswald von der britischen Warwick University in einer Studie heraus. Er hatte Lottogewinner nach ihren Erfahrungen gefragt. Welche Erklärung hat der Sozialpsychologe dafür, dass Geld offensichtlich nicht glücklich macht? Er meint dazu: *»Wer viel Geld bekommt, lebt nur dieselben alten Muster in einer luxuriösen Umgebung aus. Dazu kommt die Enttäuschung, dass die Erfüllung materieller Wünsche weder Erleichterung noch Frieden zur Folge hat, nicht einmal Sicherheit.«*[19] Außerdem gewöhnen wir uns sehr schnell an einen Zustand, wenn bestimmte Mindestbedürfnisse befriedigt sind. Ein gut gefülltes Bankkonto, ein großer Lottogewinn sind also noch lange keine Garantie zum Glücklichsein! Hinzu kommt, dass sich beim Lottogewinn nie der gleiche Stolz einstellt wie bei Wohlstand, der auf eigener Leistung, Einsatz und dem Prinzip »Nutzen« beruht. Mit gewonnenem Geld lässt sich dieses Gefühl nicht kaufen.

Aber – Geld macht frei

Wohlhabende Menschen sind nur dann glücklicher und zufriedener als andere, wenn sie sich mit dem beschäftigen, was ihnen auch liegt. Ihr Geld hält ihnen dabei den Rücken frei. So können sie sich auf ihre Talente und Neigungen konzentrieren und völlig in ihrer Tätigkeit und ihrem Beruf aufgehen.

Auch der Glücksforscher Ruut Veenhoven ist der Meinung, dass Wohlstand nicht das Wichtigste ist für ein glückliches Leben.[20] Es gibt andere äußere Umstände, die als besonders gute Voraussetzungen für ein glückliches Leben gelten. So betont Veenhoven, dass es Menschen in demokratischen Gesellschaften, in denen das Individuum etwas zählt und mitbestimmen kann, besser geht als in kollektivistischen und totalitären Systemen (mehr zum Thema Individualisierung und Selbstverwirklichung ab Seite 77).

Das große Glück im Kleinen finden

Geld allein macht also nicht glücklich, weil selbst der Champagner und der Kaviar irgendwann schal schmecken. Wie entsteht Glück dann? Es sind nicht die äußeren Einflüsse und Ereignisse, die Glück und Erfolg bestimmen, sondern die Art und Weise, wie Sie diese deuten. Kaiser Marc Aurel umschrieb dies so: *»Das Glück im Leben ist das Ergebnis deiner Gedanken.«* Das heißt: Wenn Sie positive und optimistische Gedanken haben, werden Sie glücklicher sein. Umgekehrt werden Sie eher unglücklich werden, wenn Sie vorwiegend negative Gedanken hegen (mehr zu positiven Gedanken finden Sie in Kapitel 3).

Das Glücksempfinden der Menschen ist höchst individuell. Es hängt nicht zuletzt von der inneren Einstellung ab. Was den einen in Rausch versetzt, bedeutet für den anderen wahre Qualen. Während der eine hoch motiviert und euphorisch ein paar Nachtschichten einlegt, um sein Projekt pünktlich abzuschließen, steht ein anderer in derselben Situation kurz vor dem Kollaps.

Das Glück im Alltag

Wissenschaftler fanden heraus, dass nicht das außerordentliche, überraschende und berauschende Ereignis, sondern die Dinge des Alltags langfristig glücklich machen: ausreichend schlafen und sich bewegen; sich um andere Menschen kümmern, nicht nur körperlich, sondern auch geistig präsent zu sein. So haben die Menschen auf der Suche nach dem Glück die Nase vorn, die das Glück in Kleinigkeiten finden: in einer selbst geernteten Erdbeere, in einem gelungenen Abend mit Freunden, in einem frisch bezogenen Bett.

Den Augenblick wahrnehmen

Wer es schafft, im Hier und Jetzt zu leben und das Glück des Augenblicks zu genießen, hat gute Aussichten auf ein glückliches Leben. Doch sich darauf einzulassen, in der Gegenwart zu leben und den Moment anzunehmen, fällt den meisten Menschen sehr schwer. Die Gedanken pendeln im Alltag oft zwischen Vergangenheit und Zukunft hin und her. Das hindert die Menschen daran, positive Gefühle zu erleben.

Magische Augenblicke

Wir können das Wunder des Lebens nur richtig verstehen, wenn wir zulassen, dass das Unerwartete geschieht.

Jeden Tag lässt Gott die Sonne aufgehen und schenkt uns jeden Tag einen Augenblick, in dem es möglich ist, alles das zu ändern, was uns unglücklich macht. Tag für Tag übergehen wir diesen Augenblick geflissentlich, als wäre das Heute wie gestern und das Morgen auch nicht anders. Aber derjenige, der seinen Tag bewusst lebt, nimmt den magischen Augenblick wahr. Er kann in dem Moment verborgen sein, in dem wir morgens den Schlüssel ins Schlüsselloch stecken, im Augenblick des Schweigens nach dem Abendessen, in den Tausenden von Dingen, die uns alle gleich anmuten. Diesen Augenblick gibt es – den Augenblick, in dem alle Kraft der Sterne uns durchdringt und uns Wunder vollbringen lässt.

Manchmal ist das Glück ein Geschenk – doch zumeist will es erobert werden. Der magische Augenblick eines Tages hilft uns, etwas zu verändern, lässt uns aufbrechen, um unsere Träume zu verwirklichen.

Wir werden leiden, werden schwierige Momente durchmachen, werden viele Enttäuschungen erleben – doch all dies geht vorüber und hinterlässt keine Spuren. Und später können wir stolz und vertrauensvoll zurückblicken.

Weh dem, der sich davor fürchtet, ein Risiko einzugehen. Vielleicht wird er nie ernüchtert oder enttäuscht und auch nicht leiden wie jene, die träumen und diesen Träumen folgen. Doch wenn er dann zurückblickt – und wir blicken immer zurück –, wird er hören, wie sein Herz ihm sagt: »Was hast du aus den Wundern gemacht, die Gott über deine Tage verteilt hat? Was hast du mit den Talenten gemacht, die dir dein Meister anvertraut hat? Du hast sie in einer Grube vergraben, weil du Angst hattest, sie zu verlieren. Und so ist dies nun dein Erbe: die Gewissheit, dass du dein Leben vergeudet hast.«

Weh dem, der diese Worte hört. Denn nun wird er an Wunder glauben, doch die magischen Augenblicke seines Lebens werden bereits verstrichen sein.[21]

Glück ist eine Emotion der Gegenwart – es kann nur im Augenblick wahrgenommen werden.

Sicherlich kennen Sie das auch: Sie beschäftigen sich in Gedanken entweder mit Vergangenem (der Urlaub war schön; das war eben ein seltsames Telefongespräch; mein Bruder hat mir gar nicht zum Geburtstag gratuliert) oder Sie befassen sich gedanklich mit der Zukunft – meist hoffend und manchmal sorgend (hoffentlich gibt es morgen keinen Stau, wenn ich zu meinem wichtigen Termin fahre). Mit Ihrem Bewusstsein sind Sie selten in der Gegenwart. Völlig präsent, also konzentrierter zu sein und sich über die Zukunft keine Sorgen zu machen (so wie es Kinder können), lässt sich aber üben.

Wenn Sie mit etwas Interessantem beschäftigt sind, so denken Sie an nichts anderes. Beobachten Sie sich einfach selbst, wann Sie voll bei der Sache sind und alles andere vergessen. Ja, dies lässt sich üben!

Wer es immer wieder schafft, den Augenblick anzunehmen, erlebt Freude und Leichtigkeit, ganz egal, was er tut und wo er ist. Ohne Gedanken an gestern, ohne Sorgen für morgen. Genießen Sie im Hier und Jetzt. Dazu gibt es unzählige Anlässe, zum Beispiel ein Kinderlachen, der Geschmack frischer Erdbeeren, ein Spaziergang in schöner Natur, ein Wiedersehen mit einem guten Freund. Die folgende Geschichte macht sehr gut deutlich, was das Leben im Augenblick bedeutet:

Eine Geschichte

Ein Mann wurde gefragt, warum er trotz seiner vielen Beschäftigungen immer so glücklich sein könne. Er sagte:

»Wenn ich stehe, dann stehe ich,
wenn ich gehe, dann gehe ich,
wenn ich sitze, dann sitze ich,
wenn ich esse, dann esse ich,
wenn ich spreche, dann spreche ich …«

Dann fielen ihm die Fragesteller ins Wort und sagten:
»Das tun wir auch, aber was machst du darüber hinaus?«

Er sagte wiederum:
»Wenn ich stehe, dann stehe ich,
wenn ich gehe, dann gehe ich,
wenn ich ...«

Wieder sagten die Leute: »Aber das tun wir doch auch!«

Er aber sagte zu ihnen: »Nein – wenn ihr sitzt, dann steht ihr schon, wenn ihr steht, dann lauft ihr schon, wenn ihr lauft, dann seid ihr schon am Ziel ...«

Ein unschlagbares Doppel: Beruf und Beziehungen

»Wenn die elementaren Bedürfnisse befriedigt sind, hängt das Glück der meisten Menschen von zwei Dingen ab: ihrer Arbeit und ihren sozialen Beziehungen.«

(BERTRAND RUSSELL)

Zwei wichtige Koordinaten in Ihrem Leben müssen im Gleichgewicht sein, damit sich Zufriedenheit und Glück einstellen: Das sind zum einem Ihr Beruf, zum anderen Ihre Beziehungen. Sie können nur zufrieden und glücklich sein, wenn Sie mit Freude und Erfolg in Ihrem Beruf arbeiten und von Ihren Beziehungen zum Partner, zur Familie und zu Freunden erfüllt sind. Die gute Nachricht ist, dass Sie auf diese beiden »Glücksbringer« Einfluss nehmen und Glück in Form von Freude und Zufriedenheit schaffen können.

Wesentlich: die Einstellung zur Arbeit

Die Einstellung zur Arbeit hat einen größeren Einfluss auf die Zufriedenheit mit dem Leben und mit dem Beruf als Einkommen und berufliches Ansehen.[22] Wir unterscheiden zwischen drei Einstellungen:

- *Jobverständnis* – Arbeit ist eine lästige Pflicht; es geht nur ums Geldverdienen.
- *Karriereverständnis* – die Motivation durch äußere Einflüsse wie Geld und Vorwärtskommen steht im Vordergrund.
- *Berufungserleben* – die Arbeit an sich bringt Erfüllung.

Gehalt und Aufstieg sind zwar auch wichtig. Nachdem die Grundsicherung allerdings gewährleistet ist, sollte man hauptsächlich deshalb arbeiten, weil die Beschäftigung Spaß macht und Erfüllung, persönliche Entwicklung sowie Wachstum bringt. Voraussetzung dafür ist, dass Sie Ihre Talente und Stärken dort einsetzen, wo Sie sie auch richtig entfalten können. Wer ganz in seiner Tätigkeit aufgeht, eine Arbeit von Anfang bis zum Ende erfüllen kann und das Gefühl hat, seine Arbeit habe für andere Menschen eine Bedeutung, der erlebt oft eine Art Flow-Gefühl. Glück verhält sich dann wie ein Echo.

Die eigenen Talente aufspüren

Finden Sie die Tätigkeiten heraus, die Ihnen leicht von der Hand gehen und Spaß machen. Fragen Sie sich: Was habe ich als Kind gern gemacht? Konzentrieren Sie sich auf Ihre Stärken und bauen Sie diese konsequent aus. Verzetteln Sie sich nicht, indem Sie einmal dies, einmal jenes ausprobieren! Es ist wesentlich, dass Sie Ihren Talenten vertrauen. Dies ist hilfreicher, als sich an Berufstrends zu orientieren. Sobald Sie herausgefunden haben, wo Ihre Talente liegen, gilt es, sich viel Wissen und vor allem Können anzueignen und sie zur Extraklasse zu entwickeln: Der Erfolg wird sich dann automatisch einstellen – und glücklicher werden Sie obendrein.

Auf privaten Ausgleich achten

Ihr Glück hängt außerdem vor allem davon ab, wie Ihre Beziehungen zu anderen Menschen aussehen. Wer also glücklich sein will, der sollte in seine Beziehungen zum Partner, zur Familie und zu Freunden investieren. Meist sind diejenigen am zufriedensten, die auf einen harmonischen Ausgleich zwischen Berufs- und Privatleben achten. Liebe und Partnerschaft machen stark und bilden auch das Fundament für die berufliche Leistungsfähigkeit. Eine starke Beziehung verschafft beiden Partnern reichlich psychische Energie und fängt beruflichen Druck auf. Die Belastungen und Herausforderungen des Berufs sind viel besser zu bewältigen, wenn man vom Partner emotionale Unterstützung erfährt. Das schafft Mut und Zuversicht – selbst für die anstrengendsten Arbeitstage.

Glück und Lebenskraft

> *»Kraft ist die Parole des Lebens:*
> *Kraft im Wagen,*
> *Kraft im Schlagen,*
> *Kraft im Behagen,*
> *Kraft im Entsagen,*
> *Kraft im Ertragen,*
> *Kraft bei des Bruders Noth und Leid*
> *Im stillen Werke der Menschlichkeit.«*
>
> (FRIEDRICH THEODOR VISCHER)

Liebe und Partnerschaft machen stark und geben Kraft. Diese brauchen Sie auch, denn: »Ohne Kraft gibt es keine Bewegung.« Dieser Satz gilt in der Physik genauso wie in Ihrem Leben. Ein Mensch, der auf Erden etwas bewegen oder verändern will und ein glückliches Leben führen möchte, benötigt Kraft. Lassen Sie uns daher einen kleinen Exkurs zum Thema Kraft machen!

Die Formen der Kraft

Kraft hat die unterschiedlichsten Ausprägungen:

- Konzentrationskraft
- Willenskraft
- Nervenkraft
- Motivationskraft
- Mentalkraft
- Anziehungskraft
- Überzeugungskraft
- Vitalkraft
- Wachstumskraft
- Lebenskraft
- Vorstellungskraft

- Tatkraft
- Intuitionskraft
- Spannkraft
- Wunschkraft
- Führungskraft

Vielleicht haben auch Sie, lieber Leser, in Ihrem Leben schon erfahren müssen, dass man zum Ertragen eines Schicksalsschlags mehr Kraft benötigt als zur Finanzierung des Erfolgs.

Damit stellt sich für uns die entscheidende Frage: Wie sieht es mit Ihrer körperlichen Kraft, mit Ihrer mentalen Energie aus? Wenn wir uns diesem Thema grundsätzlich nähern wollen, erkennen wir die Bedeutung unseres Körpers. Eine der wichtigsten Aufgaben unseres Körpers ist es, Energie zu produzieren. Aus diesem Grunde essen wir dreimal täglich und atmen 16- bis 18-mal in der Minute Sauerstoff ein. Aus diesem Verbrennungsprozess entsteht unsere Lebensenergie. Das ist auch der Grund, warum die Atemtechnik in unserem Erfolgssystem eine so große Rolle spielt. Wenn wir physikalische Vorgänge im Körper verstehen, begreifen wir auch, dass der normale Mensch über genügend Kraft verfügt.

Im Grunde brauchten wir also alle einen Körper, der eine überschäumende Energie produziert. Glücklich ist der Mensch, der im Kraftüberschuss lebt, unglücklich fühlen sich alle, die im Kraftdefizit leben. Wichtig ist, dass wir erkennen: Wir benötigen – um unser Leben zu gestalten – Kraft. Kraft kann sich verwandeln in körperliche Kraft oder in seelische Kraft. Aber die Grundbedingung ist, dass unser Körper Kraft produziert.

Körperliche Bewegung ist eines der besten Antidepressiva und sorgt dafür, dass Sie sich gut fühlen. Zudem hilft Bewegung, im Körper Energie zu produzieren.

Mit der Kraft haushalten

Viele Menschen glauben, sie hätten zu wenig Kraft. Das ist aber oft ein psychologischer Irrtum. Darum vertiefen Sie sich einmal in die nachfolgende Zeichnung: Sie sollten Ihre Kraft nur für eines gebrauchen: zur Verwirklichung von etwas Positivem oder zur Verhinderung von etwas Negativem – zum Gasgeben oder zum Bremsen.

Leider verbrauchen die meisten Menschen zu viel Kraft für Hektik, negative Gedanken und Dinge, die sie herunterziehen und Energie nehmen. Wir hätten alle genügend Kraft, wenn wir den Mut hätten, uns immer mehr auf das Positive zu konzentrieren. Die permanent produzierte Energie würde dann gespeichert und nur dann verbraucht werden, wenn es sinnvoll ist.

Wer ständig jagt, verjagt sein Glück

> *»Solange du nach dem Glücke jagst, bist du nicht reif zum Glücklichsein.«*
>
> (HERMANN HESSE)

Wer das Glück ständig als Ziel anpeilt, erreicht gar nichts. Die angestrengte Suche nach Glück kann sogar unglücklich machen. Wer unter Hochdruck und verkrampft seinem Glück hinterherjagt, erfährt eine Enttäuschung. Die Begründung liefert die deutsche Dichterin Luise Rinser: *»Das Glück kann man nicht suchen. Man muss von ihm gefunden werden.«*

Es gibt also auch Stimmen, die sagen, dass die gezielte Suche nach dem Glück nicht funktioniert. Glücklich sein ließe sich nicht lernen, man könne sich nicht auf das Glück als Ergebnis konzentrieren. Vielmehr komme das Glück dann wie von selbst, wenn ein bestimmter Input geleistet worden ist. Daran ist etwas Wahres: Jeder Bauer kennt diesen Zusammenhang intuitiv. Deswegen konzentriert er sich nicht auf das Ergebnis, die Ernte, sondern auf die Saat, indem er sorgsam aussät, gießt und Unkraut jätet. Die Ernte kommt dann wie von allein!

Glück ist eine Nebenwirkung

Auch der große Viktor Frankl meinte, dass das Glück nicht verfolgt werden könne. In seinen Augen ließ sich Glück nicht aktiv erzielen, sondern musste erfolgen – als unbeabsichtigte Nebenwirkung, wenn sich ein Mensch einer Sache widmet, die größer ist als er selbst (mehr zum Thema Sinnverwirklichung finden Sie ab Seite 85). Frankl schreibt: *»Je mehr er* (der Mensch, A. d. V.) *nach Glück jagt, umso mehr verjagt er es auch schon. Um dies zu verstehen, brauchen wir nur das Vorurteil zu überwinden, dass der Mensch im Grund darauf aus sei, glücklich zu sein; was er in Wirklichkeit will, ist nämlich, einen Grund zum Glücklichsein zu haben. Und hat er einmal einen Grund dazu, dann stellt sich das Glücksgefühl von selbst ein. In dem Maße hingegen, in dem er das Glücksgefühl direkt anpeilt, verliert er den Grund, den er dazu haben mag, aus den Augen, und das Glücksgefühl selbst sackt in sich zusammen. Mit anderen Worten, Glück muss er-folgen und kann nicht direkt er-zielt werden.«*[23]

ZUSAMMENFASSUNG KAPITEL 1

- Die Suche nach dem Glück erlebt momentan eine wahre Hochkonjunktur.
- Die neue Form der Glücksphilosophie heißt Glücksforschung.
- Der Grund für das starke Interesse am Glück ist die Frage nach dem tieferen Sinn für alles.
- Das Geschäft mit dem Glück boomt. Bücher, Seminare, Filme, Internetforen stoßen auf großes Interesse, weil viele Menschen auf der Suche sind.
- Was ist Glück? – Dazu hat jeder Mensch eine andere Antwort, weil Glück ganz individuell empfunden wird.
- Wissenschaftler haben festgestellt, dass wir unser Glücksempfinden beeinflussen können.
- Reichtum macht nicht automatisch glücklich. Man gewöhnt sich sehr schnell an ein dickes Bankkonto und ist enttäuscht, dass sich nicht alles ändert.
- Wenn Sie das Glück des Augenblicks genießen können und im Hier und Jetzt leben, erfahren Sie Glücksgefühle.
- Bringen Sie Ihren Beruf und Ihr Privatleben in Balance. Wenn diese beiden Bereiche ausgewogen sind, haben Sie das Fundament für Glück, Zufriedenheit und Erfolg gelegt.
- Bewegung und Sport machen glücklich.
- Das Glück lässt sich nicht erzwingen. In der Regel stellt es sich als angenehme Nebenwirkung ein.

2. Schon die alten Griechen wollten es wissen

Unser Streben nach Glück ist eine ganz alte Sehnsucht des Menschen. Auch im 21. Jahrhundert ist das nicht anders. 2000 Jahre lang waren nicht – wie heute – Meinungsforscher für Fragen des Glücks zuständig, sondern Philosophen. Sie beschäftigen sich schon seit Langem mit der Frage: »Was ist Glück?« Daher zählt die Frage nach dem Glück schon immer zu den Kernelementen der Philosophie und wird dementsprechend auch von modernen Philosophien bearbeitet. Sowohl die klassische westliche Philosophie (Philosophie der Antike) als auch die östliche Weisheitslehre befassen sich seit jeher mit dem Thema. Dabei kamen sie zu sehr unterschiedlichen Auffassungen bezüglich der Frage, wie ein geglücktes Leben auszusehen hat. Vor allem hinsichtlich des eigenen Handelns, als dessen Resultat Glück oder Unglück oft verstanden wird, herrschen verschiedene und sogar gegensätzliche Meinungen.

Wo sich die Denker einig sind

Allerdings gibt es von der Antike bis heute zumindest in zwei Fragen eine Übereinstimmung: und zwar zum einen darin, dass die Menschen nach Glück streben. Dies brachte Aristoteles auf die kurze Formel *»Alle Menschen möchten glücklich sein«*. Und zum anderen darin, dass Glückserlebnisse zeitlich begrenzt sind.

Neben Aristoteles widmeten sich unter anderem Aristipp von Kyrene und Epikur ganz dem Thema Glück. Erfahren Sie, welche unterschiedlichen Glücksphilosophien die drei großen Denker der Antike gegründet haben.[1]

Glücklich macht, was Genuss bereitet – Aristipp von Kyrene

Der Grieche Aristipp von Kyrene lebte etwa von 435 bis 355 v. Chr. und war ein jüngerer Zeitgenosse und Schüler des Sokrates. Er gilt als erster Philosoph, der eine vollständige Glücksphilosophie entworfen hat.[2]

Über die tatsächlichen Lebensumstände Aristipps ist wenig bekannt. Schriftliche Werke sind bis auf wenige Zeilen nicht erhalten. Die Überlieferung bewahrte aber einige Charakterzüge und Lebenslehren, auf denen Aristipps Ruhm bei der Nachwelt gründet. So wird von seiner heiteren Natur, seiner vornehmen Beherrschtheit und seiner Fähigkeit, in allen Lebenslagen Ruhe und Gelassenheit zu bewahren, berichtet.[3]

Der hedonistische Weg zum Glück

Aristipp beantwortete die Frage nach dem Glück mit dem sogenannten »sensualistischen Hedonismus«. Worum genau geht es darin? Für Aristipp stand im Zentrum des Glücksgefühls die sinnliche Erfahrung von Lust durch Genießen (Hedonismus kommt vom griechischen Wort hedone = Lust). Zwei Zustände der menschlichen Seele werden dabei unterschieden:

- die Lust als sanfter Zustand
- der Schmerz als raue und ungestüme Bewegung der Seele

Der Weg zum Glück ist nach Aristipp, die Lust zu maximieren und dem Schmerz auszuweichen. Das höchste Gut, so Aristipps Lehre, sei die Suche nach dem eigenen Glück. Dabei gelte alles, was Genuss bereitet, als gut. Aristipp behauptete sogar, die körperliche Lust sei der eigentliche Sinn des Lebens. Mag es auch noch so verwunderlich erscheinen: Aristipp hat tatsächlich die Lustbefriedigung als Prinzip angesehen. Moral und Sittlichkeit, übergeordnete, geistige Werte spielen in dieser Glücksphilosophie für das menschliche Handeln keine Rolle.

Sicher fragen Sie sich jetzt genauso wie wir, wie sich die Gesellschaft entwickeln würde, wenn jeder nach diesem Prinzip lebte. Egoismus, mangelnde Frustrationstoleranz und ungezügelte Handlungen stünden auf der Tagesordnung. Nicht von ungefähr wird der Begriff Hedonismus oft abwertend gebraucht (zum Beispiel im Zusammenhang mit der Spaßgesellschaft) und als Zeichen von Dekadenz verstanden.

Gut ist, was glücklich macht – Aristoteles

> *»Alle Menschen wollen glücklich sein.«*[4]
>
> (ARISTOTELES)

Wie kann der Mensch glücklich werden? Indem er alle seine Fähigkeiten voll entfaltet, so meinte Aristoteles. Er gehört gemeinsam mit Sokrates und Platon zu den bedeutendsten Philosophen der griechischen Antike und lebte von 384 bis 322 v. Chr. Aristoteles stammte aus einem wohlhabenden Haus, sein Vater war ein anerkannter Arzt und Naturwissenschaftler. Im Alter von 17 Jahren ging er nach Athen, um an der Akademie des mittlerweile 61-jährigen Platon zu studieren. Dort blieb er 20 Jahre – erst als Schüler, dann als Lehrer und Forscher. In dieser Zeit entwickelte er seine eigene philosophische Denkweise. Die von ihm gegründete Ausrichtung der Glücksphilosophie heißt Eudaimonismus. Dies leitet sich ab vom griechischen Wort »eudaimonia«, was »Glückseligkeit« bedeutet.[5]

Glück als der letzte Zweck

Aristoteles machte sich viele Gedanken über die Glückseligkeit. Die Erfüllung jedes Lebewesens, so argumentierte er, bestehe darin, dass es seiner Natur entspricht: dass es den Zweck erfüllen soll, zu dem es auf dieser Welt ist. Der letztendliche Zweck und das höchste Ziel des Menschen sei, glücklich zu leben.

Materielle Güter als Mittel

Sehr aufschlussreich finden wir, was Aristoteles zur Befriedigung der materiellen Bedürfnisse sagte: Die Befriedigung materieller Bedürfnisse könne nur ein Mittel zum Glücklichsein sein. Sie bedeute noch nicht das Glück selbst! Eine materielle Bedürfnisbefriedigung sei ein zweitrangiges Gut. Das Glück dagegen sei das höchste Gut überhaupt. Demnach entwarf Aristoteles eine Hierarchie der verschiedenen Güter: Güter wie Reichtum,

Gesundheit, Ansehen, Familie usw. seien Mittel, die zu einem glücklichen Leben führen können.

Glück und Tugend gehören zusammen

Und wie kommen wir, bitte schön, in den Zustand der Glückseligkeit? Indem wir ein tugendhaftes Leben führen und alle Extreme vermeiden – also »die Mitte und das rechte Maß« anstreben. Das rät zumindest Aristoteles. Glück und Tugend bilden nach Aristoteles eine Einheit.

Nur Gutes kann zu Glück führen – Epikur

> *»Glück und Glückseligkeit liegen nicht in der Menge des Geldes oder in der Gewichtigkeit der Geschäfte oder in Regierungsämtern und Macht, sondern in Schmerzlosigkeit, Ruhe der Leidenschaften und einer Seelenverfassung, die das Naturgemäße umgrenzt.«*
>
> (EPIKUR)

Neben Aristipp von Kyrene und Aristoteles ist Epikur ein weiterer wichtiger Glücksphilosoph der Antike. Er wurde im Jahr 341 v. Chr. auf Samos geboren und ging mit 14 Jahren in die Schule des Nausiphanes nach Theos. Sein militärisches Jahr leistete er in Athen ab und kehrte dann zu seinen Eltern nach Kolophon im Westen Kleinasiens zurück. Über die Stationen Mytilene auf Lesbos und Lampsakos kam Epikur mit seinen Anhängern nach Athen, wo er sich 306 v. Chr. niederließ. Hier lebte und lehrte Epikur 35 Jahre lang ohne Rücksicht auf Geschlecht oder Rang seiner Anhänger ein freudvolles, Geist und Körper erfüllendes Leben. Im Jahr 270 v. Chr. starb Epikur im 72. Lebensjahr in dem Bewusstsein, der Menschheit durch seine Philosophie einen Dienst erwiesen zu haben.

Glück als Freisein von Unlust und Schmerz

Epikur sah die Lust als Prinzip eines gelingenden Lebens an – *»… durch Freuden werden wir gestärkt, durch Schmerzen aber geschwächt«* – und wurde deshalb von vielen als Lüstling verkannt. Dieses Leben nach dem Lustprinzip dürfen wir allerdings nicht mit der Idee des reinen Hedonismus verwechseln! Denn während der Hedonist ein völlig zügelloses Leben führt, versucht der

Epikurist, mit Vernunft an die Sache heranzugehen. Dabei unterschied Epikur stark zwischen dem erstrebenswerten dauerhaften Guten und den oberflächlichen Reizen des Augenblicks. Darüber hinaus war Glück für Epikur viel eher ein Freisein von Unlust, Unruhe und Schmerz als eine bedingungslose Hingabe an die Lust: *»Wenn wir sagen, dass die Lust das Ziel sei, meinen wir nicht die Lust des Wüstlings, die ganz im Genießen aufgeht, sondern die Freiheit von körperlichen Beschwerden und von Beunruhigungen der Seele.«*[6]

Epikur litt selbst lange unter einem sehr schmerzhaften Nierenleiden, das er nur mithilfe seiner Philosophie der Freude und Sinnlichkeit ertragen konnte. Er war der Ansicht, dass die seelischen Schmerzen schwerer zu ertragen seien als die körperlichen, denn im Unterschied zum Körper sei die Seele nicht nur vom Gegenwärtigen, sondern auch vom Vergangenen und Zukünftigen belastet. Dies sei wiederum der Grund dafür, dass auch die Freuden der Seele die größeren seien.

Anders als die Hedonisten sah Epikur den höchsten Genuss nicht im Genuss selbst, sondern in der Beschränkung auf das Wesentliche sowie der Orientierung am rechten Maß. Nach Freude und Glück streben hieß für Epikur, Einfachheit und Genügsamkeit im Blick zu haben. Er selbst empfahl einen Weg des kleinen Glücks und lebte diesen auch vor. Berühmt geworden ist der Schluss eines Briefes an seinen Freund Menoikeus: *»Schicke mir doch einmal ein Stück kythischen Käse, damit ich, wenn ich Lust dazu habe, einmal recht schwelgen kann.«*

Einfache Freuden teilen

Glück erreiche, wer sich aus der Welt der Eitelkeit und des geschäftigen Treibens zurückziehe und zum Beispiel einfache Freuden – wie ein Stückchen Käse – mit Freunden teile. Legendär ist der sogenannte epikureische Garten als Sinnbild für den Rückzug aus öffentlichen Ämtern und gesellschaftlichen Verpflichtungen. Epikur erwarb in Athen jenen Garten (Kepos), in dem er seine Schule gründete. Der Kepos diente seinen aus Menschen aller Gesellschaftsschichten stammenden Anhängern als Versammlungsort, und er lebte dort mit seinen Schülern (anfänglich sollen es 200 gewesen sein), die teilweise von weither zu ihm kamen, nach Art einer »Kommune« oder eines weltlichen Klosters ohne individuellen persönlichen Besitz.

Die Wurzeln sind noch da

So haben bereits die griechischen Philosophen nach Regeln gesucht, wie man sein Leben glücklich gestalten kann. Im Lauf der Geschichte, insbesondere mit dem Aufkommen des Christentums, gerieten die Glücksphilosophien zunehmend in Misskredit. Kritisiert wurden der angebliche Atheismus des Epikurismus und der zügellose Hedonismus. Fest steht, dass die Glücksphilosophien der Antike auch die nachfolgenden Epochen bis hin in die Moderne beherrschten. Sie beeinflussen sogar unsere heutigen Vorstellungen von Glück. Auch in die Philosophie des Mittelalters, die hauptsächlich vom Christentum bestimmt wurde, sind viele Ideen der antiken Glücksvorstellung eingegangen.

In der Moderne wurde der Utilitarismus in der angelsächsischen Welt zur beherrschenden Philosophie. In Kontinentaleuropa konnte sich diese Richtung nicht durchsetzen. Zu den Denkern der Moderne zählen neben John Stuart Mill unter anderem Arthur Schopenhauer, Friedrich Nietzsche, Bertrand Russell, Ludwig Marcuse oder auch Immanuel Kant.

Utilitarismus: Gut ist, was der Gemeinschaft nützt

Der Vater des Utilitarismus, John Stuart Mill, lebte von 1806 bis 1873 in England. Er wurde weltweit als Sozialökonom bekannt und trat für die demokratischen Rechte der Arbeiter sowie für die Emanzipation der Frauen und das Frauenwahlrecht ein. Mill war der Auffassung, dass die Nützlichkeit als Prinzip des höchsten Glücks zu betrachten ist: Gut ist, was der Gemeinschaft nützt. Handlungen sind dann moralisch gut, wenn sie die Tendenz haben, Glück herbeizuführen. Umgekehrt sind Handlungen dann falsch, wenn sie das Erreichen von Glück verhindern. In Anlehnung an Epikur wird Glück laut Mill durch Lust und das Vermeiden von Schmerz erreicht.[7]

ZUSAMMENFASSUNG KAPITEL 2

- Der älteste Wunsch der Menschheit ist, glücklich zu sein. Bereits in der Antike haben die Menschen systematisch über das Glück nachgedacht! Die alten Griechen entwarfen Glücksphilosophien mit unterschiedlichen Ansätzen.
- Die sinnliche Erfahrung von Lust durch Genießen stand für Aristipp im Zentrum des Glücksgefühls. Aristipp gilt als der Vater des Hedonismus.
- Im Mittelpunkt von Aristoteles' Glücksphilosophie stand die Glückseligkeit. Er war der Meinung, man solle die »Mitte und das rechte Maß« anstreben. Gut sei, was glücklich mache.
- Der dritte im Bunde, Epikur, empfahl den Weg des kleinen Glücks: Die einfachen Freuden und das Freisein von Unlust, Unruhe und Schmerz würden zu Glück und Glückseligkeit führen.
- Viele Ideen aus den antiken Glücksphilosophien begründen auch unsere modernen Glücksvorstellungen.

3. Die Macht der Gedanken

»Achte auf deine Gedanken! Sie sind der Anfang deiner Taten.«

(CHINESISCHE WEISHEIT)

Unsere Gedanken haben einen enormen Einfluss auf unser Leben – in die positive wie in die negative Richtung. Die Gedanken beeinflussen unsere Gefühle, unseren Körper, unsere Bewegungen und unser Verhalten: Freundliche und optimistische Gedanken geben Vertrauen, Zuversicht, Zufriedenheit; verbitterte und pessimistische Grübeleien dagegen lähmen uns, rauben uns Energie und halten uns in einer negativen Stimmung fest. Mehr noch: Negatives Denken führt, wenn es zu einer (schlechten) Gewohnheit wird, zunächst zu Pessimismus und dann zur Depression.

Ängste und Hoffnungen bestimmen unser Schicksal

Gedanken sind also mentale Kräfte. Alles beginnt mit unserem Denken: jeder Wunsch, jede Idee, jedes Vorhaben, jeder Traum, jede Vision. Ganz gleich, was wir erreichen möchten: Wir müssen es zunächst einmal überhaupt denken. Angst ist ein Gedanke, ebenso Hoffnung, Erfolg und Misserfolg, Gesundheit und Krankheit. Alles, was wir sehen und erleben, ist die Verwirklichung von Gedanken und Ideen. Befürchtungen oder Wünsche bestimmen unser Schicksal. Sie bilden positive oder negative Kettenreaktionen, mobilisieren unsere Fantasien.

Ziele mit der Vorstellungskraft erreichen

Solange wir uns etwas nicht vorstellen können, so lange haben wir zu diesem Ziel auch keinen Zugang. Ein Verkäufer, für den es unvorstellbar ist, einen großen Auftrag an Land zu ziehen, wird es sehr schwer haben und wahrscheinlich weniger ausrichten, als möglich gewesen wäre. Ein Sprinter, für den ein neuer Weltrekord außerhalb seiner Vorstellungskraft liegt, wird immer im hinteren Teil mitlaufen. Ist es für Sie beispielsweise unvorstellbar, einmal Bürgermeister zu werden, einen Dreitausender zu besteigen oder ein Unternehmen zu führen, dann wird wahrscheinlich ein anderer »gewinnen«, und zwar der Mensch, der sich das Ereignis in Gedanken schon ausgemalt hat.

Ihre Gedanken ermöglichen und begrenzen gleichzeitig Ihre Ziele

So gesehen haben auch unsere Zufriedenheit und unser Glücklichsein ihren Ursprung in unseren Gedanken. Diese Erkenntnis verschafft uns großartige Möglichkeiten! Stellen Sie sich vor, Sie können mit Ihrem Denken Ihr berufliches Vorankommen, Ihre Beziehungen und Ihr Wohlbefinden beeinflussen!

Was Gedanken bewirken

> *»Am Anfang jeder Tat steht die Idee. Nur was gedacht wurde, existiert.«*
>
> (2. GRUNDGESETZ DER LEBENSENTFALTUNG)*

Wenn Sie sich mit klaren Gedanken etwas vorstellen können, wenn Sie also ein Bild von dem Ziel haben, das Sie erreichen möchten, dann können Sie es auch verwirklichen (mehr zum Thema Visualisieren auf Seite 153). Demzufolge ist Ihre derzeitige Situation auch ein Ausdruck Ihrer vergangenen Gedanken. Es konnte bisher nur das eintreten, was Sie sich vorher vorstellen konnten. Was bisher unvorstellbar für Sie war – etwa das Abitur nachzumachen, an einem berufsbegleitenden Studiengang teilzunehmen, eine Weltreise zu machen, in Elternzeit zu gehen –, ist in Ihrem Leben deshalb nicht eingetreten.

Glaubenssätze determinieren uns

Jeder von uns trägt viele Glaubensmuster in sich. Dies sind Gedanken über unsere Person, unseren Körper, unsere Intelligenz, unsere Attraktivität, über Moral, über die Gesellschaft, in der wir leben, unsere Familie usf. – Normen über das, was man tun oder nicht tun sollte. All diese Muster steuern unser Handeln.

---

* Im Folgenden werden wir einzelne Grundgesetze zitieren und erläutern. Alle 14 Grundgesetze der Lebensentfaltung finden Sie am Ende des Buches auf Seite 212.

Unsere Gedanken werden so zu Bildern, denen wir uns ganz natürlich, besser gesagt unbewusst unterwerfen. Auf diese Art und Weise haben unsere Gedanken eine große Macht: Sie bestimmen unsere Erwartungen, Einstellungen und Handlungen. Alles, was wir in die Tat umsetzen, muss zunächst gedacht werden. Denken Sie an die großen Erfinder: Edison beispielsweise hat sich viele Gedanken gemacht, bevor er seine Idee von der Glühbirne verwirklichen konnte.

Wir denken immer

Wussten Sie, dass der Mensch bis zu 60000 Gedanken an einem Tag denkt?[1] Wir denken die meiste Zeit – selbst wenn wir schlafen. Ständig kreisen Gedanken durch unseren Kopf, ganz gleich, ob wir gerade aufstehen, duschen, frühstücken, zur Arbeit fahren, telefonieren, Mittag essen, an Besprechungen teilnehmen usw. – Gedanken lassen sich kaum abschalten. Das merken Sie, wenn Sie mit etwas Unangenehmem konfrontiert sind, beispielsweise einer Kundenbeschwerde. Selbst wenn Sie versuchen, die Angelegenheit beiseitezuschieben – Ihre Gedanken kehren immer wieder dorthin zurück.

Die Gedanken bewusst lenken

Wir denken also ständig. Doch glauben Sie nicht, dass Sie Ihren Gedanken ausgeliefert sind! Sie können tatsächlich beeinflussen, was Sie denken. Sie können sogar entscheiden, die Gedanken positiver ausfallen zu lassen. Indem Sie sich Ihre Gedanken bewusst machen, haben Sie die Zügel in der Hand, ob Sie sich auf die Seite der Optimisten oder der Pessimisten begeben. Dies wussten bereits die alten Wüstenväter, die bewusst negative Gedanken durch positive Einreden ersetzten. Schon Johannes Cassian, der bedeutendste Autor im frühen abendländischen Mönchtum, hatte die Vorstellung, dass die Gedanken den Geist des Menschen in das verwandeln, was sie ihm darbieten.[2]

Positives Denken, negatives Denken – was passiert?

> *»Was Sie denken, werden Sie sein, nichts anderes!«*[3]
>
> (OSCAR SCHELLBACH)

Unsere Gedanken bestimmen maßgeblich unser Sein. Sie tragen zu einem Großteil dazu bei, wie es uns im Moment geht, wie wir auftreten, wie wir Herausforderungen anpacken, welche innere Haltung wir insbesondere gegenüber unseren Mitmenschen einnehmen, wie wir die Welt und das Leben betrachten, kurz: wie wir unser Leben meistern!

Stellen Sie sich – stark vereinfacht – vor, dass es Gedanken mit positivem und negativem Vorzeichen gibt. Wir alle neigen – mal mehr, mal weniger – dazu, Schwarzmalerei zu betreiben, Schwierigkeiten, Missstände und Probleme zu beklagen und zu übertreiben. Dann schwirren negative Gedanken durch unseren Kopf wie zum Beispiel:

Negative Assoziationen

Alle sind gegen mich. Schon wieder kommt etwas dazwischen. Ich bin zu alt. Hätte ich mich nur zurückgehalten. Wenn ich tun und lassen könnte, was ich wollte! Wenn meine Eltern reich gewesen wären! Ich kenne nicht die richtigen Leute. Ich bin unbegabt. Ich kann mich nicht durchsetzen. Niemand schätzt meine Fähigkeiten. Schon wieder ist mir eine einmalige Gelegenheit entgangen! Die anderen gehen mir so auf die Nerven! Wenn ich nicht den Haushalt führen und auf die Kinder aufpassen müsste! Ich schaffe es nicht, zu sparen. Mein Chef ist blöd. Niemand kann mir helfen. Meine Familie versteht mich nicht. Ich bin zu dick. Ich kann das nicht. Ich schaff das nicht. Wenn ich nur wüsste, wie ich das machen soll! Wenn sich nicht alles gegen mich verschworen hätte! Ich finde nicht den richtigen Partner. Alle Menschen sind dumm. Immer habe ich Pech. Ich habe Angst. Ich mache mir Sorgen. Wie peinlich!

Solche negativen Sätze tauchen immer wieder unbewusst auf. Der eine oder andere Gedanke kommt Ihnen vielleicht vertraut vor. Achten Sie einmal auf die Wirkung dieser negativen Gedanken und Einreden: Wie geht es Ihnen dabei? Richtig, sie ziehen Sie förmlich herunter. Sie lähmen Sie, halten Sie in schlechter Laune, in Selbstmitleid und Ärger gefangen. Daher sind sie für viele Menschen die Ursache für Schwierigkeiten im Alltag, für ihre Probleme mit Mitmenschen, mit der Arbeit, mit ihren Gefühlen, mit ihren Stimmungen.

Passen Sie einmal genau auf: Sie leben ständig von irgendwelchen Sätzen, die Sie sich vorsagen oder die Ihnen automatisch in bestimmten Situationen durch den Kopf gehen, mit denen Sie auf Missgeschicke, auf Mitmenschen, auf Anforderungen in der Arbeit reagieren: »Das ist zu schwer für mich«, »Ich kann das nicht«, »Schon wieder dieser Typ«. Problematisch wird es, wenn jemand von diesen Formen des negativen Denkens ständig Gebrauch macht, wenn sein Denken überwiegend irrational ist. Dann verzerrt er andauernd die Realität. Als irrationale Gedanken hat übrigens Albert Ellis, der Begründer der Rational-Emotiven-Verhaltenstherapie, die Formen des negativen Denkens bezeichnet[4]. Diese sind:

Irrationale Gedanken nach Ellis

- Alles-oder-nichts-Denken
- Übertriebene Verallgemeinerung
- Eingeengte Wahrnehmung
- Leugnung des Positiven
- Übertreibung von Fehlern
- Mit zweierlei Maß messen

Der Kritiker in uns

Das Sprachrohr des negativen Denkens ist der sogenannte Kritiker in uns. Damit ist jene innere Stimme gemeint, die uns auf Schritt und Tritt begleitet und uns durch negative Äußerungen schlechte Gefühle macht. Dieser Kritiker in uns entstand in unseren ersten Lebensjahren, in denen wir ständig von Erwachsenen auf Fehler aufmerksam gemacht worden sind und mit Worten oder abweisendem Verhalten dafür bestraft wurden: »Du kannst das nicht«, »Aus dir wird nichts werden«, »Du hast zwei linke Hände«, »Mit dir hab ich nur Ärger« usf.

Als Erwachsene neigen wir dann dazu, genauso negativ mit uns selbst zu sprechen. Die Folge: Dieses negative Denken blockiert unser Potenzial und so eine natürliche Entwicklung in unserem persönlichen und beruflichen Bereich. Es ist, so lesen wir bei

Oscar Schellbach, der ideale Nährboden für Angst und Hemmungen und ist kontraproduktiv für das Streben nach Glück und Erfolg. Und Schellbach geht sogar noch weiter: Positives Denken und Optimismus sind nicht nur ein reines »Nice to have«, weil es sich so entspannter lebt, sondern sie nehmen im natürlichen Überlebenskampf schon seit Jahrmillionen eine Schlüsselrolle ein und sind für unser Leben unverzichtbar.

Bewusst positiv denken und sprechen

Negatives und irrationales Denken kann nur ausgemerzt werden, indem Sie es bewusst angreifen und dem inneren Kritiker widersprechen. Wir müssen uns von unseren Gedanken nämlich nicht alles gefallen lassen. Dies kann in einer stillen inneren Zwiesprache erfolgen: »Schau, das hab ich gut gemacht«, »Ich hab das geschafft« oder »Das ist ja optimal gelaufen!«. Aber nicht nur der Widerspruch ist wichtig. Gehen Sie direkt daran und ersetzen Sie negative Sätze durch positivere.

Worte sind hörbare Gedanken – sie können bei uns und anderen eine kränkende oder motivierende Kettenreaktion auslösen. Daher ist diese Erkenntnis sehr wichtig: »Der Erfolg meines Lebens wird bestimmt von der Fähigkeit, positiv zu sprechen.« Die Sprache gibt unseren Gedanken Leben. Durch die Kraft der Sprache gewinnen Sie an Realisierungskraft. Wer seine Sprache verändert, verändert seine Gedanken und sein Leben.

Alles Denken braucht Sprache

Unser Geist ist so strukturiert, dass sich alles in uns auch sprachlich formuliert: Wir ärgern uns nicht einfach, sondern der Ärger drückt sich in irgendwelchen Sätzen aus, die unsere innere Haltung widerspiegeln. Umgekehrt wiederum können wir mit gezielten Sätzen unsere innere Haltung beeinflussen! Es ist daher eine ganz wichtige Aufgabe, sich mit den Sätzen zu beschäftigen, die wir unbewusst denken und die doch eine so gewaltige Wirkung auf unsere innere Einstellung, auf unsere Stimmung, unser Denken, Fühlen und Handeln haben. Ersetzen Sie deshalb ganz bewusst negative Einreden und Gedanken durch positivere. Positive Sätze geben uns Kraft, Mut, inneren Schwung und die Bereitschaft, schwierige Dinge anzupacken.

Die höchsten Stufen des positiven Denkens sind die Dankbarkeit und die Liebe. Denn die Liebe ist positives Denken in Reinkultur und Dankbarkeit immer Ausdruck einer positiven Wahrnehmung.

Tricksen Sie Ihr Gehirn aus: Unser Geist kann nicht gleichzeitig an verschiedene Dinge denken, er kann sich nicht gleichzeitig verschiedene Sätze vorsagen. Holen Sie sich daher positive Glaubenssätze in den Vordergrund, zum Beispiel durch griffige Leitsätze oder Sprichwörter, die Sie sich notieren und vorsprechen. (Lesen Sie dazu in Kapitel 9 ab Seite 170 *Autosuggestion – wie Sie mit Ihrem Unterbewusstsein arbeiten*.)

Die meisten Menschen wachsen in Lebensumständen auf, in denen nicht bewusst auf das Denken und Fühlen geachtet wird. Oft ist es erst ein bestimmter Anlass oder ein gravierendes Problem, das sie plötzlich ihre innere Einstellung erkennen lässt. Bewusster werden bedeutet unter anderem bewusster zu denken und neue Denkgewohnheiten zu üben. Wenn Sie Ihre eigenen Denkgewohnheiten von negativem auf positives Denken umstellen, dann machen Sie einen sehr großen Schritt hin zu mehr Bewusstheit. Das Ergebnis: Sie haben mehr persönliche Wahl- und Gestaltungsmöglichkeiten! Und: Sie sind frei, Situationen unterschiedlich zu bewerten und beliebig anders zu denken. Und das Beste ist: Je mehr Sie üben, umso leichter wird es.

Die letzte Freiheit – denken

Diese persönliche Freiheit, ganz individuell auf ein Ereignis zu reagieren, spielt bei Viktor E. Frankl eine zentrale Rolle. Er spricht in diesem Zusammenhang von der letzten Freiheit des Menschen und von der Trotzmacht des Geistes (lesen Sie mehr dazu ab Seite 90): Egal was mit Ihnen passiert, wie ausweglos eine Situation oder wie widrig die äußeren Umstände sind – die Freiheit, wie Sie darauf reagieren, kann Ihnen niemand nehmen.

Stellen Sie sich vor: Die Präsentation vor dem neuen Kunden ist schlecht gelaufen, Sie haben miserable Laune, Ihr Sohn bringt schlechte Noten nach Hause, Sie haben eine große Summe Ihres Vermögens durch die Finanzkrise verloren – und trotzdem blicken Sie optimistisch nach vorne. Nur weil Ihnen das Leben keine guten Karten gibt, wollen Sie nicht mehr mitspielen? Mit guten Karten zu gewinnen ist nicht schwierig. Manche Menschen können nicht einmal das. Doch mit schlechten Karten nicht aufzugeben, dazu braucht man das »Trotzdem«. Dies bedeutet, dass Sie Ihr Schicksal in die eigene Hand nehmen, um über sich hinauszuwachsen.

Von der Seite des positiven Denkens aus betrachtet heißt das: Mögen die Umstände noch so widrig sein – Sie bestimmen, wie Sie sie nehmen. Entweder sehen Sie alles noch viel schwärzer – oder Sie versuchen, dem Ganzen etwas Positives abzugewinnen. Dies gelingt nach Viktor E. Frankl, sobald ein Mensch eine Sinnmöglichkeit außerhalb seiner selbst wahrnimmt, für die es sich noch lohnt, sich einzusetzen.

Die Pioniere des positiven Denkens – was ist real, was konstruiert?

> *»Zustimmung aktiviert Kräfte – Ablehnung vernichtet Lebenskraft.«*
>
> (12. GRUNDGESETZ DER LEBENSENTFALTUNG)

Vorläufer des positiven Denkens gab es bereits in der zweiten Hälfte des 19. Jahrhunderts. Hintergrund dafür war der »Mesmerismus«, der auf Franz Mesmer (1734–1815) zurückgeht.[5] Er beruht auf der Annahme, dass Magnetfelder im Menschen und in menschlichen Beziehungen mitbestimmend für das Wohlbefinden, aber auch für Krankheiten seien. Durch aktive Beeinflussung dieser »Kraftfelder« könne Heilung erreicht werden.

Wegbereiter des positiven Denkens

Beeinflusst durch Erkenntnisse der Psychologie, der Medizin und der New-Age-Bewegung wurden diese Theorien in den USA und in Europa weiterentwickelt. Im 19. Jahrhundert entstanden parallel in den USA und in Europa zwei Richtungen des positiven Denkens. Die Lehre des amerikanischen Philosophen Ralph Waldo Emerson (1808–1882) gilt als Ausgangspunkt der Neugeistbewegung[6], später »Positive-Thinking«-Bewegung in den USA. Die europäische Variante stammt vom französischen Apotheker Emile Coué (1857–1926). Er glaubte, dass Selbstsuggestionen (Autosuggestionen) die Heilung von körperlichen und seelischen Krankheiten unterstützen können.[7] Diese Beobachtung war wegbereitend für die Entwicklung des Autogenen Trainings (siehe unten).

Im Zusammenhang mit positivem Denken tauchten weitere Begriffe auf: »neues Denken«, »richtiges Denken«, »Kraftdenken«, »mentaler Positivismus«. Den letztgenannten Begriff benutzte Oscar Schellbach für sein 1921 in Baden-Baden gegründetes »Institut für mentalen Positivismus«. Für ihn war positives Denken das »aufbauende Denken«.

Zwei Schwerpunkte des positiven Denkens etablierten sich: Religiöse Gruppen konzentrieren sich auf den Aspekt des Heils und der Heilung, während ansonsten eher der Lebenshilfe- und -gestaltungsaspekt im Vordergrund steht.

Beim positiven Denken nimmt die Hoffnung eine zentrale Stellung ein. Diese dürfen Sie sich nicht als eine in erster Linie nur religiös motivierte oder transzendental ausgerichtete Hoffnung vorstellen. Vielmehr hoffen Sie und neigen Sie zu der Überzeugung, dass die Dinge sich schon fügen werden und am Ende alles gut ausgeht.

Robert H. Schuller: Möglichkeitsdenken

Für den amerikanischen Prediger Robert H. Schuller bedeutet positives Denken »Möglichkeitsdenken«[8]. In seinen Vorträgen fordert er die Menschen immer wieder dazu auf, ihr Denken auf die Hoffnung als eine entscheidende Quelle der Kraft zu fokussieren. Es geht darum, beruflich und privat nach Chancen zu suchen, Möglichkeiten bewusst wahrzunehmen und auszunutzen.

Immanuel Kant: Objektive Erkenntnis ist nicht möglich

Der weltberühmter Denker und Philosoph Immanuel Kant (1724–1804) hat sich intensiv damit auseinandergesetzt, wie wir die Welt wahrnehmen und was wir wissen können beziehungsweise wo unsere Erkenntnismöglichkeit an ihre Grenzen stößt. Demnach ist eine Erkenntnis der Dinge an sich ebenso wenig möglich wie das Erkennen von metaphysischen Gegenständen, wie Gott oder Unsterblichkeit. Durch seine Überlegungen über die Grenzen des Geistes erregte Kant unsere Aufmerksamkeit. Das geniale Gedankengut dieses großen deutschen Philosophen hat die Entwicklung unserer Philosophie des erfolgreichen Weges maßgeblich beeinflusst. Wahrscheinlich kennen Sie Immanuel Kant durch seinen kategorischen Imperativ. Dieser lautet:

> *»Handle so, dass die Maxime deines Willens jederzeit zugleich als Prinzip einer allgemeinen Gesetzgebung gelten könne, oder handle so, als ob die Maxime deiner Handlung durch deinen Willen zum allgemeinen Naturgesetz werden sollte.«*

Weltbekannt wurde Immanuel Kant durch sein Werk *Kritik der reinen Vernunft*. Kants kopernikanische Wende besagt: Wir erkennen nicht das Ding an sich, sondern nur dessen Erscheinung, sehen die Welt also nicht als objektive Realität, sondern unter den Bedingungen, die dem Mensch als Subjekt eigen ist.[9] Was uns heute fast selbstverständlich erscheint, war für die Philosophie damals revolutionär: nämlich die Erkenntnis, dass sich der Mensch die Welt selbst »konstruiert«.

Paul Watzlawick: Alle Realität ist Konstruktion

Auch der österreichische Philosoph Paul Watzlawick (1921–2007) war der Meinung, dass ausnahmslos jede menschliche Wahrnehmung subjektiv ist. Der Kommunikationswissenschaftler und Soziologe wurde vor allem durch seine populärwissenschaftlichen Veröffentlichungen unter anderem über den radikalen Konstruktivismus einem größeren Publikum bekannt.[10] Die Kernaussage des radikalen Konstruktivismus, der eine Erkenntnistheorie darstellt, besagt: Eine Wahrnehmung liefert uns niemals ein Abbild der Realität, sondern ist immer eine Konstruktion aus den Sinnesreizen und der Gedächtnisleistung eines Individuums. Deshalb ist Objektivität im Sinne einer Übereinstimmung von wahrgenommenem (konstruiertem) Bild und Realität unmöglich. Das heißt also, dass jeder von uns die Dinge ganz subjektiv und somit anders als andere wahrnimmt.

Richtig denken heißt, die Denkkraft aktiv zu nutzen und sie bewusst in Kraftgedanken umzuwandeln. Richtig denken ist wohlwollendes, aufbauendes, kraftvolles Vorwärtsdenken, das vorhandene negative Empfindungen auf unbewusstem Wege umwandelt in positive Impulse, in Glück und Erfolg.

Emile Coué: Glaube, Placebo und Autosuggestion

»Das ist ja erstaunlich«, dachte sich der französische Apotheker Emile Coué, der im 19. Jahrhundert lebte. Jahrelang hatte er einen schmerzgeplagten Patienten mit Medikamenten versorgt. Leider blieben alle ärztlichen Verordnungen und Behandlungen erfolglos. Schließlich bat der Gepeinigte seinen Apotheker inständig, ihm ein anderes Heilmittel ohne ärztliches Rezept zu geben. Da Coué aber kein Arzt war und deshalb keine Medikamente verordnen durfte, verabreichte er dem Patienten ein völlig wirkungsloses Mittel, ein Placebo. Überraschend brachte dieses Scheinpräparat trotzdem den ersehnten Erfolg: Der chronisch Schmerzkranke war nach kurzer Zeit beschwerdefrei! Noch verblüffter war Coué, als er forthin die Abgabe seiner Medikamente mit Ermutigungen wie »Dieses hervorragende Mittel wird Ihnen bestimmt helfen!« begleitete. Bald zeigte sich nämlich: Die Wirkung einer Arznei konnte durch hoffnungsvollen Zuspruch erheblich verstärkt werden! Aus dieser überraschenden Beobachtung heraus entwickelte er den Gedanken, dass jeder von uns sein Wohlbefinden steigern kann, indem er sich selbst Suggestionsformeln vorsagt. Dies war die Geburtsstunde der Autosuggestion![11]

Der Schlüssel zur Heilung

Aus heutiger Sicht wissen wir natürlich, dass sogenannte Placebos unter bestimmten Voraussetzungen einem echten Medikament ebenbürtig oder gar überlegen sein können, für Coué hingegen war diese erstaunliche Heilung ein Aha-Erlebnis. Ihm wurde bewusst, dass beim Erfolg einer Therapie der Glaube des Patienten in entscheidendem Maße mitwirkt. Von nun an beschäftigte er sich systematisch mit den Auswirkungen positiver Suggestionen. Aus seinen Beobachtungen folgerte Coué, dass in der Selbstbeeinflussung eines Menschen letztlich der Schlüssel zu seiner Heilung liegt. Erfahrungen mit Tausenden von Patienten ließen dann im Laufe der Jahre die Methode der bewussten

Autosuggestion entstehen. Grundlage dieses Selbsthilfeverfahrens sind positive Leitsätze, die in täglichen Übungen – möglichst mehrfach wiederholt – gesprochen und gedacht werden sollen, vor allem die berühmte Formel: *»Es geht mir von Tag zu Tag und in jeder Hinsicht immer besser und besser.«*[12] Bis heute hat die von Coué entwickelte Autosuggestion nichts an Aktualität verloren. Es gilt als erwiesene Tatsache, dass positive Leitsätze, Anregungen und Ermutigungen unsere gesamte Befindlichkeit beeinflussen: unsere Einstellungen, Gefühle und Verhaltensweisen, unsere Gesundheit sowie unser seelisches Gleichgewicht.

Die dunkle Seite des Placebos – der Nocebo-Effekt

Welche Macht unsere Gedanken haben, zeigt die negative Entsprechung des Placebo-Effekts, der sogenannte Nocebo-Effekt (lateinisch: »ich werde schaden«). Welche Auswirkungen dieser hat, demonstriert ein Fall in den USA: Ein Student mit starkem Liebeskummer schluckte haufenweise Tabletten eines Antidepressivums. Was er nicht wusste: Er schluckte Tabletten ohne Wirkung. Sein Blutdruck sackte trotzdem dramatisch ab. Deshalb wurde er in eine Klinik eingeliefert. Dort konnten die Ärzte den Zustand des 26-Jährigen zunächst nicht stabilisieren. Etwas später fanden die Ärzte heraus, dass ihr Patient Placebos geschluckt hatte. Der Student hatte an einer medizinischen Studie teilgenommen. Eine Hälfte der Probanden bekam das richtige Medikament, die andere Hälfte nur unwirksame Pillen. Zur letzteren Gruppe gehörte der Student. Als der Amerikaner davon erfuhr, war er innerhalb kürzester Zeit beschwerdefrei.[13]

Wer also eigentlich harmlose Pillen mit einer negativen Erwartung einnimmt, löst negative, krank machende Reaktionen aus. Dies ist keineswegs selten, sondern sehr alltäglich. Auf andere Lebensbereiche übertragen bedeutet dies, dass negative Erwartungen und Denkweisen nahezu zwangsläufig zu ungünstigen Ergebnissen führen. »Na, das klappt ja nie.« – Wenn Sie so über die Einführung des neuen Datensicherheitsprogramms in Ihrer Firma denken, können Sie sicher sein, dass alles schiefgehen wird, was nur schiefgehen kann.

Was sagt die Gehirnforschung zum positiven Denken?

Das Konzept des positiven Denkens wird von vielen Seiten kritisiert. Ebenso alle damit verbundenen Methoden. Teilweise wird positives Denken sogar als völlig wirkungslos betrachtet. So wird beispielsweise beanstandet, dass positives Denken lediglich eine weitere Manipulation des Bewusstseins sei und natürliche Entwicklungsprozesse von Geist und Seele behindere. Die Methode könne sachgemäßes Handeln behindern, menschliche Beziehungen beeinträchtigen und gegebenenfalls ständige Schuldgefühle und Selbstvorwürfe erzeugen.[14]

Negatives Denken schadet dem Gehirn

Allerdings liefert die neuere Hirnforschung – allen Unkenrufen zum Trotz – Anhaltspunkte dafür, dass gewohnheitsmäßige Denkmuster mittel- und langfristig Auswirkungen auf unsere Gehirnaktivität haben. Daniel Amen, ein bekannter amerikanischer Arzt und Neurowissenschaftler, beobachtet seit Jahrzehnten mittels der SPECT-Analyse die Gehirne seiner Patienten. Dabei stellte er fest, dass negatives Denken die Gehirnaktivität reduziert. Mehr noch: Durch die reduzierte Aktivität im Cerebellum (Kleinhirn) wird das schnelle Verarbeiten von Informationen behindert und durch die reduzierte Aktivität im linken Temporallappen entstehen Probleme im Erinnerungsvermögen, der Kontrolle von Wut und Ärger und der Gefühle. Sein Fazit ist ganz einfach: Negatives Denken macht uns (psychisch) krank und schadet dem Gehirn.[15]

Psychologen der New York University wollten wissen, ob man positive und negative Gedanken im Gehirn messen kann, und haben dabei die Heimat des Optimismus und der positiven Gedanken gefunden. Die Forscherinnen entdeckten zwei Hirnregionen, die offenbar mit der Tendenz zum Optimismus zusammenhängen. Es wird Sie vielleicht nicht überraschen, dass diese Bereiche auch bei Depressionen eine wichtige Rolle spielen. Elizabeth Phelps und Tali Sharot legten 15 Freiwillige in einen Magnetresonanztomografen (Hirnscanner) und baten sie, über eine Reihe emotionaler Szenarien zu sinnieren. Die Testpersonen stellten sich traurige und glückliche Ereignisse aus Vergangenheit und Zukunft vor: eine Beerdigung, eine Kündigung, das Ende einer Liebesbeziehung – oder aber den Gewinn eines Preises, die Feier des letzten Geburtstags, eine Beförderung. Darüber hinaus wurden die Teilnehmer mit einem Standardtest auf ihre Tendenz zum Optimismus überprüft.

Optimismus ist messbar

Im Durchschnitt stellten sich die Probanden positive Ereignisse in der Zukunft häufiger und lebhafter vor als negative. Und gerade bei diesen angenehmen Vorstellungen waren der sogenannte rostrale anteriore cinguläre Cortex, kurz rACC, sowie der Mandelkern (Amygdala) aktiv. Negativgedanken ließen diese Zentren dagegen verstummen, besonders aktiv aber waren diese bei den größten Optimisten. Die genaue Funktion der beiden Zentren ist nicht bekannt. Die rACC gilt jedoch als Schnittstelle zwischen Verstand und Gefühlsleben, was leicht erklären könnte, warum pessimistische Gedanken bei Menschen mit Depressionen oft mit schweren emotionalen Störungen assoziiert sind. Zudem haben diese Probanden große Schwierigkeiten, sich die eigene Zukunft genau vorzustellen.[16] Gerade diese Fähigkeit ist jedoch besonders wichtig, um die Vorstellung von einem traumhaften Leben auch verwirklichen zu können. Nicht an die Zukunft denken zu können ist ein Merkmal von niederen Lebewesen: Sie leben nur im Hier und Jetzt. Doch der Mensch kann zum Glück beides.

Vorstellung und Realität verschwimmen

Und noch eine interessante Erkenntnis der Gehirnforschung: Unser Gehirn ist zwar ein wirkliches Wunderwerk und leistet so manches – es kann aber nicht besonders gut unterscheiden, ob wir etwas tatsächlich erleben oder ob wir es uns nur vorstellen. Dazu ein Beispiel: Schließen Sie die Augen und denken Sie an Ihren letzten Urlaub. Wie haben Sie sich da gefühlt? Die Sonne schien, der warme Sand kribbelte unter Ihren Füßen, ein Eis in der Hand oder gerade aus dem erfrischenden Meer kommend freuten Sie sich auf ein kühles Getränk? Merken Sie etwas? Sie fühlen sich gleich ein bisschen erholter, wenn Sie sich auf dieses Bild konzentrieren.

Der Mensch ist in der Lage, sich allein in Gedanken etwas vorzustellen und dadurch bestimmte Gefühle, Erinnerungen und Empfindungen hervorzurufen.

Wahrnehmung erfolgt zeitversetzt

Die Hirnforschung hat auch gezeigt, dass alle Wahrnehmungen und Denkvorgänge vor dem Bewusstwerden bereits einen zeitlichen Vorlauf im Gehirn haben.[17] Das heißt: Bevor wir einen Entschluss fassen, laufen vielfältige neuronale Prozesse ab, von denen wir nichts wahrnehmen können. Also muss auch bedacht werden, dass unsere Erinnerung ebenso wie unser bewusstes Denken erst einen emotionalen Filter im limbischen System passieren müssen, ehe sie tatsächlich bewusst werden. Das bedeutet aber nicht, dass wir keinen Einfluss auf unsere Gedanken und Emotionen nehmen können! Entgegen aller Kritik kann das Denken sehr wohl das Denken selbst und in ungeahntem Maße auch die Emotionen beeinflussen.

Ihr Unterbewusstsein – Baustelle des Lebens und Arbeitsraum der Seele

Wenn wir über positives Denken und Optimismus sprechen, müssen wir uns wichtige Zusammenhänge verdeutlichen, die mit dem Unterbewusstsein zu tun haben. Schließlich hängen positives Denken und Unterbewusstsein eng miteinander zusammen: Durch das gezielte Denken positiver Gedanken können wir unser Unterbewusstsein beeinflussen!

Viele falsche Propheten behaupten, dass Ihre Gedanken durch universelle Energie Veränderungen herbeiführen und allein ein Gedanke bewirkt, dass etwas in die Tat umgesetzt und Realität wird (mehr dazu in Kapitel 6). Wir (die Autoren) sagen: Es ist unsinnig, auf mystisch-esoterische Weise das Universum dafür verantwortlich zu machen, was wir erreichen, was wir bekommen und wie es uns geht. Die Wahrheit liegt viel näher, nämlich in uns selbst: Wir Menschen werden primär von unserem Unterbewusstsein gelenkt – und können umgekehrt mithilfe von Mentaltechniken unserem Unterbewusstsein positive Botschaften vermitteln und es gezielt beeinflussen!

Sigmund Freud hat um 1900 in seinem Buch *Die Traumdeutung* den Begriff des Unterbewusstseins in das wissenschaftliche Denken eingeführt. Er hat diesen Begriff aus dem alten ägyptischen Totenbuch entlehnt. Freud erkannte, dass sich der unbewusste Teil des Menschen trotz willentlicher Anstrengung nicht direkt bewusst machen lässt. Dazu muss man sich bestimmter Methoden bedienen. Heutzutage geht die Mehrzahl der psychologischen Ansätze davon aus, dass das Unterbewusstsein existiert. Alle Studien zu Entscheidungsprozessen belegen deutlich, dass der Mensch kein rein rationales Wesen ist.

Eine Definition des Unterbewusstseins fehlt immer noch

Allerdings gibt es bis zum heutigen Tag keine allgemeingültige Definition des Unterbewusstseins. Einig ist man sich nur, dass es um die Verarbeitung von Informationen und Kognitionen, also Gedanken und Gefühlen geht und dass das Unterbewusstsein diese Verarbeitungsprozesse automatisiert hat, um das Individuum vor einer Flut von Informationen und zu treffenden Entscheidungen zu schützen. Das Unterbewusstsein steuert unzählige Handlungen und entspricht wohl am ehesten dem, was man unter »künstlicher Intelligenz« versteht, denn es entwickelt sich ständig weiter, lernt dazu, passt sich an und findet neue Lösungen.

Unterbewusstsein und Unbewusstes

Wir wissen, dass wir ein aktives Bewusstsein und ein Unterbewusstsein haben – also zwei unterschiedliche Bewusstseinsebenen. Dabei unterscheiden wir zwischen dem Unterbewusstsein und dem Unbewussten. Auf das Unbewusste haben wir willentlich so gut wie keinen direkten Zugriff, es funktioniert scheinbar wie von allein. Denken Sie nur an die Blutzirkulation, die Verdauung und viele andere lebensnotwendige Funktionen. Gut, dass wir nicht darüber nachdenken müssen!

Automatisch geht es besser

Was zeichnet nun das Unterbewusstsein aus? Wenn ein Jugendlicher Auto fahren lernt, muss er trainieren, viele Dinge gleichzeitig zu tun: kuppeln, schalten, bremsen, Gas geben, Blinker setzen, Straße und Verkehr beobachten, lenken, in den Rückspiegel schauen, Verkehrszeichen und Ampeln beachten, ... In den ersten Fahrstunden muss noch jeder Handgriff bewusst gemacht werden. Mit der Zeit – und spätestens mit der Fahrpraxis – automatisieren sich all die Aktionen und der Autofahrer muss nicht mehr darüber nachdenken, was zu tun ist, wenn er zum Beispiel nach links abbiegen will. Ihm ist das Autofahren in Fleisch und Blut übergegangen: Jetzt steuert das Unterbewusstsein die vielen Handgriffe, während sich der Autofahrer auf andere Dinge konzentrieren kann.

Stellen Sie sich Ihr Unterbewusstsein als Summe all Ihrer Vorstellungen, Erinnerungen, Eindrücke, Motive, Einstellungen und Handlungsbereitschaften vor. Diese sind in Ihnen, aber zurzeit nicht alle bewusst. Sie wirken als Akteure im Hintergrund und nur ein kleiner Teil dessen, was in Ihrem Kopf abläuft, nehmen Sie auch bewusst wahr.

Wenn uns Menschen immer alles bewusst wäre, dann gäbe es keine Gewalt, keine Sucht, keine hysterischen oder cholerischen Anfälle. Unterbewusst mischen sich immer auch sämtliche Elemente Ihrer Psyche in Ihr tägliches Tun, Fühlen und Denken ein. Das Unterbewusstsein läuft so wie das Betriebssystem Ihres Computers ständig im Hintergrund.

Jede Menge Platz

Unser Unterbewusstsein hat ein gigantisches Fassungsvermögen. Es nimmt all das wahr und auf, was wir bewusst nicht aufnehmen können. Und das ist ganz schön viel! Halten Sie für einen Moment inne und versuchen Sie, alles um Sie herum bewusst wahrzunehmen: visuelle und akustische Reize wie Farben, Formen, Bilder, Töne, Geräusche und Stimmen, sensitive Reize wie Berührungen, ein warmer oder kalter Luftzug, Schmerzen, ebenso Gerüche, Stimmungen usw. Unsere Wahrnehmung, unsere Verarbeitung von Sinnesreizen und unser Denken laufen im Alltag nur zu einem winzigen Bruchteil bewusst ab, zum großen Teil unbewusst. Andernfalls wären wir total überfordert.

Dauerklick auf »speichern«

Unser Unterbewusstsein funktioniert noch viel besser als die Festplatte eines Computers. Jede Erfahrung, jeder Gedanke, jede Information, aber auch jede Art von Gefühl im Lauf unseres Lebens werden dort als kleine Programme gespeichert. Das menschliche Gehirn besitzt Schätzungen zufolge etwa 100 Milliarden Nervenzellen (Neuronen), die durch etwa 100 Billionen Synapsen eng miteinander verbunden sind. Durchschnittlich ist ein Neuron demzufolge mit 1000 anderen Neuronen verbunden und könnte von jedem beliebigen anderen Neuron aus in höchstens vier Schritten erreicht werden. So bilden sich mit jeder Erfahrung Neuronen, Gliazellen und Synapsen aus. Je mehr, umso besser! Daniel Amen sagt, dass wir mehr Nervenzellen haben, als es Planeten im gesamten Universum gibt. Und jetzt stellen Sie sich nur einmal vor, wie viele Verbindungen sich daraus ergeben – unvorstellbar! Sogar Empfindungen, die wir nicht beachten, und Worte, die wir gar nicht bewusst hören, hinterlassen in unserem Unterbewusstsein ihre Spuren.

Insbesondere die Erfahrungen, die wir im Lauf unseres Lebens gemacht haben und in unserem Unterbewusstsein gespeichert haben, spielen eine wichtige Rolle: Auf Grundlage dieses Erfahrungsschatzes wird eine aktuelle Situation im Nu von unserem Unterbewusstsein gefiltert, strukturiert und bewertet. So funktioniert unsere interne Datenverarbeitung!

Gerade weil unser Unterbewusstsein alles speichert, weiß es viel, viel mehr als wir aufgrund unseres bewussten Denkens. Unser Leben wird in unserem Unterbewusstsein gestaltet. Dort entscheidet sich, ob wir glücklich oder unglücklich, Sieger oder Verlierer sind, ob wir gesund sind oder kränkeln. Unser Habitus, unsere Gefühle, Einstellungen, intellektuellen Fähigkeiten – alles steckt in unserem Unterbewusstsein und wird von dort gelenkt.

Der enorme Einfluss des Unterbewusstseins

Unser Unterbewusstsein hat enorme Macht und Einfluss auf uns und unser Leben, insbesondere

- auf unsere Erwartungen
- auf unsere Verhaltensweisen und Reaktionen
- auf unsere Einstellungen und Überzeugungen
- auf unsere Wahrnehmung
- auf die Bedeutung, die wir den Dingen geben, die geschehen
- auf unsere Gesundheit und unser Wohlbefinden
- auf unsere Vorlieben
- auf unsere Leistungsfähigkeit und unsere persönlichen Erfolge
- auf unsere Lebensbedingungen

Gedanken entwickeln sich im Unterbewusstsein aus dem Menschen selbst oder durch äußere Einflüsse. (3. Grundgesetz der Lebensentfaltung)

Auch andere beeinflussen unser inneres Programm

Wenn Sie nicht selbst Einfluss auf Ihr Unterbewusstsein, Ihr inneres Programm, nehmen, dann tun es andere. Haben Sie das schon bedacht? Dazu gehört beispielsweise auch, dass Sie sich negative Äußerungen Ihrer Mitmenschen anhören. Sagt Ihr Chef dauernd zu Ihnen »Da brauchen Sie sich gar nicht zu bemühen, das klappt eh nicht« und hören Sie von Ihrem Partner zu Hause »Du bist immer so müde und abgespannt«, dann brauchen Sie sich nicht zu wundern, dass Sie auf keinen grünen Zweig kommen – beruflich und privat. Schlimmer noch, wenn Sie sich selbst diese Dinge einreden.

Wenn Sie die Aussagen anderer Menschen einfach aufnehmen, ohne ihnen in Gedanken etwas entgegenzusetzen, dann wirken diese wie Programmierungen. Ihr Unterbewusstsein tut das, was ihm gesagt wird, ohne zu fragen, von wem die Anordnungen kommen. Es ist lediglich das ausführende Organ. Je mehr Sie einen Menschen schätzen oder respektieren, umso größer ist dessen Einfluss auf Ihr Unterbewusstsein. Auch der Bekanntheitsgrad oder der soziale Status eines Menschen verleihen seinen Worten mehr Gewicht. Daher ist es ein Unterschied, ob Ihnen ein renommierter Arzt einen Tipp gibt oder ein Bettler auf der Straße.

Das Wissen der positiven Menschenführung kann in unendlich vielen Bereichen des Lebens genutzt werden: in der Erziehung, in der Schule, beim Verkauf, beim Führen von Mitarbeitern, in der Medizin. Leider werden diese Möglichkeiten häufig missbraucht. Ob ein Schüler von selbst auf die Idee kommt, keine Zukunft zu haben, oder der Lehrer ihm dies einredet – sobald sich dies im Unterbewusstsein festsetzt, beginnt ein verhängnisvoller Prozess. Daher sollten wir ganz sachlich prüfen, was wir uns und anderen einreden. Und besonders darauf achten, dass wir für uns und unsere Kinder gute Lehrer finden. Denn diese haben einen nicht zu unterschätzenden Einfluss.

Kapitän ist der Verstand

Unser Unterbewusstsein ist aktiv – ohne Pause. Es arbeitet immer, auch wenn wir uns dessen gar nicht bewusst sind. Sogar wenn Sie vor dem Fernseher einschlafen, ist Ihr Unterbewusstsein aufnahmefähig und somit beeinflussbar. Sie werden beeinflusst, ob es Ihnen gefällt oder nicht. Fernsehen, Internet, Zeitungen, Nachrichten, Erlebnisse, andere Menschen, Gespräche und vieles mehr wirken ständig auf Ihr Unterbewusstsein ein.

Daher sollten Sie einen möglichst großen Teil der Beeinflussung selbst in die Hand nehmen. Entscheiden Sie mithilfe Ihres Verstandes, was Sie bewusst denken und in Ihrem Unterbewusstsein speichern, aber auch, welche Gedanken Sie ablehnen und somit Ihrem Unterbewusstsein vorenthalten.

Leichter wird es, wenn Sie ganz gezielt die Inhalte auswählen, die in Ihrem Unterbewusstsein gespeichert werden sollen. Das heißt, auch einmal den Fernseher auszuschalten und die Klatschspalte in der Zeitung zu überblättern: So schieben Sie der Informationsflut und destruktiven Inhalten den Riegel vor.

Wenn Sie lernen, den Einfluss Ihres Unterbewusstseins für Ihre Zielsetzungen zu nutzen, finden Sie in ihm Hilfe und Unterstützung. Spannen Sie Ihr Unterbewusstsein für Ihre Ziele ein. Abgesehen von einer verbesserten Wahrnehmung, einem sogenannten Filter, können Sie Ihrem Unterbewusstsein exakt sagen, was Sie wollen. Spitzensportler – zumindest diejenigen, die sich nicht dopen – nutzen die Macht des Unterbewusstseins positiv für ihren Erfolg. Aufgrund ihrer Mentalkräfte werden Spitzenleistungen möglich.

Haben Sie auch ein Navigationssystem in Ihrem Auto? Eine großartige Erfindung, denn sie hilft Ihnen, Ihre Ziele ohne Umwege zu erreichen. Auch Ihr Unterbewusstsein arbeitet wie ein Navigationssystem, das durchs Leben leitet: Wenn Sie ihm ganz genau sagen, wohin Sie möchten, dann wird es Ihnen helfen.

Um unser Unterbewusstsein auf Erfolg zu programmieren, gibt es mehrere Möglichkeiten:

Das Unterbewusstsein positiv programmieren

- Die erste liegt darin, ihm genau zu sagen, was Sie wollen. Mit etwas Training können Sie lernen, mit Ihrem Unterbewusstsein zusammenzuarbeiten.

- Die zweite Möglichkeit besteht darin, das eigene Unterbewusstsein positiv zu besprechen. Arbeiten Sie dafür mit Suggestionen beziehungsweise Autosuggestionen (= Selbstbeeinflussung). Das Unterbewusstsein nimmt die Suggestionen wertfrei auf und tendiert dazu, Ihre Gedanken in die Tat umzusetzen. Sprechen Sie sich dazu einen wohlformulierten Text laut vor, und zwar nicht nur einmal, sondern immer wieder. Sprechen Sie ihn am besten auswendig und rezitieren Sie ihn mit ganz viel Kraft in der Stimme.

- Drittens können Sie die Vorstellungskraft aktivieren. Dafür gibt es unterschiedliche Wege, die zu ähnlichen Ergebnissen führen, zum Beispiel Meditation, Mentaltraining, Hypnose oder Visualisierung. Alles wirkt stärker, wenn Sie die entsprechende Voraussetzung schaffen: einen richtigen Entspannungszustand – oder idealerweise den sogenannten Alpha-Zustand (mehr dazu ab S. 122), dann wird der Weg frei zu Ihrem Unterbewusstsein.

Lesen Sie in Kapitel 9, wie Sie darüber hinaus mit Ihrem Unterbewusstsein arbeiten können.

Mehr positive Gedanken!

Nun haben Sie sehr viel über die Macht der Gedanken gelesen. Sie wissen jetzt, dass jeder Wunsch, jedes Vorhaben, jede Vision mit einem Gedanken beginnt. Und dass sich alles, was Sie bisher gedacht haben, in Ihrer gegenwärtigen Situation widerspiegelt. Doch was bedeutet das konkret für Sie? Wie können Sie dieses Wissen für sich nutzen? Fest steht: Wir alle besitzen ein Unterbewusstsein. Von diesem lassen wir uns lenken, leiten und führen. In gewissem Sinn überlassen wir dem Unterbewusstsein und anderen Menschen, die Einfluss auf unser Unterbewusstsein nehmen, unsere Zukunft. Doch: Wollen wir das wirklich? Möchten wir nicht lieber selbst die Zügel in der Hand halten und über unser Leben bestimmen? Der geniale Psychotherapeut Milton H. Erickson sagt: *»Es ist für die Menschen sehr* *wichtig, zu wissen, dass ihr Unbewusstes klüger ist als sie selbst.«*[18] Viele Menschen haben nur deshalb Probleme, weil ihre bewusste Einstellung und Art zu denken ihre eigentlichen Fähigkeiten einschränkt. Die Lösung besteht folglich darin, die Beschränkungen ihrer bewussten Haltungen zu durchbrechen, um ihr unbewusstes Potenzial zu befreien.

Wir könnten unser Unterbewusstsein zu unserem besten und treusten Verbündeten machen! Dazu müssen wir zunächst aber herausfinden, was wir wollen und was wir uns wünschen. Ohne Zieleingabe kann nämlich das Unterbewusstsein, das wie ein Navigationsgerät funktioniert, den Weg zum Ziel nicht finden!

ZUSAMMENFASSUNG KAPITEL 3

- Ganz gleich, was Sie erreichen möchten – jeder Wunsch, jedes Vorhaben, jedes Ziel beginnt mit einem Gedanken. Alles, was Sie erreichen möchten, müssen Sie zunächst einmal überzeugt gedacht haben.
- Ihre derzeitige Situation ist auch ein Ausdruck Ihrer vergangenen Gedanken.
- Ihren Gedanken sind Sie nicht ausgeliefert: Sie bestimmen selbst, was Sie denken.
- Bringen Sie den Kritiker in sich zum Schweigen, indem Sie nicht mehr negativ mit sich selbst sprechen. Daraus entsteht nämlich negatives Denken, das Sie in allen Dingen blockiert. Beeinflussen Sie mit gezielten Sätzen Ihre innere Haltung: Ersetzen Sie bewusst negative Einreden und Gedanken durch positive!
- Das positive Denken hat in Europa bereits eine lange Tradition: von Immanuel Kant über Franz Mesmer, Ralph Waldo Emerson, Emile Coué bis zu Robert Schuller. Wie nehmen wir die Welt wahr? Wie schaffen wir durch unser Denken unsere eigene Welt? – Mit diesen Fragen setzte sich Immanuel Kant auseinander. Sein Fazit lautet: Jeder Mensch sieht die Welt durch seine eigene Brille. Ähnlich sagte der österreichische Psychotherapeut Paul Watzlawick: Jede menschliche Wahrnehmung ist subjektiv.
- Die Gehirnforschung liefert interessante Erkenntnisse über positives Denken und Optimismus. Psychologen der New York University fanden sogar die Heimat des Optimismus und der positiven Gedanken im Gehirn!
- Ihr Unterbewusstsein ist ein wahres Wunderwerk. Sorgen Sie dafür, dass es für Sie und Ihre Wünsche und Ziele arbeitet!

4. Auf der Suche nach Antworten – vom WIR zum ICH

»Nur in dem Maße, in dem wir uns preisgeben an die Welt und an die Aufgaben und Forderungen, die von ihr her einstrahlen in unser Leben, nur in dem Maße, in dem es uns um die Welt da draußen und die Gegenstände geht, nicht aber um uns selbst oder um unsere eigenen Bedürfnisse, nur in dem Maße, in dem wir Aufgaben und Forderungen erfüllen, Sinn erfüllen und Werte verwirklichen, erfüllen und verwirklichen wir auch uns selbst.«[1]

(VIKTOR E. FRANKL)

Mehr denn je sind die Menschen heute auf der Suche nach Antworten auf die Sinnfrage. Um dies erklären zu können, bietet sich ein Ausflug in die Soziologie an, die hier bereits »Pionierarbeit« geleistet hat.

Das Phänomen der Individualisierung

Ob in Paris oder Krefeld, in Deutschland oder der Türkei, in einer WG oder einem Penthouse, als Lebenskünstler oder Creative Art Director – heute entscheidet jeder von uns, wie er leben möchte. Jeder ist zentraler Bezugspunkt für sich selbst und die Gesellschaft – er wird zum »Gestalter der sozialen Realität«[2]. Das heißt:

Wie die Gesellschaft gestaltet ist und in welchen Formen wir zusammenleben, das bestimmen allein wir selbst. Dieses Phänomen wird in der Soziologie »Individualisierung« genannt.

Der Preis des Pluralismus

Mit der Individualisierung der Gesellschaft geht auch eine Pluralisierung der Lebensstile einher. Doch wenn viele Lebensstile parallel nebeneinander existieren, wird die Identitäts- und Sinnfindung zur Leistung des Einzelnen. Jeder muss sich seinen Standort in der Gesellschaft selbst suchen und manifestieren. Bevor die Individualisierung der Gesellschaft einsetzte, waren die Lebensformen sehr uniform. Es war klar, in welcher dörflichen Gemeinschaft man lebte, und es stand außer Frage, dass man in seiner Großfamilie blieb und sein Leben dort verbrachte. Heute sind die früheren dörflichen Gemeinschaften zerfallen, Großfamilien gibt es kaum mehr. An die Stelle der traditionellen Bindungen ist die Selbstbestimmung des Individuums getreten. Zur noch in den 50er-Jahren üblichen dominierenden Lebensform in der bürgerlichen Kleinfamilie haben sich vielfältige Alternativen entwickelt: nichteheliche Lebensgemeinschaft, gleichgeschlechtliche Paare, das Leben als Single, Alleinerziehende, Partnerschaften mit getrennten Wohnsitzen. Auch der Lebensverlauf hat sich flexibilisiert. Die Ausbildung ist meist kein abgeschlossener Prozess mehr. Immer häufiger wechseln sich Zeiten der Erwerbstätigkeit und der Weiterbildung ab.

Individualisierung als Befreiung

Bereits die Klassiker der Soziologie, Emile Durkheim, Max Weber und Georg Simmel, beschrieben den Individualisierungsprozess als Ergebnis gesellschaftlicher Entwicklung. Der Soziologe Matthias Junge sieht die Individualisierung als Folge und Ausdruck eines allgemeinen Modernisierungsprozesses. Dabei versteht er Modernisierung als eine Verbindung von Industrialisierung, Bürokratisierung, Urbanisierung, Demokratisierung und zunehmender sozialer Mobilität.[3] Gerd Nollmann und Hermann Strasser hingegen vertreten die Ansicht, dass die Individualisierung keinesfalls nur ein Phänomen unserer Tage ist. Sie sehen sie vielmehr als das Programm des Lebens schlechthin – im Sinne der Menschwerdung jedes Einzelnen und ebenso der Befreiung der Menschheit von den Fesseln vorgegebener Lebensweisen.[4] Sie können es nun so oder so betrachten, fest steht:

Im Zuge der Individualisierung der Gesellschaft ist es für die Menschen wichtiger denn je, eine Identität und einen Sinn für sich zu finden.

Frank R. hat nach erfolgreichem Abschluss seines BWL-Studiums mit Schwerpunkt Banken einen guten Berufsstart in einer internationalen Bank hingelegt. Nachdem er dort zwei Jahre gearbeitet hat, nimmt er ein weiteres Studium an einer internationalen Business School auf. Sein Ziel: Master in Advanced Finance. Dieses zwölfmonatige Studium soll danach seine Karriere beschleunigen.

Corinna S. hat Industrie-Design studiert und mehrere Jahre bei zwei verschiedenen Großkonzernen im Kosmetik-Bereich gearbeitet. Zwei Jahre nach der Geburt ihrer Tochter möchte sie wieder einsteigen. Da sie mittlerweile umgezogen ist, kommt eine Festanstellung bei ihrem alten Arbeitgeber nicht mehr infrage. Sie wünscht sich zeitliche Flexibilität und selbstbestimmte Arbeitszeiten. Daher gründet sie ihr eigenes Beratungsunternehmen: Zu ihren Kunden zählen u.a. ihre früheren Arbeitgeber.

Vom Kollektiv zum Individuum

Betrachten wir dazu den Unterschied zwischen modernen und traditionellen Gesellschaften noch einmal genauer: In traditionellen Gesellschaften wird das Individuum über seine Zugehörigkeit zu einer Gruppe definiert. Der Mensch selbst hat kaum eine Bedeutung als autonomes Wesen. Er wird als Teil eines Ganzen angesehen und in der Wahrnehmung rückt das Ganze in den Vordergrund. Anders in modernen Gesellschaften. Im Fokus steht hier der Mensch in seiner ganzen Individualität, als das, was und wie er ist und welchen Nutzen er anderen und damit der Gesellschaft bringt. Der Vorteil: Er kann sein Leben frei gestalten und ist weniger gesellschaftlichen Zwängen unterworfen. Die Kehrseite: Er muss die Verantwortung dafür selbst tragen, muss sich selbst definieren. Er wird daran gemessen, wie gut ihm das gelingt. Die Qual der Wahl liegt bei ihm, wie er lebt, was er mit seinem Leben anfängt, wie viel ICH und wie viel WIR in seinem Leben eine Rolle spielen sollen.

Der Balanceakt zwischen ICH und WIR

Die vom Soziologen Norbert Elias beschriebene Wir-Ich-Balance hat je nach Gesellschaftsstruktur unterschiedliche Ausprägungen. Auf der einen Seite steht eine starke Betonung der Wir-Identität, das heißt der Gruppenzugehörigkeit, auf der anderen Seite wird die Ich-Identität hervorgehoben, sprich die individuelle Einzigartigkeit und Unabhängigkeit.[5]

Im Mittelalter lag das Schwergewicht noch ganz auf der Wir-Identität. Das Zusammenleben in der Familie, in der Sippe oder im Stamm brachte einen entscheidenden Überlebensvorteil: Man erfuhr Schutz vor Gefahren und Unterstützung bei der Nahrungsbeschaffung. Die vorherrschende Konformität stiftete im hohen Maße Sicherheit. Wer mit »Extrawürsten« ausbrach, gefährdete die Gemeinschaft.

Im Zuge der Industrialisierung erhielt der Einzelne immer größere Entscheidungsspielräume: Die Wir-Ich-Balance verlagerte sich zugunsten der Ich-Identität. Die Entscheidungsspielräume des Einzelnen haben sich nicht nur vergrößert, nein, er muss von nun an auch selbst entscheiden, mit wem er Beziehungen eingeht. Er lebt nicht mehr zwangsläufig in einer Dorfgemeinschaft und einer Großfamilie, sondern kann und muss selbst beschließen, mit welchen Menschen er zusammenleben möchte.

Von der Fremd- zur Selbstbestimmung

Charakteristisch für moderne Gesellschaften ist, dass die Ich-Identität, also die Individualität des Einzelnen, bedeutender ist als die Wir-Identität. Die Menschen möchten weg von der Fremdbestimmung hin zur Selbstbestimmung. Die Gruppenbildung ist nicht mehr so wichtig wie früher, um das eigene Überleben zu sichern. Keiner möchte mehr seine Autonomie, seine Kreativität, sein ICH am Fabriktor oder beim Pförtner des Bürogebäudes abgeben. Keiner möchte mehr in der Masse mitschwimmen, jeder sucht nach einem Freiraum, in dem er seine persönlichen Fähigkeiten und Interessen entfalten und ausleben kann.

Individualismus – Werteverfall oder Chance?

Wenn Sie jemanden einen Individualisten nennen, dann klingt das für viele eher nach einem Vorwurf als nach einem Kompliment. Der Soziologe und Zukunftsforscher Matthias Horx bringt das auf den Punkt: Der Individualismus steht unter einem Generalverdacht. Individualität würde – zumindest im deutschen Kulturraum – meistens als Vorwurf verstanden.[6] Wertezerfall, hemmungsloser Hedonismus, Selbstsucht, blindwütiger und oberflächlicher Materialismus, Konsumwahn, Vereinsamung, Isolation – dies alles wird mit Individualität in Verbindung gebracht. Das mag in einzelnen Fällen durchaus zutreffen, wenn zum Beispiel Individualität zum rücksichtslosen Egotrip wird, womöglich noch auf Kosten der anderen. Doch genau betrachtet birgt Individualität eine große Chance für die persönliche Entwicklung und Entfaltung des Einzelnen (mehr dazu im nächsten Abschnitt) und der Gesellschaft.

Ist der moderne Mensch isoliert?

Auch wird allgemein angenommen, dass der moderne, individuelle Mensch völlig vereinsamt und isoliert vor sich hin lebt. Was ist wahr daran? Natürlich ist es eine große Herausforderung für das moderne Individuum, sich seinen Eigen-Sinn zu basteln und ein Netz von menschlichen Beziehungen aufzubauen, die es vor dem Fall ins Sinnlose oder in die Einsamkeit sichern.[7] Obwohl Individualität von Abhängigkeiten entbindet – ökonomischen, religiösen, geschlechtlichen –, treten umgekehrt immer neue, eben modernere Werte zutage. Fairness, Toleranz und Freundschaft sind nach Matthias Horx typische »soft-individualistische Werte«[8], in denen Bindung und Freiheit vereint sind.

Wenn in einer Gesellschaft ein Mindestmaß an materieller und physischer Sicherheit gewährleistet ist, dann setzen sich sogenannte postmaterialistische Werte und Orientierungen durch. Zu diesen Werten, die unsere Gesellschaft kennzeichnen, zählen

- die individuelle Selbstverwirklichung,
- die Suche nach Sinn und Glück,
- der Wunsch nach Erfüllung im Beruf,
- der Wunsch nach Partizipation und Demokratie[9].

Von der Selbstverwirklichung zur Sinnverwirklichung

Die Suche nach Sinn und Glück geht unbewusst stets Hand in Hand mit der Sehnsucht nach Selbstverwirklichung. Das ist gut, denn Selbstverwirklichung bedeutet, dass wir danach streben, unser eigenes Wesen und unsere Stärken zu entfalten sowie unsere Ziele, Wünsche und Sehnsüchte zu verwirklichen. Wir haben das Gefühl, uns selbst zu verwirklichen, wenn wir unsere individuellen Möglichkeiten und Talente umfassend ausschöpfen.

Wir sagen hier absichtlich »entfalten« und nicht »entwickeln«, da ja all unsere persönlichen Begabungen und Talente bereits in uns angelegt sind: Schließlich haben wir alle schon bei unserer Geburt eine vollkommene Persönlichkeit geschenkt bekommen. Allerdings ist diese – so können Sie es sich am einfachsten vorstellen – noch eingepackt. Indem Sie an Ihrer Persönlichkeit arbeiten und zielstrebig Ihre Wünsche und Ziele verfolgen, werden Ihre Begabungen und Talente ausgepackt, sprich »entfaltet«[10]. Dadurch verwirklichen Sie sich – im wahrsten Sinn des Wortes – selbst.

Ganz konkret kann dies für jeden Menschen anders aussehen. Während ein Konzertpianist die absolute Erfüllung und Selbstverwirklichung in der Musik findet, in Konzertauftritten, im Unterhalten und Berühren der Zuhörer, kann es für einen kontaktfreudigen, hilfsbereiten und sozial eingestellten Menschen die höchste Form der Selbstverwirklichung sein, als Pfleger in einem Krankenhaus zu arbeiten.

Selbstverwirklichung – auf der Bedürfnisskala ganz oben

Sie haben sicher schon einmal von der Maslow'schen Bedürfnispyramide gehört. Die menschlichen Bedürfnisse werden hier als fünf Stufen abgebildet. Der Mensch versucht zuerst, die Bedürfnisse der niedrigsten Stufe (körperliche Existenzbedürfnisse) zu befriedigen, bevor die nächste Ebene zum neuen und stärkeren Bedürfnis wird. Ein starkes Bedürfnis erhöht die Motivation, dieses zu befriedigen. Innerhalb der Hierarchie der Bedürfnisse setzt Abraham Maslow die Selbstverwirklichung an die oberste Stelle:

- *Stufe 1:* Körperliche Existenzbedürfnisse – Atmung, Schlaf, Nahrung, Wärme, Gesundheit, Wohnraum, Sexualität
- *Stufe 2:* Sicherheit – Recht und Ordnung, Schutz vor Gefahren, fester Arbeitsplatz, Absicherung
- *Stufe 3:* Soziale Beziehungen (Anschlussmotiv) – Familie, Freundeskreis, Partnerschaft, Liebe, Intimität, Kommunikation
- *Stufe 4:* Soziale Wertschätzung – höhere Wertschätzung durch Status, Respekt, Anerkennung (Auszeichnungen, Lob), Wohlstand, Geld, Einfluss, private und berufliche Erfolge, mentale und körperliche Stärke
- *Stufe 5:* Selbstverwirklichung – Individualität, Talententfaltung, Selbstverbesserung, Transzendenz

Selbstverwirklichung wird in der Maslow'schen Bedürfnispyramide mit Altruismus in Verbindung gebracht: Sie kann letztlich nur gemeinsam mit anderen Menschen erreicht werden. Der Mensch ist nun einmal ein soziales Wesen und er braucht die Bestätigung und Anerkennung durch seine Mitmenschen. Da kann die Brieftasche noch so dick sein: Ohne soziale Identität, ohne das friedliche Miteinander, ohne die Bestätigung und Anerkennung der Menschen um uns herum werden wir keine Selbstverwirklichung erreichen – und auch kein Glücks- und Erfolgsgefühl erleben.

Egoismus ist fehl am Platz

Sie merken bereits, worauf wir hinausmöchten: Selbstverwirklichung hat nichts mit Egoismus zu tun. Und schon gar nichts mit der von den sogenannten falschen Propheten propagierten Egomanie, die rücksichtslos die eigenen Interessen über alles andere stellt und den Menschen über kurz oder lang unglücklich und depressiv werden lässt (mehr zu Egoismus in Kapitel 6).

Gelungene Selbstverwirklichung kann nicht allein stehen. Sie muss immer mit einer Sinnverwirklichung einhergehen und beginnt daher auch mit der Frage und der Suche nach dem persönlichen Lebenssinn.

Selbstverwirklichung, so wie wir sie verstehen, geht also nicht auf Kosten anderer und blendet somit die Anliegen und Bedürfnisse unserer Mitmenschen nicht aus. Erfolg um jeden Preis? – Nein! Ganz im Gegenteil, wir gehen noch einen Schritt weiter und sagen: Selbstverwirklichung kann erst dann eintreten, wenn wir einen Sinn erfüllen und Werte verwirklichen. Was genau es mit der Sinnverwirklichung auf sich hat, erfahren Sie im nächsten Kapitel. Aber vielleicht haben Sie schon erkannt: Erfolg und Glück stellen sich automatisch ein, je mehr Sie sich einer Sachen hingeben und anderen Nutzen bringen.

ZUSAMMENFASSUNG KAPITEL 4

- In unserer Gesellschaft steht die Individualität des Einzelnen stark im Vordergrund: Wir allein bestimmen, wie und mit wem wir leben.
- Alles ist möglich: Kleinfamilie, nichteheliche Lebensgemeinschaft, das Leben als Single, gleichgeschlechtliche Paare, Alleinerziehende, Partnerschaften mit getrennten Wohnsitzen, Wohngemeinschaften usw.
- Der Megatrend der Individualisierung führt gleichzeitig zu einem Gegentrend: mehr Sehnsucht nach Zugehörigkeit und verstärkte Suche nach Gemeinschaft. Der Einzelne hat jetzt größere Entscheidungsspielräume. Damit wird die Identitäts- und Sinnfindung zur Aufgabe (Leistung) des Einzelnen, weil er nicht mehr automatisch einer Gruppe angehört.
- Individualismus wird oft gleichgesetzt mit Egoismus. Doch Individualität bietet eine große Chance für die persönliche Entwicklung und Entfaltung des Einzelnen und der Gesellschaft.
- In der Hierarchie der Bedürfnisse setzt Abraham Maslow die Selbstverwirklichung an die oberste Stelle.
- Selbstverwirklichung kann erst dann eintreten, wenn wir einen Sinn erfüllen und unsere Werte verwirklichen.

5. Der Mensch braucht einen Sinn – Viktor E. Frankl

»Ob er es will oder nicht, ob er es wahrhat oder nicht – der Mensch glaubt an einen Sinn, solange er atmet.«[1]

(VIKTOR E. FRANKL)

Die Frage nach dem Sinn ist eine der grundlegendsten Fragen unserer menschlichen Existenz. Wozu das alles, worin liegt der Sinn des Ganzen? Solange es uns gut geht und wir glücklich und zufrieden sind, erscheint uns unser Leben sinnvoll, sodass wir uns mit der Sinnfrage meist nicht weiter beschäftigen. Sinn erfahren wir hier sozusagen unbewusst. Immer wieder aber gibt es Situationen, in denen wir uns erst nach dem Sinn fragen müssen. Insbesondere in schwierigen Lebenslagen, wie zum Beispiel Arbeitslosigkeit, Scheidung, Tod des Partners, schwerer Unfall, finanzielle Probleme oder Liebeskummer, wird die Sinnfrage höchst brisant.

Der »Wille zum Sinn«

Einer der größten Fachleute auf diesem Gebiet, Viktor E. Frankl (1905–1997), Professor für Neurologie und Psychiatrie sowie Begründer der Logotherapie, nannte dieses Bedürfnis des Menschen dessen »Willen zum Sinn« und sah darin das *»allermenschlichste aller menschlichen Bedürfnisse«*[2]. Im Konzentrationslager war Frankl diesbezüglich selbst der härtesten Prüfung ausgesetzt, die einem Menschen widerfahren kann. *»... trotzdem Ja zum Leben sagen«* lautet seine Botschaft, die sich auch im Titel seines wohl berühmtesten und meistgelesenen Buches über seine Erfahrungen im Konzentrationslager wiederfindet.

Viktor E. Frankl – ein Leben auf der Suche nach dem Sinn

> *»Die geistige Freiheit des Menschen, die man ihm bis zum letzten Atemzug nicht nehmen kann, lässt ihn auch noch bis zum letzten Atemzug Gelegenheit finden, sein Leben sinnvoll zu gestalten.«*[3]
>
> (VIKTOR E. FRANKL)

Viktor E. Frankl wurde 1905 als das mittlere von drei Kindern einer jüdischen Beamtenfamilie geboren. Er hatte eine glückliche Kindheit. Seine Mutter war eine herzensgute und liebevolle Frau, sein Vater war eher streng und hatte seine festen Prinzipien. Er selbst vereinte die Eigenschaften beider in sich. Als ein Psychologe Viktor Frankl später einmal mit dem Rorschach-Test testete, war dieser völlig verwundert. Er hatte noch keinen Menschen gesehen mit einer solchen Spannweite zwischen extremer Rationalität (Vater) und tief greifender Emotionalität (Mutter) – eine Charakterstruktur, die ihm vor allem in seinem beruflichen Leben als Arzt sehr hilfreich war, meinte Frankl dazu.

Schon in jungen Jahren hatte Viktor E. Frankl begonnen, die Sinnfrage zum zentralen Thema seines Lebens zu machen. Mit etwa vier Jahren dachte er bereits über den Tod nach und die Frage, *»ob nicht die Vergänglichkeit des Lebens dessen Sinn zunichte macht«*[4]. Als Antwort legte er sich zurecht, dass der Tod das Leben überhaupt erst sinnvoll mache. Außerdem könne die Vergänglichkeit dem Sinn unseres Daseins keinen Abbruch tun, weil in der Vergangenheit ja alles unverlierbar geborgen sei.

Grundgedanken zum Sinn des Lebens

Im Alter von 15 Jahren hielt Frankl an der Volkshochschule seinen ersten Vortrag über den Sinn des Lebens. Zwei wichtige Grundgedanken hatte er damals schon entwickelt:

- *»Dass wir nach dem Sinn des Lebens eigentlich nicht fragen dürften, da wir selbst es sind, die da befragt werden: Wir sind es, die zu antworten haben, auf die Fragen, die uns das Leben stellt. Und diese Lebensfragen können wir nur beantworten, indem wir unser Dasein selbst verantworten.«*[5]

- Der letzte Sinn geht über unser Fassungsvermögen hinaus, an ihn können wir nur glauben – es ist ein Übersinn.

Erste Kontakte zu Freud und Adler

Während seiner ganzen Oberschulzeit korrespondierte Frankl mit Sigmund Freud, der jeden seiner Briefe stets prompt beantwortete. Diese Briefe und Postkarten Freuds wurden allerdings Jahrzehnte später, als Frankl ins Konzentrationslager kam, von der Gestapo konfisziert und gingen verloren. Auf Veranlassung Freuds wurde 1924 ein Aufsatz des jungen Frankl in der *Internationalen Zeitschrift für Psychoanalyse* publiziert. Begegnet sind sich Frankl und Freud nur ein einziges Mal rein zufällig. Doch da stand Frankl, mittlerweile Medizinstudent, bereits unter dem Einfluss von Alfred Adler, der Frankls zweites wissenschaftliches Werk an die *Internationale Zeitschrift für Individualpsychologie* weiterleitete, wo es 1925 publiziert wurde. Diese Arbeit war dem Thema gewidmet, *»das sich wie ein roter Faden durch alle Arbeiten von mir zieht: die Aufhellung des Grenzgebiets, das sich zwischen Psychotherapie und Philosophie erstreckt, unter besonderer Berücksichtigung der Sinn- und Wertproblematik der Psychotherapie«*[6], so Frankl. 1927 wurde Viktor Frankl aus dem Verein für Individualpsychologen ausgeschlossen. Sein Verhältnis zu Adler hatte sich immer mehr zugespitzt, weil er mittlerweile nicht mehr bedingungslos hinter dessen Einsichten stehen konnte.

Geburtsstunde der Logotherapie

1926 hielt Frankl seinen ersten Vortrag über die Logotherapie (siehe unten), und zwar im Arbeitskreis des *Akademischen Vereins für medizinische Psychologie*, den er zusammen mit Maximilian Silbermann gegründet hatte.

Bereits zu dieser Zeit hatte er drei Wertgruppen herausgearbeitet, dem Leben bis zum Schluss einen Sinn abzugewinnen: *»… eine Tat, die wir setzen, ein Werk, das wir schaffen, oder ein Erlebnis, eine Begegnung und Liebe. Aber auch dann, wenn wir mit einem unabänderlichen Schicksal konfrontiert sind (sagen wir mit einer unheilbaren Krankheit, einem inoperablen Karzinom) – selbst dann können wir dem Leben einen Sinn abringen, indem wir Zeugnis ablegen von der menschlichsten unter den menschlichen Fähigkeiten: der Fähigkeit, das Leid in eine menschliche Leistung zu transfigurieren.«*[7]

Deportation ins Konzentrationslager

Als frisch promovierter Arzt übernahm Frankl 1930 am psychiatrischen Krankenhaus in Wien die Leitung des sogenannten »Selbstmörderpavillons«, musste aber wegen seiner jüdischen Herkunft 1938 an das Rothschild-Spital wechseln, das einzige von den Nazis noch geduldete jüdische Krankenhaus. Diese Stellung schützte ihn und seine Familie vorerst vor der Deportation – bis 1942. Dann wurden sie ins Konzentrationslager verschleppt. Sein Manuskript *Ärztliche Seelsorge*, das er in sein Mantelfutter eingenäht hatte, wurde ihm dabei samt Mantel abgenommen. Fast drei Jahre verbrachte Viktor Frankl in vier verschiedenen Konzentrationslagern: Theresienstadt, Auschwitz, Kaufering III und Türkheim, wo er schließlich 1945 von der US-Armee befreit wurde. Seine Familie hat nicht überlebt.

Arbeitsreiche und sinnerfüllte Jahre

Nach seiner Rückkehr nach Wien gestand er einem Freund: *»[W]enn so viel über einen hereinbricht, wenn man so sehr auf die Probe gestellt wird, das muss einen Sinn haben. Ich habe das Gefühl, ich kann es nicht anders sagen, als ob etwas auf mich warten würde, als ob etwas von mir verlangt würde, als ob ich für etwas bestimmt wäre.«*[8] Ab sofort stürzte sich Viktor Frankl in die Arbeit und schrieb die zweite Fassung seines verloren gegangenen Manuskripts, *»nunmehr bereichert um die exemplarische Bewahrheitung meiner Theorie – selbst in einer Grenzsituation wie Auschwitz«*[9]. Im Laufe seines weiteren Lebens verfasste Frankl noch 31 Bücher, war lange Jahre Vorstand der Wiener Neurologischen Poliklinik und erhielt weltweit zahlreiche Ehrendoktorate und Auszeichnungen für seine Leistungen auf dem Gebiet der Logotherapie.

Viktor Frankl sah den Sinn seines Lebens darin, anderen zu helfen, in ihrem Leben Sinn zu sehen. Und bis zu seinem Tod 1997 wurde er nicht müde, diese Aufgabe zu erfüllen.

Logotherapie – die Lehre vom Sinn

Die von Viktor Frankl entwickelte Logotherapie und Existenzanalyse ist eine lebensbejahende, sinnzentrierte Psychotherapierichtung. Ihr liegt ein Menschenbild zugrunde, das die volldimensionale Wirklichkeit des menschlichen Seins umfasst, das heißt die körperliche, psychische und auch die geistige Ebene. Die Orientierung am Geistigen steht dabei im Mittelpunkt. Im »Willen zum Sinn« sieht die Logotherapie die stärkste Motivation des Menschen. Ganz im Unterschied zur Psychoanalyse Sigmund Freuds und zur Individualpsychologie Alfred Adlers, die nur die körperliche und psychische Ebene des Menschen einbeziehen. Als Hauptmotivation bei Freud gilt der »Wille zur Lust«, bei Adler ist es der »Wille zur Macht« und die Überwindung von Minderwertigkeitskomplexen. Aus logotherapeutischer Sicht sind aber diese beiden Aspekte dem Willen zum Sinn untergeordnet und können damit nur mächtig werden, wenn dieser frustriert ist. In diesem Fall spricht die Logotherapie dann von existenzieller Frustration.

Der Unterschied zu Freud

Humorvoll und schlagfertig beschrieb Frankl einmal den Unterschied zwischen seiner Logotherapie und der Psychoanalyse Freuds. Als er gebeten worden war, diesen Unterschied mit einem Satz zu erklären, bat er sein Gegenüber, doch erst einmal die Psychoanalyse mit einem Satz zu beschreiben. Die Antwort war: *»Nun, in der Psychoanalyse muss sich der Patient auf die Couch legen und Dinge sagen, die unangenehm zu sagen sind.«* Darauf Frankl: *»Sehen Sie, in der Logotherapie darf er sitzen bleiben und muss Dinge anhören, die manchmal unangenehm zu hören sind.«*[10]

Erziehung zur Verantwortung

Erklärt werden kann die Logotherapie etwa als Erziehung zur Verantwortung. Sie ist eine mit Werten explizit umgehende Psychotherapie. Ihre Aufgabe ist, den Horizont des Patienten zu erweitern, damit er die ganze Fülle von Sinn- und Wertmöglichkeiten wahrnehmen kann, die uns das Leben bietet. Die Verwirklichung seiner Werte muss er dann aber aus dem wiedergewonnenen Verantwortungsbewusstsein heraus selbst übernehmen. Gilt es, den Sinnwillen eines Menschen nicht nur zu mobilisieren, sondern überhaupt erst zu wecken, weil er durch irgendwelche Lebensumstände verschüttet ist, greift in der Logotherapie die sogenannte Existenzanalyse – eine Analyse des konkreten Daseins des Betroffenen. Ziel ist unter anderem, seine geistigen Potenziale zu entfalten und ihm einen neuen Zugang zu seinen Problemen und Möglichkeiten zu öffnen.

Kerngedanken der Logotherapie

Die Kerngedanken der Logotherapie, kurz zusammengefasst, sind also:

- Unser Schicksal liefert uns die unabdingbaren äußeren und inneren Einflüsse unseres Daseins.
- Unsere geistige Freiheit ermöglicht es uns, zu entscheiden, wie wir uns zu unserem Schicksal einstellen.
- Die Verantwortung dafür, wie sinnvoll wir unser Leben gestalten, tragen wir jeweils selbst.

> *»Sinn kann letzten Endes überhaupt nicht gegeben, sondern muss gefunden werden. Und zwar muss der Patient ihn selber und selbstständig finden.«*[11]
>
> (VIKTOR E. FRANKL)

Auf der Suche nach dem Sinn – die geistige Freiheit

> *»Sinn bezieht sich nicht nur auf eine bestimmte Situation, sondern auch auf eine bestimmte Person, die in die bestimmte Situation verwickelt ist. Mit anderen Worten, Sinn verwandelt sich nicht nur von Tag zu Tag und von Stunde zu Stunde, sondern wechselt auch von Mensch zu Mensch. Er ist Sinn ad situationem und nicht nur ad personam.«*[12]
>
> (VIKTOR E. FRANKL)

Der Sinn des Lebens kann nicht allgemein definiert werden. Ebenso gibt es keine allgemeine Antwort auf die Frage nach dem Sinn. Denn das Leben, so Frankl, ist nichts Vages, sondern jeweils etwas Konkretes, ebenso konkret sind daher jeweils auch die Forderungen des Lebens an uns. Das ergibt sich aus unserem Schicksal, das wiederum für jeden Einzelnen von uns einmalig und einzigartig ist.

Wege der Sinnfindung

Nach Frankl gibt es drei Wege der Sinnfindung:

- *Erlebniswerte* – schöne Dinge erleben, nette Begegnungen, Liebe

- *Schöpferische Werte* – tätig sein, etwas gestalten, das Schicksal in die Hand nehmen, Arbeit, kreatives Schaffen
- *Einstellungswerte* – sich nicht aufgeben, durchhalten wollen auch in schwierigen und lebensbedrohenden Situationen, in Krankheit und Leid

Sinn können wir also überall finden, selbst im Leiden. Darin sah Frankl sogar nicht nur irgendeine Möglichkeit der Sinnverwirklichung, sondern die Gelegenheit, den höchsten Wert zu verwirklichen, sprich den tiefsten Sinn zu erfüllen. Das Konzentrationslager war hier für ihn das experimentum crucis. Die Menschen waren ihrem Schicksal machtlos ausgeliefert. Ein Handeln oder Erleben war nicht mehr möglich. Was ihnen aber niemand und nichts nehmen konnte, war ihre geistige Freiheit, wie sie sich auf dieses Schicksal einstellen – die letzte menschliche Freiheit, auch dem furchtbarsten aller Grauen einen Sinn abzugewinnen.

»Das Wie des Tragens notwendigen Leidens birgt möglichen Sinn.«[13] **(Viktor E. Frankl)**

Wenn Sinnlosigkeit sich breitmacht

Gerade unsere moderne Industrie- und Konsumgesellschaft ist zwar darauf ausgerichtet, all unsere Bedürfnisse zu befriedigen, das Bedürfnis des Menschen nach Sinn wird dabei aber weitgehend frustriert, so Frankl. Was passiert? Es macht sich ein Gefühl der allgemeinen Sinnlosigkeit und inneren Leere breit, es entsteht ein existenzielles Vakuum, wie Frankl es nannte. Depression, Langeweile und Gleichgültigkeit sind die Folgen, die sich wiederum durch einen Mangel an Interessen und Initiative äußern. Doch wer sich für nichts mehr interessiert und engagiert, findet auch nichts, was seinem Leben Sinn geben könnte. Alkoholismus, Drogensucht, aber auch Selbstmord werden oft als einziger Ausweg gesehen.

Übrigens: Als vergeblichen Selbstheilungsversuch der existenziellen Frustration bezeichnete Frankl die ständige Beschleunigung des Lebenstempos. Er sah darin die Gefahr, *»je weniger der Mensch um ein Lebensziel weiß – nur desto mehr beschleunigt er auf seinem Lebensweg das Tempo«.*[14] Zur Veranschaulichung zitierte er humorvoll den Wiener Kabarettisten Helmut Qualtinger, der in einem Song einen halbstarken Motorradwilden parodierte: *»Ich hab' zwar keine Ahnung, wo ich hinfahr'; aber dafür bin ich g'schwinder dort.«*[15]

Der Mensch braucht eine Aufgabe

Wie wichtig es ist, eine Aufgabe im Leben zu haben, verdeutlicht auch folgendes Beispiel: Viktor Frankl hatte einmal hungernde junge Arbeitslose zu betreuen. Ihre Depression kam daher, dass sie sich nutzlos fühlten und somit ihr Leben für sinnlos hielten. Er verschaffte diesen jungen Leuten ehrenamtliche Funktionen in Bereichen, die sie ansprachen, zum Beispiel in einer Jugendorganisation und einer Bücherei. Durch diese Aufgabe sahen sie wieder Sinn in ihrem Leben und ihre Depression war im Nu verschwunden, und das, obwohl sie nach wie vor hungern mussten. Das Fazit: Nicht der Hunger hatte sie krank gemacht, sondern der fehlende Sinn.

Doch was, wenn aktives Handeln nicht mehr möglich ist, wie zum Beispiel bei Frankl im Konzentrationslager oder bei Menschen mit einer schweren Krankheit? Dann gilt, so Frankl: *»Sofern nun das konkrete Schicksal dem Menschen ein Leid auferlegt, wird er auch in diesem Leid eine Aufgabe und ebenfalls eine ganz einmalige Aufgabe sehen müssen. … Darin aber, wie er selbst, der vom Schicksal Betroffene, dieses Leid trägt, darin liegt auch die einmalige Möglichkeit zu einer einzigartigen Leistung.«*[16]

Selbst Menschen, die im Berufsleben stehen, bekommen mitunter zu spüren, dass das Fehlen einer Aufgabe zum Problem wird. Zum Beispiel bei der sogenannten Sonntagsneurose. Unter der Woche herrscht bei ihnen rege Betriebsamkeit und sie haben keine Zeit zur Ruhe und zum Nachdenken. Am Wochenende dann, wenn sie frei haben, fallen sie auf einmal in ein Loch, weil ihnen die Aufgabe fehlt und ihnen deshalb auf einmal alles sinnlos zu sein scheint.

»Was den Menschen fehlt, ist eben das Engagement, das Sich-Einsetzen für eine Sache, die solchen Einsatzes würdig ist, die Hingabe an eine Aufgabe, für die sie sich frei entscheiden können.«[17] **(Viktor E. Frankl)**

Die Wege zum Sinn – Selbstdistanzierung und Selbsttranszendenz

> *»Was mich persönlich anlangt, bin ich überzeugt, dass zu meinem eigenen Überleben nicht zuletzt meine Entschlossenheit beigetragen haben mag, das verlorene Manuskript zu rekonstruieren.«*[18]
>
> (VIKTOR E. FRANKL)

Selbsttranszendenz und Selbstdistanzierung gehören zu den fundamentalen menschlichen Fähigkeiten. In ihnen liegt nach Frankl das Urvermögen des Menschen, seine jeweilige Schicksalslage zu meistern, das heißt in jeder Lebenssituation den Wert für sich zu erkennen und Sinn zu finden. Beide Anlagen werden auch in der Logotherapie zu Heilungszwecken eingesetzt.

Die eigene Situation mit Abstand betrachten

Die *Selbstdistanzierung* ermöglicht es uns, uns von unseren Problemen und Symptomen zu distanzieren und durch den Abstand besser mit ihnen umzugehen. Frankl hat die Selbstdistanzierung im Konzentrationslager selbst par excellence praktiziert: Er hat versucht, sich von dem ganzen Horror zu distanzieren, indem er ihn objektivierte. Dafür träumte er sich in eine heile Welt hinein: Er sah sich in einem warmen, schönen Vortragssaal am Rednerpult stehen und vor einem großen Publikum einen Vortrag halten über »Psychotherapeutische Erfahrungen im Konzentrationslager«. Er stellte sich quasi über seine gegenwärtige Situation und betrachtete sie so, als ob sie schon Vergangenheit darstellte und er selbst samt seinem Leid Objekt seiner eigenen psychologisch-wissenschaftlichen Untersuchung sei. Wer jedoch nicht an eine Zukunft glauben konnte, war im Lager verloren, so Frankl.

Sich selbst überschreiten

Selbsttranszendenz bedeutet, dass wir uns selbst zurücknehmen und uns zum Beispiel für einen anderen Menschen engagieren oder einer Aufgabe hingeben, die wir partout schaffen wollen. Durch den Einsatz für jemanden oder etwas außerhalb von uns selbst überschreiten wir quasi die Grenzen unseres eigenen Ichs. Die Selbsttranszendenz ist das *»Über-sich-selbst-Hinauslangen menschlichen Daseins nach etwas, das nicht wieder es selbst ist«*[19], so Frankl.

Warum das so wichtig ist? Wenn wir immer nur an und um uns selbst herumdenken, kann es leicht passieren, dass wir uns in uns selbst verstricken. Vor lauter Selbstbetrachtung und Uns-wichtig-Nehmen geschieht es leicht, dass unsere Schwächen und Probleme zu großen Knoten werden, die wir nicht mehr entwirren können. Unser Wille zum Sinn wird frustriert. Die Fachleute sprechen von Egozentrierung, Hyperreflexion und Negativierung. Wir werden zu Gefangenen unserer Gedanken, statt zu transzendieren und die Wert- und Sinnmöglichkeiten außerhalb von uns wahrzunehmen.

Sinnverwirklichung – wie Wünsche und Träume wahr werden

> *»Wenn das Leben keine Vision hat, nach der man sich sehnt, die man verwirklichen möchte, dann gibt es auch kein Motiv, sich anzustrengen.«*
>
> (ERICH FROMM)

Unsere Wünsche und Träume geben uns unsere Ziele vor. Diese jedoch stellen sich nicht von selbst ein, sondern wir müssen sie uns im wahrsten Sinn des Wortes erarbeiten. Denn so schön wir uns auch oft den Weg zu unserem Ziel ausmalen, unser Schicksal spielt mit und wirft uns immer wieder ein paar Steine vor die Füße. Wenn wir hier stolpern und aufgeben in dem Glauben, »es ist ja alles sinnlos, so komme ich doch nie an mein Ziel«, dann werden wir es auch nicht erreichen. Doch was dann?

Unser Schicksal fordert uns zwar ständig heraus, bei uns selbst aber liegt es, was wir daraus machen. Dafür müssen wir unseren Willen zum Sinn aktivieren, denn jeder Situation und jedem »Stolperstein« lässt sich Sinn abringen. Viktor Frankl selbst hat den besten Beweis dafür geliefert.

Auf den Willen kommt es an

Machen Sie sich auf zu einem sinnvollen Leben. Sinn ist überall! Sie haben die geistige Freiheit, sich auf Ihre jeweiligen Lebensumstände einzustellen:

- Übernehmen Sie die Verantwortung für Ihr Leben!
- Entscheiden Sie sich bewusst für sinnvolle Werte, Wünsche und Ziele!
- Überlegen Sie, wofür Sie arbeiten. Nur für Geld? Oder für ein »höheres« Ziel?
- Nutzen Sie Ihre Fähigkeiten zur Selbsttranszendenz und Selbstdistanzierung!
- Denken Sie absichtlich positiv und nehmen Sie Ihr Leben in jeder Situation an!
- Gehen Sie all Ihren Aufgaben mit Hingabe nach!

Glück kann niemals direkt angesteuert werden, so Frankl. Glück, Freude und Erfolg sind quasi Nebenprodukte der Hingabe an eine Aufgabe, in der wir Sinn sehen. Glück hängt keineswegs von irgendwelchen äußeren Umständen ab, auch wenn es uns manchmal so scheint, als ob es »Glückspilze« gäbe. Ebenso wenig lässt sich Glück wie auf Knopfdruck herbeiführen oder festhalten.

Viktor Frankls persönliches Erfolgsgeheimnis

> *»Ich mache die kleinsten Dinge mit derselben Gründlichkeit wie die größten und dafür die größten mit derselben Ruhe wie die kleinsten.«*[20]
>
> (VIKTOR E. FRANKL)

Frankl sah das Geheimnis seiner Erfolge darin, dass er sich feste Prinzipien zurechtgelegt hatte und seine Forderungen an sich selbst erfüllte. Er gestand allerdings auch, dass er seinen Grundsätzen immer wieder untreu wurde: *»Natürlich bin ich dann auf mich entsprechend böse – ich pflege zu sagen: so böse, dass ich oft tagelang kein Wort mit mir rede.«*[21]

Frankls Lebensprinzipien

Viktor Frankls Prinzipien waren:

- Alles zum frühestmöglichen Termin machen, um nicht in Druck zu geraten wegen Unerledigtem

- Unangenehmes immer zuerst erledigen, es hinter sich bringen
- Mit der Zeit haushalten: »*Ja, ich geize mit der Zeit. Aber eigentlich nur, damit ich dann für wesentliche Dinge immer Zeit habe.*«[22]
- Gutes, das einem jemand getan hat, nicht vergessen und Böses nicht nachtragen: »*Wenn mir etwas zustößt, sinke ich in die Knie – natürlich nur in der Fantasie – und wünsche mir, dass mir in der Zukunft nichts Ärgeres passieren soll.*«[23]
- Das Positive sehen und das Leben bejahen
- Jeden Morgen ein paar Minuten über den Sinn des Lebens und besonders den Sinn des anstehenden Tages nachdenken, das heißt über den Sinn *für sich selbst*
- Trotzdem Ja zum Leben sagen

ZUSAMMENFASSUNG KAPITEL 5

- Der Mensch ist stets auf der Suche nach Sinn. Viktor E. Frankl nennt dies den »Willen zum Sinn«.
- Viktor Frankl hat vier Konzentrationslager überlebt. Dabei hat er in Gedanken die Zukunft vorweggenommen, er hat sich eine positive Zukunft ausgemalt. Dies hat ihm die Kraft gegeben, das Furchtbare zu ertragen.
- Logotherapie ist die von Viktor Frankl entwickelte lebensbejahende, sinnzentrierte Psychotherapierichtung.
- Wir alle haben die geistige Freiheit, uns auf unser Schicksal, das wir nicht ändern können, so einzustellen, dass wir ihm einen Sinn abgewinnen.
- Gegen das existenzielle Vakuum, die Sinnlosigkeit, die sich in unserer modernen Gesellschaft breit macht, helfen nicht Beschleunigung und mehr Konsum, sondern eine sinnvolle Aufgabe.
- Es ist ungemein wichtig für Sie, dass Sie eine Aufgabe haben. Mit einer sinnvollen Tätigkeit stellt sich das Selbstwertgefühl automatisch ein.
- Durch Sinnverwirklichung kommen Sie Ihren Wünschen, Träumen und Visionen näher.
- Sehen Sie das Positive, bejahen Sie das Leben und denken Sie jeden Tag ein paar Minuten über den Sinn des Lebens nach!

6. Falsche Propheten – die halbe Wahrheit

»Vom Ziel haben viele Menschen einen Begriff, nur möchten sie es gern schlendernd auf irrgänglichen Promenaden erreichen.«[1]

(JOHANN WOLFGANG VON GOETHE)

Die Suche nach dem Glück ist ein Dauerbrenner (siehe Kapitel 1). Allerdings bemerken wir seit den 1990er-Jahren geradezu eine Inflation: Schlagzeilen, TV, Filme und Bücher – alle verheißen das große Glück. Wir möchten Sie an dieser Stelle warnen, denn auf diesen Zug sind viele vermeintliche Propheten aufgesprungen, die die Erfüllung aller Wünsche auf die einfachste Art und Weise versprechen: Eine wahre »Wunsch-Welle« ist über den Buchmarkt geschwappt. Allein Amazon.de zeigt rund 4000 Ergebnisse an, wenn Sie »Wünschen« in das Suchfeld eingeben – und fast täglich kommen neue Bücher auf den Markt. Ratgeber wie *Erfolgreich wünschen, Wünsch es dir einfach – aber richtig* und *Wünschen und bekommen* versprechen dem Leser die zuverlässige Wunscherfüllung – und finden reißenden Absatz. Nehmen Sie nur *The Secret. Das Geheimnis* als Beispiel: Dieses Buch erschien 2006 zunächst in den USA und 2007 als Übersetzung in Deutschland.

Wünschen allein genügt nicht

Wenn Sie nur die richtige Einstellung haben, erfüllen sich zuverlässig alle Ihre Wünsche – so lautet die Quintessenz dieser (Anziehungs-)Ratgeber. Doch Vorsicht: Wenn alles so wunderbar funktionieren würde – warum sind dann nicht alle Autoren, alle sogenannten »Weisheitslehrer« und sämtliche Leser wunschlos glücklich, weil sich ihre Wünsche in Sachen Geld, Beziehungen, Gesundheit usw. schon längst erfüllt haben müssten? Offensichtlich funktioniert das »Wünschen und bekommen« eben doch nicht ganz so einfach. Wir haben es offenbar mit falschen Propheten zu tun, die uns nur die halbe Wahrheit verraten: Sie verkünden, dass sich alles in Wohlgefallen auflösen wird, wenn man nur das Gesetz der Anziehung beachtet, sich die richtigen Gedanken macht – aber ansonsten abwartet. Wahrscheinlich ahnen Sie schon, dass das nicht funktioniert.

Was steckt hinter dem Gesetz der Anziehung?

Dem Gesetz der Anziehung (engl.: Law of Attraction) liegt die Annahme zugrunde, dass wir selbst alles verursacht oder angezogen haben, was in unserem Leben geschieht. Entsprechend ziehe, wer positiv denke, nur Erfreuliches an – Erfolg, Reichtum, Glück und Gesundheit. Wer allerdings düstere Gedanken hege, brauche sich über Misserfolg, Armut, Unglück, Krankheit und sonstige Katastrophen nicht zu wundern.

Das Geheimnis der Anziehung

Rhonda Byrne verspricht in ihrem Buch *The Secret* den unfehlbaren Weg zu Glück, Erfolg und einem gut gefüllten Bankkonto. Jeder Mensch könne sich alles wünschen und werde es dann früher oder später auch bekommen. Das Geheimnis? Das sei das Gesetz der Anziehung. Was immer in Gedanken formuliert wird, manifestiere sich in der Wirklichkeit: *»Ihr gegenwärtiges Leben spiegelt Ihre vergangenen Gedanken wider. Dies gilt für alle großen Ereignisse, aber auch für all jene Dinge, die Ihnen nicht so viel bedeuten. Da Sie das zu sich heranziehen, woran Sie am meisten denken, sind Ihre bisherigen Gedanken heute leicht in dem zu erkennen, was Sie erlebt haben – bis jetzt! Nun aber erfahren Sie das Geheimnis, und mit diesem Wissen können Sie alles verändern. … Wenn Sie vorwiegend an die Verwirklichung Ihrer Wünsche denken, dann werden Sie sie in Ihr Leben holen.«*[2]

Demnach, so folgert der Leser, ist es nur eine Sache der richtigen Gedanken, die Wirklichkeit nach den eigenen Wünschen zu formen. Dabei ist kein Wunsch zu klein!

In drei Schritten vom Gedanken zur Verwirklichung?

Das Gesetz der Anziehung funktioniert angeblich in folgenden drei Schritten:

1. *Fragen* – Sie müssen wissen, was Sie wollen, und das Universum danach fragen. Sie können über Ihre Wünsche entscheiden, aber Sie müssen sich erst klar darüber sein, was Sie wirklich möchten. (Eine einmalige Anfrage an das Universum ist also ausreichend – ähnlich einer Bestellung aus einem Katalog.)
2. *Glauben* – Sie müssen sich so fühlen und so verhalten, als ob das Gewünschte schon eingetreten ist: *»Betrachten Sie den Wunsch als bereits erfüllt.«*[3]
3. *Empfangen* – seien Sie bereit, das Gewünschte zu empfangen: *»Beginnen Sie damit, sich wunderbar zu fühlen. Fühlen Sie, wie Sie sich fühlen werden, wenn das Erbetene ankommt.«*[4]

Zeit für ein Beispiel, wie so eine Bestellung an das Universum funktioniert:

Ein Beispiel aus *The Secret*

»Beim Verlassen des Hauses sende ich eine kurze Bitte aus. Als Ansprechpartner nehme ich einfach die Parkplatzengel. Ich könnte natürlich auch sagen ›lieber Kosmos‹ oder ›liebes Universum‹ oder ›liebe Wunschenergie‹. Wie man es nennen möchte, ist genau genommen egal, Hauptsache, es funktioniert. … Man sollte seinen Wunsch aber nicht zu knapp vor Eintreffen formulieren, denn auch das Universum braucht einen gewissen Vorlauf. Also am besten bereits beim Verlassen des Hauses den Wunsch aussprechen. Und!! Es funktioniert!!« [5]

Zweifelhafte Referenzen

Ob so etwas wirklich funktioniert, mag sich jeder Leser selbst fragen. Und das nicht nur bei der Parkplatzsuche … Wünschen, Glauben, Empfangen – mit dieser Lebensphilosophie bewegt sich das Buch auf einer großen Welle der Spiritualität, die aus den USA nach Europa schwappt und auch hier begeistert aufgenommen wird. Die spirituellen Experten, auf die Rhonda Byrne als Referenzen zurückgreift, sollen dem Gesetz der Anziehung einen vermeintlich wissenschaftlichen und lebenspraktischen Hintergrund geben.[6] Ein gutes Drittel ihres Buches besteht aus Zitaten sogenannter Weisheitslehrer – 24 an der Zahl. Die vielen direkten Zitate erwecken den Eindruck von Professionalität, doch keiner der »renommierten Weisheitslehrer« ist tatsächlich eine Persönlichkeit mit wissenschaftlich anerkanntem Ruf oder mit Abschluss an einer anerkannten Schule oder Universität.

Was ist der Hintergrund von *The Secret*? Auf welcher Weltanschauung basiert das Buch? Rhonda Byrne bezieht sich auf die Grundprinzipien der Esoterik. Aus der esoterischen Perspektive hat alles Wirkliche nicht nur eine Außen-, sondern auch eine Innenseite. Die wichtigsten esoterischen Prinzipien lauten:

Esoterische Grundprinzipien

- »Wie oben so unten.« – Alle Ebenen des Kosmos entsprechen einander: Das Untere, Kleinere ist ein Abbild des Höheren. Im Mikrokosmos (Mensch, Seele) spiegelt sich der Makrokosmos (Geist, Universum).
- Alles Seiende besteht in polarer Spannung zueinander: positiv – negativ, hell – dunkel, oben – unten, männlich – weiblich usw.
- Zwischen diesen Polen fließt die kosmische Ur-Energie, die alles beseelt.
- Alles Geschehen im Kosmos ist zyklisch und rhythmisch angeordnet (nach dem Beispiel des Atmens, des Herzschlags).[7]

»Supermarkt der Spiritualität«

Die Sehnsucht des Menschen nach Spiritualität und Wellness-Religionen[8], nach ganzheitlicher Weltanschauung und nach Alternativen zum einseitigen Fortschrittsdenken macht das Interesse an Esoterik so groß. Hier hat er etwas gefunden, das ihm für eine kurze Zeit das Gefühl vermittelt, nicht mehr allein, sondern mit dem ganzen Universum verbunden zu sein. Die sogenannte Gebrauchsesoterik hat sich mittlerweile in sämtlichen Lebensbereichen ausgebreitet. Kritiker beklagen einen »Supermarkt der Spiritualität«.

Wie lässt sich die »Wünsch-dir-was«-Euphorie erklären?

»Ihre Gedanken materialisieren sich, werden zu Dingen; und Sie sind der Schöpfer« – diese spirituelle Botschaft macht *The Secret* emotional leicht zugänglich und trifft offenbar einen Nerv bei Lesern. Insbesondere bei denen, die Interesse an spirituellen Erfahrungen und Esoterik haben, aber auch bei ganz vernünftigen Menschen, die auf der Suche sind nach einem System, an dem sie sich orientieren können. Wir alle geraten bisweilen in Not, brauchen Hilfe, suchen nach gutem Rat und Wegweisern. Dies dürfte zumindest zum Teil erklären, warum die Fangemeinde dieses und ähnlicher Bücher so groß ist.

Die zentrale Frage, um die es beim Gesetz der Anziehung geht, lautet: Lässt sich allein mit der Macht der Gedanken das persönliche Glück finden und die Welt verändern? *The Secret* ist nicht das erste und einzige Buch, das versucht, Antworten auf diese Frage zu liefern. Ähnlich angesiedelt zwischen Pseudo-Wissenschaft und Esoterik ist der Film *What the bleep do we know?*, der vor allem in den USA zum Hit wurde (deutscher Titel: *Ich weiß, dass ich nichts weiß*). Dieser Film führt in die Zusammenhänge von Quantenphysik und Geisteskraft ein und will die Zuschauer raffiniert davon überzeugen, was die Welt im Innersten zusammenhält. 14 US-Wissenschaftler werden interviewt – Quantenphysiker, Gehirnforscher, Biochemiker, Ärzte, Psychologen. Sie alle sind überzeugt, dass wir in einem Universum leben, das wir letztlich selbst sind.

Glückssuche und Sinnfrage

Die Suche nach Zufriedenheit, innerem Frieden und Glück treibt die Menschen permanent an. Ohne genau zu wissen, was es ist, jagen sie dem Glück hinterher, weil für sie die Welt voller Langeweile ist. (Lesen Sie mehr dazu in Kapitel 1.) Aber auch die allgemeine Verunsicherung, die – besonders infolge der Finanzkrise von 2008 und 2009 – entstanden ist, heizt unser aller Interesse an Lebenshilfen an. Die Angst vor Globalisierung, Klimakatastrophen und Armut macht sich breit. Viele Menschen fürchten sich vor der Zukunft und haben Probleme in ihrem Leben. Im Beruf finden sie wenig Erfüllung und schleppen sich Tag für Tag lustlos an ihren Arbeitsplatz. Ihre zwischenmenschlichen Beziehungen sind vielfach zerrüttet. Eine Informationsflut stürzt über die Menschen herein mit einer Unzahl von Angeboten und einer Fülle einander widerstreitender Wertsysteme und Lehren. Welche ist die richtige? Viele reagieren verunsichert und hilflos. Manchmal wäre es ihnen am liebsten, wenn ihnen jemand klar sagte, was richtig und was falsch ist und woran sie sich halten können. In einer Welt, in der die Menschen mit ihren existenziellen Problemen (im Beruf, in der Familie, in der Partnerschaft) oft ohne Halt und Orientierung sind, bleibt die Sehnsucht nach einer heilen und perfekten Welt. Diese heile Welt suchen einige dann leider im Gesetz der Anziehung und sind vor allem von sich selbst unglaublich enttäuscht, wenn eben nicht alles auf Anhieb klappt und sie scheitern.

Alles so simpel

Sie müssten sich nur stark genug etwas wünschen und ganz fest daran glauben, dann würde sich alles von allein ergeben – diese pragmatische Spiritualität des Buches hat durchaus etwas Zupackend-Unprätentiöses. Viele Menschen empfinden *The Secret* als so ansprechend, weil es so simpel ist. Jeder versteht es. Offensichtlich trifft diese Lebensphilosophie den Zeitgeist. Sätze wie *»Woran Sie am häufigsten denken, … wird zu Ihrem Leben werden«* und *»Ihre Gedanken tragen zur Erschaffung der Welt bei«* sowie *»Um Geld anzuziehen, müssen Sie sich auf Reichtum konzentrieren«* werden von vielen naiven Lesern bereitwillig aufgenommen. Es klingt alles so einfach! Darauf springt eine große Masse von Menschen an und beschert damit nur den Autoren und selbst ernannten Heilsbringern, Erleuchteten und Lebensberatern einen schönen Geldsegen.

Oder ist es einfach nur gute Vermarktung?

Mit dem Inhalt des Buches, so sagen allerdings Marketingexperten, hat der rasende Absatz von Byrnes Lebensphilosophie über Glück und Erfolg nicht unbedingt etwas zu tun. Vielmehr mit guter Vermarktung:

- Der Titel – *The Secret* nimmt die Leser gefangen. Geheimnisse wollen schließlich gelüftet werden.
- Der Film zum Buch – dieser Film ist psychologisch sehr geschickt und schön inszeniert.
- Die Weisheitslehrer – den Hype haben die sogenannten

Weisheitslehrer des Buches unterstützt. Sie traten verstärkt in der amerikanischen Öffentlichkeit auf, so auch in der TV-Show der US-Showmasterin Oprah Winfrey, die wiederum das Buch in den höchsten Tönen lobte.

Da ist doch etwas faul?

Für Kritiker bietet eine Lebensphilosophie, die auf dem Gesetz der Anziehung und dem Glauben an eine universelle Energie basiert, viele Angriffspunkte: extreme Vereinfachung, hohe Versprechungen, vorgetäuschte Wissenschaftlichkeit, Gefahr der Enttäuschungen und Schuldzuweisungen sowie eines zynischen Weltbilds. Schauen wir uns die Kritikpunkte näher an, damit Sie sich selbst eine Meinung bilden können.

Extreme Vereinfachung

Wünschen, Glauben, Empfangen – so einfach scheint es zu gehen. Man muss sich nicht anstrengen und es kostet nichts. Und genau so möchten es viele Menschen: Zufriedenheit, Glück, Erfolg und Reichtum können unfrei bestellt und am besten per Express »frei Haus« geliefert werden. Das Ganze aber, bitte schön, ohne eigene Anstrengung. Die Mentalität einiger Menschen bringt der Werbeslogan »Geiz ist geil« auf den Punkt: Ich bekomme alles in einer erstklassigen Qualität, bringe aber keinerlei Gegenleistung. Am liebsten alles umsonst. Die Vereinfachung nimmt stellenweise ganz gefährliche Ausmaße an: Krebsgeschwüre könnten sich wegträumen lassen oder durch das Anschauen von romantischen Komödien verschwinden. Spätestens seit eine junge Frau im amerikanischen Fernsehen behauptet hat, sie habe ihren Brustkrebs mit *The Secret* erfolgreich bekämpft, warnen Mediziner und verantwortungsbewusste Naturheilkundler vor der Gefahr dieser sogenannten Lebensphilosophie: Menschen könnten sterben, weil sie glauben, keine medizinische Hilfe mehr zu benötigen. Mentale Übungen können den Körper und die Immunabwehr stärken, doch am besten ist es, wenn klassische Schulmedizin und erprobte mentale Verfahren einander ergänzen.

Seit über 40 Jahren versuchen wir, Menschen zu motivieren, ihre Wünsche und Träume ernst zu nehmen, zu bejahen und zu verwirklichen. Das große Verdienst von Büchern wie *The Secret* besteht darin, Menschen daran zu erinnern, wie wichtig ihre Wünsche sind. Dies ist der notwendige erste Schritt, wenn man etwas zum Guten wenden und ein selbstbestimmtes Leben führen will. Viele von uns tragen eine latente Unzufriedenheit in sich. Sie jammern mit großer Besessenheit, finden aber nie den richtigen Ansatzpunkt, um eine Veränderung anzustoßen. Daher ist es gut, dass diese Bücher die Menschen dazu anregen, zumindest ansatzweise über ihre Gedanken und Gefühle nachzudenken. Sie geben Impulse, sich der eigenen (vielen negativen) Gedanken bewusst zu werden und gegebenenfalls gegenzusteuern. Doch bleiben diese Bücher vollkommen an der Oberfläche und verraten den Lesern eben nur die halbe Wahrheit. Dabei wird es hier erst interessant! Wir können uns fragen: Wer bin ich? Was kann ich gut? Wo liegen meine Stärken? Wo kann ich noch besser werden? Wo sämtliche Wunsch-Ratgeber aufhören, fängt der eigentliche Spaß doch erst richtig an, nämlich bei positiver Selbsterkenntnis und Selbstverwirklichung! Im Grunde geht es darum, ein Bewusstsein für seinen eigenen Charakter zu entwickeln und Möglichkeiten zu erkennen.

In etlichen Punkten geben wir Rhonda Byrne gerne recht. Das fällt nicht schwer, da es sich um alte Weisheiten und gesunden Menschenverstand handelt. Doch geht man tiefer, so treten die Ungereimtheiten zutage. Wie lässt sich zum Beispiel erklären, dass es in einer von menschlichen Gedanken geformten Welt immer noch Unglück und Krankheiten gibt? Wo doch die Menschen in der Lage wären, mit ihren Gedanken eine herrliche, sorgenfreie Welt zu erschaffen?

Verdrängung der Realität

Rhonda Byrnes erschütternde Antwort lautet: *»Auch wenn Sie Menschen zuhören, die über ihre Krankheit reden, laden Sie Krankheit ein. Beim Zuhören sind Sie mit Ihren Gedanken und Ihrer ganzen Aufmerksamkeit bei der Krankheit, und wenn Sie Ihre Gedanken und Ihre Aufmerksamkeit auf etwas richten, dann bitten Sie darum.«*[9] Und weiter: *»Unvollkommene Gedanken sind die Ursache für alles Leid der Menschen, einschließlich Krankheiten, Armut und Unglück.«*[10]

Nehmen Sie einmal an, ein guter Freund sei schwer erkrankt. Würden Sie sich nach dem Gesetz der Anziehung verhalten, so müssten Sie den Kontakt zu Ihrem Freund abbrechen. Und was diesen betrifft, so hätte er mit seinen negativen Gedanken seine Krankheit angezogen. Schuldgefühle sind das Ergebnis und damit Sie nicht auch in diesen Strudel von Negativem gezogen würden, müssten Sie sich von ihm fernhalten. Schließlich würde Sie die Beschäftigung mit Krankheit, Leid, Vergänglichkeit und Tod nur von Ihren persönlichen Lebenszielen abhalten! Absurd, herzlos oder einfach nur traurig? Aber genau diese Verhaltensempfehlungen propagiert *The Secret*.

Wer leidet, denkt falsch – das sind harte Worte, die jegliche Empathie verbieten und klarmachen, dass die Lebensphilosophie von Rhonda Byrne knallharte Selbstüberschätzung und Ich-Bezogenheit beinhaltet. Doch wie arm wären wir Menschen eigentlich, wenn wir wirklich jeglichen Sinn von Empathie, Mitleid und Mitgefühl verlören? Gerade diese Eigenschaften machen doch unser Menschsein aus. Ob dies wohl den vielen Fans von *The Secret* bewusst ist?

Argumentation und »wissenschaftliche Grundlagen«

»Das Gesetz der Anziehung ist ein Naturgesetz … Das Gesetz der Anziehung ist das Gesetz der Schöpfung … Quantenphysiker sagen uns, dass sogar das ganze Universum aus einem Gedanken entstanden ist!«[11] Aus solchen und vielen ähnlichen Behauptungen zieht das Buch seinen Wahrheitsanspruch. Angeblich ist das Gesetz der Anziehung ein Naturgesetz – wie beispielsweise das Gesetz der Gravitation. Es wird behauptet, dass es immer funktioniert, ohne Ausnahmen. Man erhält aber keinerlei Erklärung, warum und wie das Universum auf positive Gedanken reagieren sollte. Untermauert werden die Thesen mithilfe von Quantenphysik. Das Gesetz der Anziehung soll nämlich auch auf deren Prinzipien gründen! Hier gibt es jedoch keinerlei Effekte, Beobachtungen, Studien oder Theorien, die auch nur ansatzweise in Relation zu den Behauptungen stünden. Wissenschaftler halten die Vorstellung, die Welt sei nur eine Welle, die man jederzeit mit Geisteskraft beeinflussen kann, für simplifiziert. Die für das Buch und den Film interviewten Physiker wie Dr. John Hagelin lehren denn auch entweder an Einrichtungen diverser

Glaubensgemeinschaften wie der Maharashi University of Management oder haben sich nach der Veröffentlichung von ihren Aussagen distanziert, wie Dr. Fred Alan Wolf.[12]

Quantenphysik hat nichts Esoterisches

Ganz nebenbei fragen wir uns: Hat die Autorin eigentlich die leiseste Ahnung von Quantenmechanik? So viel wissen wir: Die moderne Quantenmechanik ist über 80 Jahre alt und trotzdem versteht kaum ein Normalbürger, worum es dabei eigentlich geht! In Wirklichkeit ist die Quantenmechanik nämlich nur halb so esoterisch, wie sie immer dargestellt wird. Doch Byrnes Behauptung erscheint dem unkritischen Leser recht vernünftig, weil »Anziehung« und »Magnetismus« etwas Ähnliches zu sein scheinen. Magnetismus ist schließlich etwas Wissenschaftliches und »Quantenphysik« allein klingt wissenschaftlich genug, dass man es unbesehen glauben kann. Wer ist schon qualifiziert genug, um gegen die Quantenphysik Argumente vorzubringen? *»Die Erwartung ist eine mächtige magnetische Kraft. Erwarten Sie die Realisierung Ihrer Wünsche und denken Sie nicht an das, was Sie nicht wollen.«* Und weiter heißt es, dass Gedanken wie Magnete mit einer bestimmten Frequenz seien, die alle Gegenstände mit gleicher Wellenlänge anziehen würden.[13] – Doch wäre tatsächlich Magnetismus im Spiel und würden sich Gedanken wie Magnete verhalten, so müssten sie ja alle Gegenstände mit gleicher Polung abstoßen und nicht anziehen. Ein Gesetz der Physik besagt schließlich, dass Gleiches sich abstößt und Unterschiedliches sich anzieht. Konsequenterweise müsste man also negativ denken, um einen großen Sog auf andersartige positive Ereignisse auszulösen … So weit haben Byrne und ihre »Experten« anscheinend nicht gedacht!

Um dem Ganzen den Anschein von Vernunft zu vermitteln, werden Namen wie William Shakespeare, Abraham Lincoln, Albert Einstein und Thomas Edison eingestreut. Wer sich näher mit den Biografien dieser Persönlichkeiten beschäftigt, wird merken, dass die angeführten Zitate keineswegs der Weltsicht der genannten Männer entsprechen. Aber wer weiß denn schon, dass bei der von Winston Churchill postulierten Weisheit *»Auf seinem Weg kreiert jeder sein eigenes Universum«* der entscheidende zweite Teil »vergessen« wurde: *»Man kann mit dieser amüsanten*

Mentalakrobatik spielen, denn sie ist absolut harm- und wirkungslos.«[14] Die Behauptung, dass *The Secret* wissenschaftlich als wahr erwiesen ist, wird überall im Buch (und auch im Film) aufgestellt: *»Es wurde wissenschaftlich bewiesen, dass ein positiver Gedanke Hunderte Male kraftvoller ist als ein negativer Gedanke.«* – Nur: Wann wurde dies bewiesen? Wie? Von wem und wo? Wer von Gedankenenergie spricht, bewegt sich in der Welt der Metaphysik. Metaphysik ist jedoch eine philosophische Disziplin, die überhaupt nichts mit Physik geschweige denn Quantenphysik zu tun hat. Die Behauptung, *The Secret* hätte seine Wurzeln in der Quantenphysik, ist schlichtweg bedeutungslos und konnte uns auf Rückfragen bei sogenannten Experten von niemandem belegt oder erklärt werden.

Unser Fazit: Die ganze Theorie vom Universum als Versandhaus ist eine schöne, wohlklingende Theorie, der jedoch jede wissenschaftliche Grundlage fehlt. Die Argumentation basiert auf zahlreichen Irrtümern und falschen Angaben, einigen offensichtlichen Prinzipien des gesunden Menschenverstands und den Aussagen einiger esoterischen Bewegungen. Das ist schon der ganze Zauber – von Quantenphysik keine Spur.

Unglück und Misserfolg »herbeigedacht«?

Puren Zynismus nennen Kritiker das Gesetz der Anziehung und bezeichnen es als Verhöhnung aller Menschen, denen ein echtes Unglück (Naturkatastrophe, Unfall, Krankheit) widerfahren ist. Die Vorstellung, dass allein die eigene Einstellung und der Wille Glück und Erfolg ins Leben zu ziehen vermögen, suggeriere den Anwendern, die totale Kontrolle über ihr Leben zu besitzen und ihre Lebenssituation in all ihren Details selbst verschuldet zu haben.

Was ist aber,

- wenn jemandem Unrecht getan wird, ein Fehlurteil gefällt wird und jemand unschuldig viele Jahre im Gefängnis sitzt?
- wenn Menschen diskriminiert werden, weil sie anders sind?
- wenn jemand in einem Land lebt, in dem es große Armut, soziale Ungerechtigkeit, Unterdrückung, Hungersnöte und Krankheit gibt?

- wenn jemand in einen Unfall gerät oder mit dem Flugzeug abstürzt?
- wenn jemand trotz positiver Gedanken krank wird?
- wenn ein Kind schwer erkrankt, behindert oder gar tot auf die Welt kommt?
- wenn Menschen im Krieg umkommen?
- wenn Menschen misshandelt, vergewaltigt oder gar versklavt werden?

Denken Sie nur einmal an die vielen Toten nach dem Erdbeben von Haiti oder dem großen Tsunami. Haben all die Betroffenen etwa nicht ausreichend positiv gedacht? Haben sie etwa selbst das Unglück angezogen? Haben die Unterdrückten und Zukurzgekommenen überall auf der Welt etwa falsch gedacht? Sind sie schließlich selbst schuld an ihrem Unglück? Denken Sie diesen Umkehrschluss einmal bis in die letzte Konsequenz durch. Dies ist eine menschenverachtende Doktrin, die der komplexen Welt, in der wir leben, nicht gerecht wird. Überlegen Sie weiter: Wie steht es mit der sozialen Verantwortung der »Erfolgreichen«? Was sind ihre Vorbildfunktion, ihre Aufgaben und Pflichten im Dienst sozialer Gerechtigkeit? Christliche Kirchen sehen bereits die Säulen unserer Gesellschaft bröckeln, weil Materialismus und Selbstverwirklichung so radikal zu Ungunsten des Gemeinwohls beflügelt werden. »Sich gut fühlen« ist wichtiger als »Gutes tun«. Außerdem werden Egoismus und Gier sozial nicht mehr stigmatisiert.

Das Gesetz der Anziehung individualisiert das Versagen und personalisiert jeden Misserfolg nach dem Motto: Wenn du keinen Erfolg hast, bist du selber schuld, weil du offensichtlich nicht richtig gewünscht hast.

Und wieder: Ist Geld das Wichtigste?

Reichtum, ein dickes Auto, ein großes Haus, ein aufwendiger Lebensstil: Geld und der Wunsch danach sind bei Rhonda Byrne und anderen Lebensberatern der einzige Lebenssinn. Ohne

Geld, so die Botschaft, ist man nicht wirklich glücklich. Eine junge Frau wünscht sich eine Halskette, ein Mann wünscht sich einen schnittigen Sportwagen und einer der »Weisheitslehrer« erzählt von seinem feudalen 2-Millionen-Anwesen. Ganz beiläufig und selbstverständlich wird der Eindruck vermittelt, dass Reichtum zu den wichtigsten erstrebenswerten Zielen zählt und an erster Stelle auf der persönlichen Wunschliste zu stehen hat. Hinterfragt wird da nichts.

Rhonda Byrne behauptet, Wohlstand ließe sich – wie alle anderen Dinge – anziehen. Wenn Sie sich auf Mangel und Knappheit konzentrieren und sich denken »Ich kann mir das nicht leisten«, dann werden Sie – nach Byrne – niemals in der Lage sein, sich etwas zu leisten. Konzentrieren Sie sich dagegen auf Wohlstand und sehen zum Beispiel gerade Ihr Traumauto vorüberfahren, sollten Sie sich denken: »Ich kann mir das leisten.« Bewusst oder unbewusst würden die vorherrschenden Gedanken den Reichtum anziehen ... Doch das ist zu kurz gedacht. Geld ist nichts Schlechtes, aber nicht alles. Wer ausschließlich auf materielle Dinge setzt und dabei die immateriellen Werte außer Acht lässt, wird bald sehen, dass echter, nachhaltiger Erfolg ausbleibt.

Materielles Streben ist oft eine Kompensation

Wohlstand und Konsum sind häufig nur eine Strategie, mit der man vergeblich versucht, ganz andere Bedürfnisse zu befriedigen. So steckt zum Beispiel hinter dem Wunsch nach einem repräsentativen Anwesen vielleicht schlicht das Bedürfnis nach Anerkennung und Respekt.

Konsum verschafft einen kurzen Glücks-Kick – das »gekaufte Glück« ist jedoch nie von langer Dauer und das langfristige Lebensglück bleibt aus.

In einer Welt, in der Gesundheit, Schönheit, Dynamik, Leistung und Erfolg als die höchsten Werte gehandelt werden – und Schwäche, Versagen, Krankheit und Altern als negativ gelten und verdrängt werden –, vertrauen Menschen den oft unrealistischen Versprechungen, die ein vollkommenes Leben ohne Leiden, Krankheit, Armut usw. und die Verfügungsgewalt über das volle Energiepotenzial verheißen. Es wird geleugnet, dass Schwächen, Versagen und Leiden nicht nur unausweichlich zum Leben gehören, sondern auch wichtige Dimensionen des Lebens erschließen können.

Was bringt Sie *wirklich* weiter: Wünschen oder Handeln?

Denke positiv! Glaube an dich selbst! Der Rest wird schon werden! – Dies ist die Essenz von *The Secret*. Damit wird etwas vorgegaukelt, was einfach nicht wahr sein kann. Nichts gegen positives Denken! Natürlich ist eine positive Lebenseinstellung wichtig! Auch werden wir nicht den Einfluss positiver Gedanken auf das Gelingen von Privat- und Berufsleben abstreiten – ganz im Gegenteil: Wer positiv denkt, der ist in der Regel glücklicher und zufriedener als jemand mit negativen Gedanken. Der Ansatz ist richtig, aber es ist eben nur die halbe Wahrheit. Die falsche und gefährliche Botschaft von *The Secret* besteht darin, vorzugeben, man könne sich alles »herbeidenken«: Wenn nur die Denkfrequenz stimmt, schickt das Universum einen Scheck vorbei. Hier fehlt etwas Wichtiges: nämlich eine Strategie! Nicht das Universum hilft uns, unsere Wünsche zu verwirklichen, sondern unser Unterbewusstsein, ein guter Plan und jede Menge Training und Engagement!

»Ohne Fleiß kein Preis« – dieses alte Sprichwort ist auch heute noch gültig. Jeder Bauer weiß, dass er ohne zu säen nicht ernten wird. Warum sollte dann plötzlich jeder Wunsch erfüllt werden, ohne dass Sie auch nur einen Fingen krumm machen? Gerade der berufliche Erfolg hat wenig mit Allmachtsfantasien zu tun. Den muss man sich ganz altmodisch verdienen. Und das geschieht durch geschicktes, planvolles Vorgehen:

Planvoll handeln

- Suchen Sie die wahre Bestimmung in Ihrem Leben.
- Setzen Sie sich Ziele.
- Denken Sie wie ein Sieger und lassen Sie sich von Misserfolgen nicht lange entmutigen oder verunsichern.
- Pflegen und trainieren Sie Ihre Stärken.

- Nehmen Sie sich Vorbilder, von denen Sie lernen können.
- Suchen Sie sich starke Verbündete: Beziehen Sie Ihre Mitmenschen mit ein.
- Motivieren Sie sich und andere bei jeder Gelegenheit.
- Üben Sie sich in der Kunst, Menschen zu führen und zu überzeugen. Trainieren Sie Ihre rhetorischen Fähigkeiten.

Wahrscheinlich haben Sie es schon gespürt: Ihre Ziele und Ihre persönliche Lebensaufgabe prägen Ihren Charakter nachhaltig. Ja, das ist sehr pragmatisch, funktioniert und ist mit einer gehörigen Portion Training verbunden. Aber in jedem Fall realistischer, als Bestellungen ans Universum abzugeben …

In keinem Garten wachsen und gedeihen die Pflanzen, wenn Sie nur an blühende Landschaften denken und sich diese herbeiwünschen. Er braucht Dünger und Wasser. Außerdem müssen Sie sich hinknien und sich die Hände schmutzig machen, um Unkraut herauszuziehen. Genauso verhält es sich mit dem beruflichen Erfolg. Dazu die Erfahrungen einer jungen Frau:

Beispiel: Erfolge erarbeiten

Tanya, die Inhaberin eines Yoga-Studios in New Jersey, stellte sich innerlich vor, dass alle Kurse voll belegt waren, und konnte sogar schon den eigenen Wohlstand spüren. Tatsache war und blieb jedoch: Ihr Studio machte regelmäßig Verluste. Sie dachte, wenn sie den Erfolg visualisierte, ihn fühlte und daran glaubte, würde er sich einstellen. Das war allerdings nur die halbe Wahrheit! Tanya lamentierte – stellte dann aber fest, dass sie mehr als nur glückliche Gedanken haben musste, um in ihrem Metier erfolgreich zu sein (mehr dazu siehe Kapitel 11). Was also waren ihre nächsten Schritte?

- Sie gestaltete ihre Homepage interessanter und ansprechender.
- Sie entwarf Telefonleitfäden und verteilte diese an ihre Mitarbeiter, damit diese optimal vorbereitet waren.
- Sie entwickelte eine spezielle Marketingstrategie für die Anwerbung von Neumitgliedern.
- Sie plante ein neues System, um die Raumbelegung zu optimieren.

Sie krempelte also die Ärmel hoch und entwickelte ein ganz neues Vermarktungskonzept. Es dauerte ein volles Jahr, bis dieses entwickelt und eingeführt war. Doch schon in der ersten Woche konnte Tanya Ergebnisse verzeichnen: Ihr täglicher Kassensturz brachte gute Resultate. Sich den Reichtum vorstellen und tatsächlich Geld verdienen – dazwischen ist ein immenser Unterschied![15]

Ohne den Willen, hart zu arbeiten, passiert gar nichts. Es gibt keine Erfolgsgeheimnisse, die Sie innerhalb kurzer Zeit und ohne Anstrengung ans Ziel führen. Sie müssen kräftig anpacken, daran führt kein Weg vorbei. Von nichts kommt nichts.

Wenn Sie sich nicht bewegen, finden keine Entwicklung und kein Wachstum statt – Sie bleiben stehen. Sie brauchen Fleiß und Zielstrebigkeit, denn selten öffnen sich die Türen von selbst – auch wenn Rhonda Byrne das behauptet. Allerdings können Sie durch harte Arbeit auch wirklich große Ziele verwirklichen und sind dann in der Lage, nach neuen Herausforderungen zu suchen. Es ist richtig, dass Sie erst einmal einen konkreten Wunsch formulieren müssen. Doch Wünsche sind nur der Anfang. Wünschen allein hilft nichts. Auf jeden Wunsch müssen *Taten* folgen! Wenn Sie jetzt die Hände in den Schoß legen, können Sie noch so lange positiv denken – es wird nichts passieren! Sie werden spüren: Ist Ihr Wunsch wirklich stark und brennend, dann wird er Ihnen auch die Motivation geben, ins Handeln zu kommen. (Erfahren Sie mehr zum Thema Handeln in Kapitel 10.)

Vieles bleibt offen

Anstrengungslose Erfolge befriedigen nicht

Was die Autoren der Wunsch-Ratgeber proklamieren, reicht nicht aus und greift zu kurz: Sich einen Lottogewinn, einen Traumpartner, ewige Jugend oder eine große Villa herbeizuwünschen, das ist einfach absurd und wird der Fülle und Komplexität unseres Daseins nicht gerecht. Die Enttäuschung ist programmiert. Selbst wenn tatsächlich alles Gewünschte eintritt, werden Sie mit leeren Händen dastehen. Weil sich nicht das Gefühl von Stolz einstellt, Sie nicht über sich selbst hinausgewachsen sind und keine persönliche Reifung erfahren haben. Und: Weil Ihnen dann der Sinn fehlt. Bitte vergessen Sie nie: Der Mensch wächst an seiner Aufgabe. Aus diesem Grund konzentrieren wir uns immer wieder darauf, etwas Sinnvolles zu wünschen. Materielle Dinge allein können niemanden glücklich und zufrieden machen. Sonst gäbe es nur glückliche Lottogewinner (lesen Sie mehr dazu in Kapitel 1). Wir Menschen – das erfahren Sie im nächsten Kapitel ausführlich – streben danach, einen Sinn in unserem Dasein zu sehen. Das erreichen wir, indem wir Nutzen bringen.

Gedanklich Türen öffnen

Großartig, dass Sie angefangen haben, sich mit Ihrer Zukunft zu beschäftigen! Nun gehen Sie den ganzen Weg der positiven Selbsterkenntnis und bleiben nicht beim Wünschen stehen. Ihr Erfolg sollte nie auf Zufall basieren. Die eigenen Wünsche zu kennen, das ist der erste wichtige Schritt, aus dem sich die Richtung Ihrer Entwicklung ergibt. Ihre innere Einstellung und die Art und Weise, wie Sie denken, spielen durchaus eine gewichtige Rolle (siehe auch Kapitel 3 *Die Macht der Gedanken*). Allerdings nicht in der Form, dass sich all Ihre Gedanken materialisieren. Dies ist eine pseudowissenschaftliche Argumentation, der die Beweise fehlen. Nicht die Gedanken materialisieren sich, sondern die persönliche Sichtweise öffnet neue Türen, sprich Möglichkeiten – oder verschließt sie eben. Nur was man sieht und sich vorstellen kann, kann im Leben eine Bedeutung bekommen. Wenn Sie an einer Rose nur die stechenden Dornen sehen, ist das etwas anderes, als wenn Sie den betörenden Duft und die samtenen Blütenblätter wahrnehmen. Je nach Sichtweise eröffnen oder verschließen sich Ihnen die Dinge.

Wenn Sie Ihr Leben zum Besseren ändern möchten, dann werden Sie dies erreichen, indem Sie sich mit dem »Was«, »Wie« und »Wer« beschäftigen. Also: Was will oder könnte ich ändern, wie mache ich das und wer kann mir dabei helfen?

Großes und kleines Schicksal

The Secret und ähnliche Bücher lassen viele Fragen unbeantwortet. So bleibt auch der Begriff des Schicksals völlig außer Acht. Im Leben eines jeden Menschen gibt es das große und das kleine Schicksal. Zum großen Schicksal zählen alle Dinge, auf die der Mensch keinen Einfluss hat, die er nicht ändern kann – wie zum Beispiel Ebbe und Flut, die Wahl der eigenen Eltern, den Tod, den Kreislauf der Gestirne. Mit dem großen Schicksal beschäftigen sich die Menschen viel zu viel – und doch können sie daran nichts ändern. Die Natur lässt sich nun einmal nicht in die Knie zwingen. Und Gott können wir nicht zu unserem Sklaven machen. Am großen Schicksal lässt sich nicht rütteln. Uns bleibt nichts anderes übrig, als uns damit anzufreunden oder zumindest zu arrangieren. Nehmen Sie also besser all jene Dinge hin, die Sie nicht ändern können. Manches muss oder sollte man einfach akzeptieren. Aber übersehen Sie dabei nicht das, was Sie sehr wohl ändern können. Die Rede ist vom kleinen Schicksal. Dazu gehören alle Umstände, auf die wir Einfluss haben: Wo Sie wohnen, wo Sie arbeiten, was Sie beruflich tun, worin Sie sich fortbilden, mit wem Sie zusammenleben – überall haben Sie die Freiheit der Wahl! *Sie* entscheiden, wie Sie Ihr Leben gestalten! (Lesen Sie dazu mehr in Kapitel 4.)

ZUSAMMENFASSUNG KAPITEL 6

- Was man sich fest genug wünscht, bekommt man – so funktioniert angeblich das Gesetz der Anziehung. Fleiß und Engagement sind nicht vonnöten. Glück und Erfolg werden »herbeigedacht« und »herbeigewünscht«. Das als vermeintliches Geheimnis präsentierte Gesetz der Anziehung enthält nur die halbe Wahrheit: Wünschen ist lediglich der Anfang.
- »Wünsch-dir-was«-Bücher kommen auf einer großen Welle der Spiritualität aus den USA nach Europa geschwappt und werden hier begeistert aufgenommen. Alles, was einen spirituellen Touch hat, gilt als hip, denn viele Menschen suchen nach Orientierung.
- *The Secret* ist voller Halbwahrheiten und ohne wissenschaftliche Grundlage, obwohl dies ständig behauptet wird. Die Autorin argumentiert pseudowissenschaftlich, belegt aber nichts. Kritiker warnen vor der extremen Ich-Bezogenheit und Selbstüberschätzung dieser Lebensphilosophie: Menschliches Mitgefühl gehe so völlig verloren. Ohne Geld, so die Botschaft, sei man nicht wirklich glücklich. Wohlstand ließe sich zum Glück anziehen. Man müsse nur an Vermögen denken – schon habe man welches!
- Aber: Wünsche und schöne Gedanken schaffen keinen Erfolg. Einsatz und Engagement sind gefragt.
- Wichtig: Setzen Sie sich mit sich und Ihrer eigenen Lebensaufgabe, Mission und Vision auseinander. Ebenso mit den eigenen Träumen und Möglichkeiten und mit allen gesellschaftlichen und persönlichen Fragen.
- Der Weg der positiven Selbsterkenntnis beinhaltet, dass Sie sich Gedanken über die Qualität und den Sinngehalt Ihrer Wünsche machen. Nur wertvolle Wünsche und Ziele lassen Sie persönlich wachsen und sich entwickeln.

7. Was hat Glück mit Wünschen zu tun?

»Durch die Liebe werden alle Dinge leichter, die der Verstand als gar zu schwer gedacht.«

(HAFES)

Vielleicht fragen Sie sich jetzt: Schön und gut, nun habe ich viel über die ewige Jagd nach dem Glück, die Macht der Gedanken und die Wichtigkeit eines Sinns im Leben erfahren. Aber was hat das alles mit mir und mit meinen Wünschen zu tun? Die Antwort darauf erhalten Sie in diesem Kapitel. Wir werden einen kleinen Abstecher in die Evolutionsbiologie machen. Denn darin ist unsere eigene Glückstheorie begründet. Sie ist quasi das Bindeglied zwischen der Suche nach dem Glück und der Frage, wie Wünsche damit in Verbindung stehen! Lassen Sie uns dazu einige Zusammenhänge erläutern:

Glücksgefühle zur Belohnung

Die lange Geschichte der Glücksforschung macht eines deutlich: Es ist gar nicht so einfach, etwas so Flüchtiges und Berauschendes wie das Glück zu begreifen. Das menschliche Streben nach diesem wünschenswerten Zustand hat jedoch evolutionsbiologische Wurzeln und offenbart aus dieser Perspektive ganz neue Facetten.

Das Glück des Augenblicks dient dem Überleben

Wir gehen davon aus, dass der Mensch durch seine lange Entwicklungsgeschichte geprägt und aufs Überleben programmiert wurde. Daher ist der Überlebens- und Fortpflanzungstrieb bis heute stark ausgebildet. Kommen wir diesem Trieb nach, so werden wir mit angenehmen Gefühlen »belohnt«. Denken Sie nur daran, wie Sie sich nach einem leckeren Essen oder einem befriedigenden sexuellen Erlebnis fühlen. Und da ist es auch schon: das Glück des Augenblicks! Das Genießen von Dingen, die das Überleben der Menschen sichern, wird vom sogenannten Belohnungszentrum großzügig bedacht. Natürlich ist dies stark vereinfacht dargestellt. Doch je länger Sie darüber nachdenken, umso mehr werden Sie merken, wie stark unsere uralten Programme auch heute noch unser Verhalten bestimmen. Körpereigene Endorphine und Neurotransmitter verstärken zudem jedes Verhalten, das unser Überleben sichert. Somit scheint Glück mehr zu sein als bloß ein angenehmer Nebeneffekt!

Die Evolution – eine Erfolgsgeschichte

Charles Darwin, der im Jahr 2009 200 Jahre alt geworden wäre, definierte die Evolution als die Geschichte des Erfolgs. Kein Tier hat sich weiter und höher entwickelt als der Mensch, und wenn man die evolutionsbiologische Entwicklung des menschlichen Gehirns betrachtet, so ist dieses vor allem ein Überlebensorgan. Der Züricher Historiker Philipp Sarasin sagt dazu: *»... der Unterschied zum Tier ist für Darwin sehr groß: Was den Menschen von ihm unterscheidet, ist das Gewissen. Der Mensch ist das moralfähige Tier. Sein Gehirn und dessen Verarbeitungskapazität sind groß genug, um vergangene Eindrücke mit gegenwärtigen zu vergleichen. Er hat ein Bewusstsein dafür, dass er auf seine Mitmenschen angewiesen ist. Er begreift: Allein bin ich zu schwach. Ich brauche die anderen ... Was den Menschen aber überleben lässt, sagt Darwin, ist die wechselseitige Anerkennung unter einigermaßen Gleichen.«*[1] Außerdem – so fügen wir hinzu – überlebt der, der es versteht, widrige Situationen zu meistern und sich rechtzeitig anzupassen.

Allein aus dieser Aussage ergeben sich gleich drei Wege, die zu mehr Glück führen:

1. Die menschliche Wahrnehmung und Eigenart des Denkens
2. Kontakt, Anerkennung und Verbindung zu anderen Menschen
3. Jegliches Handeln, das die Überlebens- und Entfaltungschancen vergrößert

Glück als Motor der Evolution

Betrachten Sie die Evolution als einen Prozess, in dem der Mensch immer wieder vor scheinbar unlösbaren Herausforderungen stand. Ständig musste er neue Wege finden, um zu überleben. Eine Art von Überlebenstraining, bei dem die Herausforderungen mit der Zeit immer größer wurden. Mit jeder bewältigten Schwierigkeit ist der Mensch jedoch über sich selbst hinausgewachsen und hat seine eigenen Fähigkeiten ausgebaut. Die Evolution hat hier einen genialen »Trick« angewendet: Erfolg – also eine gemeisterte Situation – wurde mit Glücksgefühlen belohnt! Insofern ist Glück der Motor der menschlichen Entwicklung.

So gesehen erklärt sich auch, warum andere Menschen für unser Glück so wichtig sind, denn jeder Mensch braucht Unterstützung und Zuwendung. Keiner kann auf Dauer alleine überleben. Beziehungen an sich haben schon einen belohnenden Effekt auf unser Gehirn, ebenso wie der Austausch von Lob, Dank und Zuneigung. Prosoziale Gesten verstärken jedes kooperative Verhalten und selbst altruistische Handlungen werden von unserem Überlebenstrieb motiviert. Besonders bestätigende Beziehungen haben eine sehr große Macht auf unser Denken und Verhalten, denn sie wirken direkt im Belohnungssystem und verstärken nachhaltig unsere Glücksgefühle.

Unsere drei Gehirne – wie sie arbeiten

Das menschliche Gehirn ist ein genialer Zusammenschluss dreier Teile, die sich im Laufe der Entwicklung nacheinander ausgebildet haben. Das heißt, wir Menschen haben im Grunde genommen drei Gehirne! Diese beeinflussen ständig unser Denken, Fühlen und Verhalten. Sie treiben uns an und erklären auch, warum wir Menschen uns oft so unvernünftig verhalten.

Das emotionslose Reptiliengehirn

Bereits unsere tierischen Vorfahren besaßen das sogenannte Reptiliengehirn. Dieses Gehirn ist für alle Grundfunktionen des Körpers zuständig. Es reguliert zum Beispiel Selbstverteidigungs-, Fortpflanzungs- und Angriffsmechanismen. Seine

»Philosophie« ist hundertprozentiger Wettbewerb. Hier werden auch alle körperlichen Prozesse wie Atmung, Herzschlag, Verdauung usw. gesteuert. Das Reptiliengehirn ist eine Bio-Überlebensmaschine. Es mag keine Veränderungen und hat uralte Gewohnheiten und Verhaltensweisen (fast) unabänderlich gespeichert. Außerdem lernt es nur äußerst langsam und vermittelt uns das Gefühl der Routine und Sicherheit. Emotionen kennt das reptilische Gehirn nicht. Auch die von Carl Gustav Jung beschriebenen Archetypen sind im reptilischen Gehirn und damit im kollektiven Unterbewusstsein manifestiert.

Das emotionale limbische System

Das limbische System hat eine zentrale Bedeutung für unser Gedächtnis. Dieses »emotionale« Säugetiergehirn bildet die Basis für Emotionen, soziales Verhalten und die Sorge um den Nachwuchs. Da die Impulse des Reptiliengehirns auch dieses »neuere Gehirn« beeinflussen, bewegt sich die Motivation des limbischen Systems ständig zwischen Wettbewerb und Kooperation. Es enthält die Hypophyse, den Mandelkern und die Zirbeldrüse. Lachen und Weinen, Spieltrieb und Sexualität, Euphorie und Depressionen sind hier ebenso verankert wie unsere Bedürfnisse, unsere Stärken und Schwächen. Alle Informationen, die im Langzeitgedächtnis gespeichert werden sollen, passieren zuerst einmal diesen Teil des Gehirns. Rationale Kognition und Gefühl treffen hier aufeinander.

Die denkende Großhirnrinde

Der evolutionsgeschichtlich jüngste Teil des Gehirns, auch Neo-Kortex genannt, befindet sich in der Großhirnrinde, der äußeren Hirnschicht. In diesem Bereich wird gedacht, geplant und gespeichert. Logisches Denken, die Bildung von Denkstrukturen, Fantasie und Schöpfergeist, die Fähigkeit zu Schlussfolgerungen und neuen Erkenntnissen sowie die Langzeitspeicherung von Informationen sind hier beheimatet. Erst dieser jüngste Teil unseres Gehirns erlaubt es, komplexe Dinge wie Sprache, Musik, verfeinerte motorische Fähigkeiten, Voraussicht, Zukunftspläne und abstrakte Ideen zu entwickeln. Bei Läsionen des Stirnhirns zeigt sich zwar kein Verlust der Intelligenz, jedoch eine Veränderung des Verhaltens in Richtung Ungehemmtheit, Taktlosigkeit, Aggression oder Fehlen von festen Absichten oder planender Vorausschau.

Die drei Gehirne des Menschen haben sich im Laufe der Evolution entwickelt. Von der modernen Hirnforschung wissen wir, dass die Entwicklung längst noch nicht abgeschlossen ist.

Im Gegensatz zum Tier kommen wir Menschen unfähig auf die Welt. Zunächst werden wir primär vom Reptiliengehirn gesteuert, doch schon mit dem Tag unserer Geburt beginnt das Gehirn sich zu entwickeln, Erfahrungen zu sammeln und alle Informationen aufzusaugen. In unseren ersten Lebensjahren prägen vor allem die Familie und das soziale Milieu, also die jeweilige Kultur, unser Denken, unsere Wertvorstellungen und weiteren Geschmacksvorlieben. In dieser Zeit entwickeln sich auch schon unzählige Gewohnheiten und Verhaltensmuster. Unreflektiert übernehmen die kleinen Menschen all das, was ihnen die großen Menschen vorleben, vor allem jene, die sie besonders lieben. Erst später beginnt ein Menschenkind, durch die ihm schon früh verpasste »Wahrnehmungs-Brille« all die bisherigen Erfahrungen seiner Welt zu erkennen, zu interpretieren und zu begreifen. Das ist einer der Gründe, warum verschiedene Menschen ein und dieselbe Situation völlig unterschiedlich bewerten und beschreiben.

Wäre der Mensch ein Tier, so wäre er hilflos seinen früh eingeprägten Verhaltensmustern, Assoziationen und Wertvorstellungen ausgeliefert und damit ein Sklave seines Reptiliengehirns. Doch zum Glück verfügt er über ein Vorderhirn, den präfrontalen Kortex, der ihm hilft, seine Zukunft zu gestalten: Er besitzt die Fähigkeit, vorausschauend zu planen und zu handeln. Das Vorderhirn wird als oberstes Kontrollzentrum für eine situationsangemessene Handlungssteuerung angesehen und ist gleichzeitig intensiv an der Regulation emotionaler Prozesse beteiligt.

Kooperation und Konflikte zwischen den Hirnteilen

Im Idealfall arbeiten alle drei Gehirne miteinander. Doch häufiger ist es so, dass es Konflikte zwischen den drei »Parteien« gibt. Das erklärt ein Gefühl der inneren Zerrissenheit, das so viele Menschen kennen. Gelingt es ihnen allerdings, ihr Leben im Einklang mit ihrer inneren Natur zu leben, so stellen sich eine große innere Zufriedenheit, Ruhe und Glücksgefühle ein. Wie lässt sich dies erreichen?

In der Entspannung liegt das Geheimnis

Je mehr ein Mensch gestresst ist, umso weniger arbeiten seine Gehirne miteinander – das Reptiliengehirn übernimmt das Steuer. Negativer Stress erzeugt Angst, und so muss es zunächst einmal gelingen, Angst zu reduzieren. Die wohl bewährteste Methode dazu ist die Entspannung. In allen Kulturen gibt es solche Techniken der Angstreduktion, angefangen bei Gebeten über Trancezustände bis zu modernen Atem-, Selbsthypnose- und Entspannungsmethoden. Diese Techniken haben eines gemeinsam: Es geht um ganz bewusstes Innehalten und Beruhigen. Im sogenannten Alpha-Zustand, der dadurch erreicht wird, arbeiten alle drei Gehirne zusammen. Stresshormone werden abgebaut, folglich entsteht ein Gefühl der Ruhe und Zuversicht. Dieser Zustand der tiefen Entspannung und gleichzeitigen Konzentration ermöglicht den Zugriff auf die gewaltigen Ressourcen des Menschen.

Alle Genies hatten ihre besten Ideen im Alpha-Zustand. Überlegen Sie einmal selbst, wann und wo Sie Ihre besten Ideen hatten. Sicherlich nicht in hektischen Momenten, sondern wahrscheinlich beim Duschen, beim Spazierengehen oder während Sie verträumt ins Kaminfeuer schauten.

Im Alpha-Zustand überwinden wir unsere Grenzen. So kann es uns gelingen, uns von den Fesseln der Vergangenheit zu lösen. Gerade alte und meist unbewusst ablaufende Verhaltensmuster sorgen dafür, dass Menschen Gelerntes ständig wiederholen. Bei anderen lässt sich dies leichter beobachten als bei sich selbst: Ist Ihnen schon einmal aufgefallen, dass Menschen bestimmte Fehler immer wieder machen? Sie suchen sich den gleichen Typ von Partner aus oder scheitern bei Projekten immer wieder an derselben Stelle. Hier zeigt sich, wie mächtig Verhaltensprogramme sind, die tief im Unterbewusstsein verankert sind. Selbst wenn Sie zu der Erkenntnis gelangen, dass Sie immer wieder auf den »falschen Typ« hereinfallen, wird Ihnen dieses Bewusstsein allein noch nicht helfen, sich von Ihrer Vergangenheit zu lösen. Doch verstehen Sie dies bitte richtig: Wir alle haben unzählige Verhaltensmuster, die sehr hilfreich sind, und ein paar, die uns das Leben schwer machen. Denken Sie nur an Ihre Vorlieben für gutes Essen, Wein, Schokolade …! Mit manchen kleinen Schwächen kann man sehr gut leben und sollte sie akzeptieren. Doch von einigen wenigen Verhaltens- und Glaubensmustern sollten wir uns verabschieden, und dafür brauchen wir einen schlauen Trick, denn Sie haben gelesen, dass sich die älteren Gehirne nicht gerne von lieb gewonnenen Mustern trennen. Gehen wir gedanklich also noch einen Schritt weiter: Wenn ein Mensch seine individuelle Persönlichkeit auf Dauer selbst entwickeln will, dann muss er seinen drei Gehirnen etwas anbieten, das so verführerisch ist, dass sie sich gemeinsam dafür begeistern und verbünden werden. Das heißt, wenn der Reiz des Ziels stärker ist als die alten Verhaltensmuster, dann ist es auch möglich, diese zu vergessen, zu verlernen oder über Bord zu werfen. Das beste Beispiel ist ein verliebter Mensch: Er kennt keine Grenzen, für ihn ist alles möglich.

Menschen können sich ändern, können stärker werden, allerdings gibt es noch zu viele, die diese Chance nicht ergreifen. Dass wir mehr erreichen können, als andere uns zutrauen, und wir uns in die eigene Zukunft verlieben können, auf diese Idee muss ein Mensch erst einmal kommen. Viele schlagen diesen Weg nur zufällig ein. Der spanische Philosoph José Ortega y Gasset erkannte dieses Phänomen bereits 1929: *»Der Massenmensch ist der Mensch, der ohne Ziel lebt und im Winde treibt. Darum baut er nichts auf, obwohl seine Möglichkeiten und Kräfte ungeheuerlich sind!«*[2]

Die drei Gehirne zu Verbündeten machen

Vielleicht ahnen Sie schon, worauf wir hinauswollen: Wenn ein Mensch als Schöpfer und Gestalter seiner eigenen Zukunft nicht Sklave seines Reptiliengehirns sein will, sollte er eine Vision, einen Traum von seiner Zukunft entwickeln. Dabei wird er, je mehr er sich in diesen Traum verliebt, seine drei Gehirne zu Verbündeten machen. Es geht also nicht darum, gegen das eigene Gehirn und damit die eigene Natur zu kämpfen, sondern sich im Einklang mit der eigenen Persönlichkeit weiterzuentwickeln und dafür mit Glücksgefühlen belohnt zu werden. Und indem wir uns etwas Erstrebenswertem zuwenden, lassen wir alles andere hinter uns und lösen uns von den Fesseln der Vergangenheit.

Erfüllte Wünsche machen glücklich

Wir gehen also von einer evolutionsbiologischen Glückstheorie aus. Demnach bekommen wir die positiven Gefühle wie Glück, Stolz, Zufriedenheit, Mut und Hoffnung als Belohnung für die Bewältigung unzähliger kleiner und großer Herausforderungen des Lebens. Dieses Glücksprinzip lässt sich jedoch auch bewusst nutzen, um an der Entfaltung der eigenen Persönlichkeit zu arbeiten. Der wohl beste Weg zum Glück führt über die aktive Verwirklichung unserer Wünsche und Träume. Denn Glück kommt von »gelingen«. Anders gesagt: Nichts kränkt die Seele eines Menschen mehr als persönliche Misserfolge. Dies besagt auch das Sprichwort: Was kränkt, macht krank.

Suchen Sie nach Ihren persönlichen Glücksfaktoren. Hier ist Platz dafür.
Die Frage danach, was Sie glücklich macht, öffnet Ihr Bewusstsein.

Was macht mich glücklich?

____

____

____

____

____

____

____

Wünschen – Königsweg der Selbstentfaltung

Wer bin ich? Diese Frage ist wohl so alt wie die Menschheit selbst und beschäftigt auch heute die Menschen. Der Aufruf *»Erkenne dich selbst«* schmückt den Eingang des antiken Apollotempels zu Delphi. Selbsterkenntnis ist eine Reise zu sich selbst und beginnt damit, sich selbst gute Fragen zu stellen. Wir beobachten allerdings, dass sich die meisten Menschen mit vielen Dingen beschäftigen, nur nicht mit ihrer Einzigartigkeit. Der Prozess der Selbsterkenntnis führt unmittelbar zu den Wünschen und Träumen des Menschen. Vielleicht fragen Sie sich jetzt, welche Wünsche und Träume Sie haben. Möglicherweise kennen Sie die Wünsche anderer viel besser als die eigenen? Fragen Sie doch in den nächsten Wochen verschiedene Menschen danach, wie diese sich ihre Zukunft vorstellen und was sie sich wünschen. Wahrscheinlich werden Sie meist in verblüffte Gesichter schauen. Ihre Gegenüber würden vermutlich viel lieber darüber sprechen, was der Chef oder die blöde Schwiegermutter ihnen schon wieder angetan haben.

Wünsche sind Fixsterne

Die hohe Kunst der Selbsterkenntnis liegt zunächst darin, seine eigenen Träume kennenzulernen. Dabei helfen uns unsere Wünsche. Da wir – anders als unsere urzeitlichen Vorfahren – nicht mehr primär ums nackte Überleben kämpfen müssen, können wir den Weg der Entfaltung der eigenen Persönlichkeit einschlagen. Das Glück des Wünschens ist die moderne, positive Variante der Weiter- und Höherentwicklung. Und wenn es gute Wünsche sind (vgl. Kap. 11), dann ist dies wohl zu Recht der Königsweg der Selbstentfaltung. Dieser beginnt immer mit der Selbsterkenntnis, wir müssen unsere Wünsche studieren, denn diese haben ihren Ursprung in den tiefsten Schichten unserer Persönlichkeit und sind somit Ausdruck unserer impliziten Motive und Möglichkeiten. Erst über die Verwirklichung unserer Wünsche bringen wir unsere Talente, Stärken und Einzigartigkeit zur vollen Entfaltung. So gesehen sind Wünsche unsere Fixsterne: Sie weisen uns den Weg in eine glückliche Zukunft, helfen uns, immer wieder den Kurs zu halten und die eigenen Grenzen zu überwinden.

Unser Wunsch lautet daher: Machen Sie Ihre Wünsche zum Kompass Ihres Lebens, folgen Sie Ihrem Stern und verwirklichen Sie Ihre Träume!

ZUSAMMENFASSUNG KAPITEL 7

- Die ständige Suche nach dem Glück hat evolutionsbiologische Wurzeln: Handlungen, die die Überlebens- und Entfaltungschancen sichern, werden vom »Belohnungszentrum« des Gehirns mit angenehmen Gefühlen quittiert.
- Glück ist der Motor der menschlichen Entwicklung. Die Evolution hat hier einen genialen »Trick« angewendet: Jede gemeisterte Situation wurde (und wird) mit Glücksgefühlen belohnt!
- Allein kann der Mensch nicht überleben: Andere Menschen sind für unser Glück unentbehrlich: Wir brauchen Kontakt, Anerkennung, Hilfe und Verbindung zu anderen.
- Sie können das menschliche Gehirn als einen Zusammenschluss dreier Gehirne betrachten: Reptiliengehirn, limbisches System und Großhirnrinde.
- Idealerweise arbeiten alle drei Gehirne harmonisch miteinander. Jedes spielt seine Stärken aus. Doch nicht selten entstehen Konflikte zwischen den drei »Parteien«. Das ist die Ursache für ein Gefühl der inneren Zerrissenheit, das so viele Menschen kennen.
- Große innere Zufriedenheit, Ruhe und Glücksgefühle stellen sich ein, wenn die drei Gehirne harmonisch zusammenarbeiten. Im entspannten Zustand (Alpha-Zustand) gelingt ihnen das am besten.
- Glück kommt von »gelingen«. Der beste Weg zum Glück führt über die Verwirklichung Ihrer Wünsche und Träume.
- Selbsterkenntnis beginnt mit der Befreiung von verborgenen Wünschen. Wünsche und Träume helfen, sich selbst kennenzulernen. Ihr gewaltiges Potenzial schlummert oft im Verborgenen. Ihre Wünsche können es an den Tag befördern!

8. Wünschen – ganz praktisch

> *»Unsere Wünsche sind Vorgefühle der Fähigkeiten, die in uns liegen, Vorboten desjenigen, was wir zu leisten imstande sein werden. Was wir können und möchten, stellt sich unserer Einbildungskraft außer uns und in der Zukunft dar; wir fühlen eine Sehnsucht nach dem, was wir schon im Stillen besitzen.«*[1]
>
> (JOHANN WOLFGANG VON GOETHE)

Dieses Zitat bringt es auf dem Punkt. Goethe war der erste und einzige Dichter, der dem Geheimnis der menschlichen Natur so nahe kam. Er erkannte nicht nur, dass Wünsche wichtig sind. Johann Wolfgang von Goethe verriet uns auch, dass in unseren Wünschen die Kraft der Verwirklichung schlummert. Wären wir nicht in der Lage, mittels unserer Stärken diese Wünsche auch zu verwirklichen, so hätten wir diesen Wunsch auch niemals entwickelt. Befassen Sie sich doch viel öfter intensiv mit Ihren Wünschen. Dann werden Sie feststellen, dass Sie eine ganze Reihe von Wünschen haben, für deren Realisierung Sie alle Voraussetzungen bereits in sich tragen. So gesehen können Sie Wünsche immer als Hinweise auf Fähigkeiten verstehen, die Sie bereits besitzen.

Vier Schritte zur Wunschverwirklichung

Wünschen, Planen, Wagen, Siegen – diese vier Schritte bringen Sie ganz systematisch zu Ihren Zielen. Im Folgenden erfahren Sie, wie Sie diese konkret auf Ihre Lebenssituation anwenden können. Jetzt steht der praktische Aspekt im Vordergrund. Fangen Sie gleich damit an!

Wünsche sind enorm wichtig für unser Leben – beruflich wie privat. Sie sind unbewusster Ausdruck unserer Persönlichkeit, entstehen in unserem Innersten, in unserem Unterbewusstsein, und kommen nicht aus dem logischen Verstand. Wünsche verschlüsseln unsere geheimen Sehnsüchte. Motivation ohne Wünsche, ohne Sehnsucht ist auf Dauer kaum möglich. Seine eigenen Wünsche kennenzulernen ermöglicht es erst, die eigene Persönlichkeit zu begreifen.

Haben auch Sie heimliche Wünsche? Wünsche, die Sie seit Längerem mit sich herumtragen, die aber bisher noch nicht in Erfüllung gegangen sind? Es können ruhig unrealistische Wünsche sein, die scheinbar völlig außerhalb jeder Reichweite liegen, wie zum Beispiel ein Jackpot im Lotto, ein Date mit George Clooney oder ein Spaziergang auf dem Mars. Doch natürlich geht es auch um die vielen kleinen und großen Wünsche, die in Ihrem Einflussbereich liegen und sich kurz- oder langfristig erfüllen lassen.

Wünsche sind Wegweiser

Kinder haben noch Täume

Nachdem Wünsche eine so wichtige Rolle in unserem Leben spielen, stellt sich natürlich die Frage: Was wären wir denn ohne Wünsche? Erinnern Sie sich an Ihre Kindheit, als Sie voller Begeisterung in der Adventszeit Wunschzettel für das bevorstehende Weihnachtsfest verfasst haben? Als Kinder haben wir mit leuchtenden Augen von den neuesten Rennwagen, den niedlichen Babypuppen und den Ritterburgen geschwärmt und gehofft, dass unsere Träume wahr würden und wir diese Dinge unter dem Christbaum fänden. Wir haben auch davon geträumt, Astronaut, Lokomotivführer oder Hollywoodstar zu werden. Doch irgendwann kommt im Leben der meisten Menschen ein Punkt, an dem sie aufhören zu träumen. Sie schieben ihre Wünsche, Träume und Sehnsüchte beiseite und versuchen, einfach den Alltag zu meistern. Meist fühlt sich ein solches Leben nicht wirklich gut an und je mehr ihre Wünsche verblassen, umso weniger freuen sich diese Menschen auf ihre Zukunft: Keine Wünsche mehr zu haben, bedeutet deshalb nichts anderes, als alt zu sein. Belächeln Sie daher nicht, was Sie sich als Kind gewünscht haben. Es ist so wichtig, sich auf Träume zu besinnen!

Was wünschen Sie sich? Oder sind Sie wunschlos glücklich? Nur wenige werden dies von sich behaupten. Hand aufs Herz: Welche geheimen und nicht so geheimen Wünsche und Träume hegen Sie?

Schreiben Sie *alle* Wünsche auf. Auch die, die Sie früher als Kind hatten – sofern Sie sich daran erinnern. Lassen Sie keinen weg. Es ist nicht entscheidend, ob die Wünsche groß oder klein sind, realistisch oder unrealistisch. Notieren Sie sich alles, ohne groß nachzudenken. Sammeln Sie im Lauf der kommenden Woche über 100 Wünsche.

Meine Wünsche für die Zukunft – große und kleine:

Diese Übung ist auf den ersten Blick scheinbar einfach und angenehm. Vielleicht werden Sie dabei entdecken, dass Sie sich gar nicht so gut kennen, wie Sie immer gedacht haben. Manchen fällt sie schwer, weil sie sich lieber über alles Mögliche beklagen. Wenn man sie aber fragt, was sie sich wünschen, herrscht oft betretenes Schweigen. Das Negative im Privaten und Berufsleben ist stets präsent. Das Positive, unsere Wünsche, Träume und Visionen, ist hingegen oft unter einem Berg von Unzulänglichkeiten vergraben. Es – ähnlich wie ein Archäologe – wieder auszugraben, macht Mühe.

Jeder Wunsch ist berechtigt

Das Ergebnis dieser Übung mag eine beachtliche Liste sein. Widerstehen Sie aber dem Drang, Ihre eigenen Wünsche zu bewerten. Zunächst einmal hat jeder Wunsch für sich seine Berechtigung. Verrückte Wünsche dürfen neben ganz kleinen, unscheinbaren Wünschen stehen, materialistische neben spirituellen, gesundheitliche neben sexuellen, Reise- neben beruflichen Wünschen usf.

»Wenn ich groß bin, werde ich Dirigent.« – Viele erfolgreiche Menschen, ganz gleich ob Künstler, Sportler, Wissenschaftler oder Manager, haben schon als Knirpse verkündet, dass sie das werden wollen. Erkundigen Sie sich einmal in Ihrem Freundes- und Bekanntenkreis, wer seinen Berufswunsch aus der Kindheit tatsächlich realisiert hat, und sehen Sie, wie erfolgreich solche Menschen sind! Dann machen Sie sich an den zweiten Teil der Übung:

Erstellen Sie eine Liste von den Wünschen, die sich für Sie schon erfüllt haben.

____

____

____

Und jetzt kommt der dritte Teil der Übung:

Analysieren Sie die Wünsche, die sich bisher erfüllt haben, und zwar mit einem Pluszeichen für angenehme Gefühle oder eine positive Entwicklung. Was glauben Sie, warum dieser Wunsch in Erfüllung gegangen ist? Was hat geholfen? Gab es Unterschiede bezüglich der Wichtigkeit oder Wertigkeit der Wünsche? Notieren Sie alles, was Ihnen dazu einfällt.

Wünsche verändern die Welt

Vielleicht spüren Sie, dass es ganz unterschiedliche Wünsche gibt und dass es etwas anderes ist, ob es sich um Interessen oder ganz tiefe Wünsche handelt. Wünsche zeigen Ihnen Ihre (unbewussten) Fähigkeiten – und Menschen, die große Träume und Wünsche haben, können die Welt verändern. Denken Sie nur an Martin Luther King (Gleichberechtigung und friedliches Zusammenleben zwischen Farbigen und Weißen) oder an Mahatma Gandhi (Unabhängigkeit Indiens) und Nelson Mandela (Aufhebung der Apartheid).

Wünsche kommen aus den tiefsten Schichten unseres Unterbewusstseins, oft können wir uns gar keinen Reim darauf machen. Trotzdem sollten wir sie nicht ignorieren, denn sie machen unsere Einzigartigkeit aus. In ihnen verbirgt sich der Kern unserer Persönlichkeit. Man könnte auch sagen: Es gibt nichts Intimeres, nichts Persönlicheres als die Wünsche eines Menschen. An manchen Menschen geht das Leben vorbei und sie bringen sich um ihr Lebensglück, nur weil sie ihre geheimsten Wünsche vernachlässigen, verdrängen oder vergessen.

In sämtlichen Religionen und Philosophien spielen Wünsche eine große Rolle. Sie führen uns zu unserem Kern, zu unserer Mitte. Träume und Wünsche geben uns inneren Halt. Lässt sich Ihr Traum auf den ersten Blick nicht realisieren? Das macht nichts, denn alles Große erscheint zunächst unmöglich. Sie können darauf vertrauen, dass ein Wunsch immer auch Ausdruck eines Motivs oder eines Bedürfnisses ist und Sie auf verschiedenen Wegen begleiten wird. So trägt er in sich schon eine Philosophie, die Sie zu einem anderen Ziel führen kann.

Schauen Sie sich noch einmal Ihre große Wunschliste an und markieren Sie mit einem gelben Textmarker Ihre zehn schönsten und größten Wünsche. Übertragen Sie diese zehn Wünsche in beliebiger Reihenfolge in das folgende Formular.

1. ______________________________

2. ______________________________

3. ______________________________

4. ______________________________

5. ______________________________

6. ______________________________

7. ______________________________

8. ______________________________

9. ______________________________

10. ______________________________

Die Vergangenheit bestimmt die Zukunft

Weil es wirklich wichtig ist, dass Sie mehr über sich selbst erfahren und Klarheit über Ihre Wünsche bekommen, zeigen wir Ihnen einen weiteren Weg. Dieser führt über Ihre Erfolge in der Vergangenheit, die uns viele wertvolle Hinweise geben können.

- Schreiben Sie zunächst Ihre Erfolge der Vergangenheit zusammen. Es spielt dabei keine Rolle, ob es große Erfolge waren oder kleine. Sammeln Sie alles, was bisher gut gelaufen ist, was Ihnen gelungen ist, womit Sie zufrieden waren oder wo Sie Ihre Stärken und Interessen ausleben konnten.

- Sehen Sie sich als Nächstes Ihre Erfolge ganz genau an. Stellen Sie fest – und schreiben Sie es auch auf –, welche Ihrer Eigenschaften, Gewohnheiten, Interessen und Begabungen zu dem jeweiligen Ergebnis geführt haben. Hier erhalten Sie wertvolle Hinweise darauf, was Sie am besten können und worauf Sie sich konzentrieren sollten. Denn nur was stimmig ist mit Ihren innersten Stärken und Talenten, führt zu dem Gefühl, eins mit sich zu sein. Alles andere würden Sie als verkehrt und aufgesetzt empfinden. Oder können Sie sich einen extrem introvertierten Menschen, der am liebsten über einem technischen Problem tüftelt, als Pressesprecher eines Großkonzerns vorstellen?

Oder denken Sie sich doch lieber in die Zukunft? Dann kann die folgende Übung für Sie hilfreich sein, die wir gern in unseren Trainings und Seminaren anwenden:

Stellen Sie sich die Frage: Wo möchte ich in fünf Jahren stehen? Was möchte ich erreicht haben? Wie möchte ich leben? – Indem Sie sich in die Zukunft denken und sich möglichst bildhaft vorstellen, was Sie beruflich erreicht haben und in welchen privaten Beziehungen Sie leben, entsteht ein konkretes Bild in Ihrem Kopf.

Vorsicht vor Wünschen, die Ihr Glück behindern

Nun mag es für viele verlockend sein, 50 Millionen Euro als ihren wertvollsten Wunsch aufzuschreiben. Nach dem Prinzip »Alle Fliegen mit einer Klappe« könnte man sich ja dann von dem vielen Geld sein ganzes Leben lang alle Wünsche erfüllen. Sollten Sie diesen Gedanken schon gehabt haben – vergessen Sie ihn ganz schnell wieder! Im Kapitel *Dickes Bankkonto – schmales Glückskonto* (ab Seite 35) haben wir Ihnen schon gezeigt, dass (mehr) Geld nicht automatisch glücklich macht – eher im Gegenteil. Die reine Konzentration auf Geld lässt den Menschen in Frust und Vereinsamung versinken. Stars der Film- und Musikbranche geben dazu ausrcichend Beispiele. Reichtum allein gibt ihnen keinen Sinn – am Ende stehen sie mit leeren Händen da.

Viel spannender ist die Frage: Was würden Sie tun, wenn Sie 50 Millionen Euro im Lotto gewännen? Schreiben Sie doch einmal mindestens zehn Dinge auf, die Ihnen spontan einfallen:

Das würde ich mit 50 Millionen Euro machen:

1. ____________________

2. ____________________

3. ____________________

4. ____________________

5. ____________________

6. ____________________

7. ____________________

8. ____________________

9. ____________________

10. ____________________

Hinter dem Wunsch nach Geld können unterschiedliche Sehnsüchte oder Gefühle stecken. Hier sind einige Beispiele:

Was der Wunsch nach Reichtum bedeuten kann

- Anerkennung – das ist der »Klassiker« unter den Motiven. Dahinter steckt der Wunsch, Beachtung, Bestätigung und Bewunderung zu erfahren.
- Zugehörigkeit – dies ist die Sehnsucht, zu einer bestimmten Gruppe, etwa der der erfolgreichen Menschen, dazuzugehören.
- Angst – hinter dem Wunsch nach einem vollen Bankkonto steckt oft ganz einfach die blanke Angst vor Armut.
- Liebe – viele Menschen haben die Vorstellung, dass die Anziehung, die Reichtum auf manche Menschen erzeugt, etwas mit Zuneigung oder Liebe zu tun hätte.

Überlegen Sie für sich persönlich, was hinter Ihrem Wunsch nach Geld steckt. Auch das gehört zur Wunschklarheit. Möglicherweise stellen Sie überrascht fest, dass sich hinter Ihren materiellen Wünschen die Suche nach tiefem Sinn verbirgt.

Ihre schönsten, wichtigsten und wertvollsten Wünsche

Nachdem Sie so viel über Ihre Wünsche reflektiert haben, füllen Sie nun folgende Checkliste aus, um Ihren wichtigsten Wunsch herauszukristallisieren. Gehen Sie dabei so vor:

Nehmen Sie die Liste, auf der Sie Ihre zehn schönsten Wünsche gesammelt haben. Überprüfen Sie, ob sich die Liste vielleicht verändert hat, und schreiben Sie zunächst einmal die zehn schönsten Wünsche auf, die Sie jetzt hegen:

1. ____________________

2. ____

3. ____

4. ____

5. ____

6. ____

7. ____

8. ____

9. ____

10. ____

Fragen Sie sich, auf welche Wünsche Sie eventuell verzichten könnten – und auf welche nicht. Sie sollten bereit sein, sich von einigen Wünschen zu trennen. Schreiben Sie bitte die fünf Wünsche auf, auf die Sie nicht verzichten möchten:

Fünf Wünsche, auf die ich auf gar keinen Fall verzichten möchte:

1. ____

2. ____

3. ____

4. ____

5. ____

Die nächste Aufgabe besteht darin, diese fünf Wünsche in eine Reihenfolge zu bringen. Welcher Wunsch ist Ihnen am wichtigsten, welcher hat am wenigsten Bedeutung?

Möglichkeiten ohne Ende – und was wünschen Sie sich?

Angesichts der Fülle an Angeboten und Möglichkeiten, die uns unsere pluralistisch angelegte Welt heute bietet, sind unseren Wünschen kaum mehr Grenzen gesetzt. (Fast) alles scheint möglich zu sein in unserer Welt. Doch so schön das auch klingt, so leicht fällt es uns oft gar nicht, damit umzugehen. Viele Menschen reagieren auf so viele Optionen mit einer großen Verunsicherung und Ratlosigkeit. Sie kennen sich einfach nicht mehr aus in der unüberschaubaren Informationsflut. Über Fernsehen, Radio, Zeitungen und Internet strömen ständig Neuigkeiten auf uns ein, die uns manchmal ganz schwindelig werden lassen – und außerdem unser Unterbewusstsein beeinflussen (wie Sie im Kapitel *Ihr Unterbewusstsein – Baustelle des Lebens und Arbeitsraum der Seele* ab Seite 68 gelesen haben). Die Quantität an Informationen, der wir tagtäglich ausgesetzt sind, kann unser Verstand überhaupt nicht mehr bewusst verarbeiten.

Früher gab es Klarheit – und Unfreiheit

Wir haben so viele Chancen, dass es uns schwerfällt, sie zu nutzen, und so viele Möglichkeiten, dass es schwierig wird, uns zu entscheiden. Noch im vorletzten Jahrhundert war das wesentlich einfacher: Da war für Frauen festgeschrieben, dass sie sich um Kinder und Haushalt zu kümmern hatten. Für viele Männer gab es keine großen Wahlmöglichkeiten, was den Beruf betraf. Oft mussten sie den Hof des Vaters übernehmen oder anderweitig in dessen Fußstapfen treten. Eine Alternative gab es gar nicht. Dafür waren die Mittel, die Möglichkeiten des Ortswechsels usw. viel zu beschränkt. Wünsche hatten hier überhaupt keinen Platz!

Heute herrscht Freiheit – und Unübersichtlichkeit

Heute dagegen scheinen – zumindest in den großen Industrienationen – die Optionen unerschöpflich, nach dem Motto: Alles ist möglich. Ziehen Sie allein Ihre beruflichen Möglichkeiten in Betracht. Da schwirrt Ihnen wahrscheinlich der Kopf. Oder denken Sie einmal darüber nach, an welchen Orten der Welt Sie wohnen, wo Sie arbeiten, mit welchem Partner Sie zusammenleben, welchen Lebensstil Sie pflegen könnten? Ein wahres Paradies für Wünsche. Aber wofür sollen Sie sich entscheiden? Für welchen Weg, für welches Ziel? Ist dies auch die richtige

Entscheidung, die Sie getroffen haben? Wie sollen Sie es denn schaffen, Ihren größten Wunsch herauszukristallisieren, wo es doch so unendlich viele Möglichkeiten zu geben scheint? Und dann noch das: Den ganzen Tag buhlen scheinbar interessante Dinge, Ereignisse, Personen und Chancen um unsere Aufmerksamkeit. Leider lassen wir uns nur allzu oft von ihnen verführen und vertiefen uns in eine Nebensache, anstatt uns zu fragen, was *wirklich* wichtig für unsere Zukunft und Entwicklung ist. Auch das Angebot an Wertesystemen, Weltanschauungen, Religionen und religionsähnlichen Lehren ist verwirrend. Die wenigsten Menschen kennen wirklich die Inhalte. Das Dilemma der klugen Menschen ist oft, dass sie zwar unendlich viel wissen, aber nichts mehr glauben können. Kein Wunder, dass viele sich rat-, rast- und hilflos fühlen und Schwierigkeiten haben, sich für etwas zu entscheiden.

Am liebsten alles gleichzeitig

Wir sprechen von einem Phänomen, das typisch ist für die heutige Zeit: Ständig wird uns weisgemacht, dass wir alles schnell und auf einmal haben oder sein können. Die Folge? Wir arbeiten fieberhaft daran, uns alle Möglichkeiten offenzuhalten, um ja keine Option zu verpassen. Wir springen zwischen den Dingen hin und her, die interessant sein könnten. Dabei vergessen wir allerdings, die notwendige Zeit für das Wesentliche aufzuwenden. Den Hang des Menschen, sich bei Entscheidungen ein Hintertürchen offenzuhalten, bestätigte Dan Ariely, Professor für Verhaltensökonomie am Massachusetts Institute of Technology in Cambridge, mithilfe eines computersimulierten Experiments. Auch hier stellte sich heraus: Je mehr Möglichkeiten angeboten werden, umso schwerer fällt uns das Entscheiden. Der Forscher zieht aus seinen Erkenntnissen folgendes Fazit: *»Denken hilft zwar, nützt aber nichts.«*[2]

Wenn Sie durch eine Tür gehen, bleibt logischerweise eine andere geschlossen. Den meisten Menschen fällt das schwer, weil sie sich für den Rückzug alle Türen offenhalten wollen.

Wie können Sie diese Erkenntnis für Ihre Suche nach Ihrem wichtigsten Wunsch umsetzen? Ganz einfach: Da Sie nun wissen, dass wir oft zu viel und alles gleichzeitig wollen, sollten Sie sich ganz bewusst auf das Wesentliche, auf die wichtigsten Wünsche und eine große Vision konzentrieren. Nur durch Fokussieren werden Sie etwas erreichen.

Wunschklarheit – lernen Sie Ihre Wünsche kennen

Wir alle möchten glücklich und erfolgreich sein. Dafür brauchen wir Wünsche und aus diesen ergeben sich unsere Ziele: Nur wer das Ziel kennt, kann es treffen! Sie benötigen also eine Methode, wie Sie Ihre Ziele setzen und erreichen können.

Vor dem Zielesetzen steht folglich an erster Stelle immer ein Wunsch, ein intensives Verlangen. Das wiederum bedeutet: Sie müssen als Erstes für sich persönlich Klarheit über Ihre Wünsche erlangen! Dies ist die allererste und oft schwierigste Hürde auf dem Weg zu Erfolg und Lebensglück – und alles andere als einfach und offensichtlich.

Sie wissen wahrscheinlich noch gar nicht recht, was Sie nun mit Ihren Wünschen anfangen sollen? Dann ist die folgende Übung eine Hilfestellung, die Ihnen den Anstoß in die richtige Richtung gibt.

Finden Sie mehr über Ihre Wünsche heraus!

Nehmen Sie bitte für jeden Ihrer wichtigsten fünf Wünsche drei Blatt Papier. Auf Blatt 1 beantworten Sie sich folgende Fragen:

- Was wünsche ich mir?
- Was reizt mich an diesem Wunsch?

- Welche drei Vorteile bringt mir die Erfüllung dieses Wunsches? Was wird passieren, wenn ich diesen Wunsch verwirkliche?
- Was bedeutet mir dieser Wunsch?
- Wie glücklich wäre ich, ihn zu verwirklichen?
- Wer freut sich mit mir?
- Wer hat etwas von meinem Wunsch?
- Was habe ich davon?
- Wie passt mein Wunsch zu meinen anderen Wünschen?

Auf dem zweiten Blatt stehen diese Fragen:

- Was könnte mich hindern, diesen Wunsch zu verwirklichen?
- Wer spricht gegen meinen Wunsch?
- Warum?
- Wem schadet mein Wunsch?
- Warum habe ich diesen Wunsch noch nicht früher verwirklicht?
- Wie schwer ist der Weg zu meinem Wunsch?

Auf das dritte Blatt schreiben Sie:

- Was könnte ich generell tun, um meinen Wunsch zu erreichen?
- Was könnte ich täglich tun?
- Was monatlich?
- Was jährlich?
- Was könnte ich in xy Monaten tun, was in xy Jahren?
- Was bin ich bereit, selbst zu tun?

Für die Wahl Ihres wichtigsten Wunsches, der zugleich Ihr Ziel vorgibt, gibt Gustav Großmann, Pionier des Zeit- und Selbstmanagements, einen hilfreichen Hinweis. Er empfiehlt grundsätzliche Erwägungen bei der Wahl eines Ziels: *»Dienen dieses Ziel und seine Verwirklichung meinen natürlichen Lebenszwecken und Lebensaufgaben, bringt es mich meinem Lebensziel näher oder nicht. Welchen Einfluss hat dieses Ziel, objektiv gesehen, auf mein Leben?«*[3]

Entscheiden Sie sich! Die schwierigste Frage lautet: Was sind meine drei wichtigsten Wünsche und was davon ist mein größter, mein wichtigster und wertvollster Traum?

Meine drei wichtigsten Wünsche:

____

____

____

Mein größter Wunsch:

____

Mein größter Wunsch ist ein guter, wertvoller Wunsch, weil

____

____

____

Ihre Aufgabe ist es also, aus Ihren vielen Wünschen einen einzigen Wunsch als Ihren wichtigsten und wertvollsten Herzenswunsch herauszukristallisieren. Vergessen Sie dabei nicht:

In der Regel sind die beruflichen Wünsche eines Menschen entscheidend, denn wenn ein großer Traum in Erfüllung geht, dann verwirklichen sich automatisch viele kleine mit.

Nehmen Sie jetzt ein neues Blatt Papier und schreiben Sie in großer Schrift Ihren größten Wunsch auf. Damit ist der wichtigste Schritt getan. Ebenso können Sie unsere Wunsch-Urkunde verwenden. Kopieren und vergrößern Sie die folgende Seite und schreiben Sie Ihren größten Wunsch darauf. Platzieren Sie dieses Papier so, dass Sie es täglich sehen und damit Ihr Ziel stets vor Augen haben.

Denken Sie daran: Ihren wichtigsten Wunsch herauszufinden heißt für Sie persönlich, sich über den Sinn und Kern Ihres Lebens klar zu werden. Aus Ihrem wichtigsten Wunsch leiten Sie nämlich Ihre Lebensaufgabe ab. Ohne die Erfüllung Ihrer persönlichen Wünsche gibt es kein Lebensglück!

Die Vision klar vor Augen – Konzentration und Optimismus

> *»Mangel an Optimismus ist Mangel an Wunschkraft.«*
> (FRANZ MARC)

Unsere Erfahrung zeigt: Der persönliche Erfolg beginnt immer mit unserer Entscheidung für unseren wertvollsten Wunsch! Das heißt: Sobald Sie sich bewusst für einen Wunsch entschieden und in einem Prozess diesen als Ihren wichtigsten und wertvollsten herausgefiltert haben, ist er Ihnen und vor allem Ihrem Unterbewusstsein so gegenwärtig, dass es alles daransetzen wird, ihn zu erfüllen.

Willenskraft ist Wunschkonzentration. Willensschwäche ist Wunschzersplitterung.

Starke Wünsche brauchen positive Gedanken

Lenken Sie Ihre Aufmerksamkeit ganz gezielt immer wieder auf Ihren wichtigsten und wertvollsten Wunsch! Je mehr Sie sich auf Ihren positiven Punkt konzentrieren, umso mehr schwinden negative und nebensächliche Aspekte und auch der kleinste hoffnungsvolle Ansatz gelangt zur Entfaltung. Warum das so ist? Ihr Gehirn kann in einem Moment nur einen Gedanken

Wunsch-Urkunde

von

____

Mein größter und wertvollster Wunsch ist:

____

____

Datum

denken. Es kann entweder etwas Positives oder etwas Negatives denken, aber nicht beides gleichzeitig. Wenn Sie also an etwas Negatives denken, ist Ihr Unterbewusstsein damit belegt und Sie können sich nicht mehr auf Ihren Wunsch konzentrieren. Und anders betrachtet: Der Optimist, der sich mit seinem Wunsch beschäftigt, sieht nicht die möglichen Hindernisse, die ihn von seinen Träumen abhalten könnten. Starke Wünsche brauchen positive Gedanken, damit wir überhaupt den Mut finden, uns etwas zu wünschen, und damit sie nicht als unerfüllte Träume verkümmern. Wünschen setzt stets eine positive innere Haltung voraus – denn worauf soll sich ein Pessimist schon freuen?

Aus dem kleinsten Gedankenfunken kann ein leuchtendes Feuer werden. (5. Grundgesetz der Lebensentfaltung)

Das 5. Grundgesetz der Lebensentfaltung ist das Gesetz des Optimismus. Optimisten haben es leichter, machen es sich und anderen leichter. Pessimisten dagegen machen aus einer Mücke einen Elefanten und leben ständig in der Gefahr, über die eigenen Füße zu stolpern. Der Optimist ist der wahre Realist, denn er berücksichtigt die Naturgesetze des Wachstums. Diese Gesetze lassen die Pflanzen und Bäume wachsen, ebenso den Menschen und sein Werk. Statt zu zweifeln, sollte man lieber versuchen, seine Pläne stetig zu verbessern. Jeder Einfall, jede Intuition kann einen Menschen seinem Ziel näher bringen. Jeder geniale Mensch und auch die erfolgreichsten Industrieprodukte als menschliche Werke beweisen die Richtigkeit des 5. Grundgesetzes.

Konzentrationskraft ist wichtiger als Intelligenz

Nicht selten stehen wir uns selbst im Weg, wenn es um Ziele geht. Sehr oft schaffen es Menschen nicht, ihre Wünsche zu realisieren, weil sie nicht gelernt haben, wie wichtig die Konzentrationsfähigkeit ist. Ihre Gedanken wirbeln ungelenkt durcheinander, werden nicht auf ein Ziel fokussiert und zerstören gar die schöpferischen Gedanken. Wir können davon ausgehen, dass Konzentrationskraft für den Lebenserfolg wichtiger ist als Intelligenz.

Der feste Glaube ist Bedingung jeder Wunscherfüllung

Die innere Überzeugung und der Glaube spielen eine große Rolle für das richtige Wünschen. Sind Sie innerlich von Ihrem Wunsch überzeugt? Oder denken Sie nur halbherzig: »Es wäre ja ganz nett, aber …?« Dann wird sich mit großer Sicherheit nichts ändern. Entscheidend ist die innere Überzeugung: Es ist notwendig, dass Sie von der Realisierung Ihres Wunsches voll und ganz überzeugt sind – zum Beispiel davon, auf lange Sicht der Beste in Ihrem Beruf zu werden. Dann ergibt sich daraus Ihr mittelfristiges Ziel, bis zum Jahresende zehn neue Kunden zu akquirieren oder ein bestimmtes wichtiges Projekt erfolgreich abzuschließen.

Nicht der Glaube an sich selbst ist hier entscheidend, sondern der Glaube an die Sache, der Glaube, dass es ein sehr guter, wertvoller und sinnvoller Wunsch ist. Das ist ein großer Unterschied. Das unterscheidet auch den eitlen Menschen von einem großen Visionär. Dem Eitlen geht es nur um sein Ego. Dem Visionär um die Verwirklichung einer Idee.

Der feste Glaube daran, dass es sich lohnt, sich für die Verwirklichung des Wunsches einzusetzen, hilft Ihnen auch, Zweifel und Hindernisse zu überwinden. Jeder Wunsch hat nämlich eine magische Wirkung. Allein ein Wunsch lässt den Glauben wachsen, der Berge versetzen kann. Je klarer der Wunsch, umso größer die Konzentrationskraft und Zuversicht. Er setzt in Ihnen gewaltige emotionale Kräfte frei, von denen Sie bisher nicht einmal etwas geahnt haben.

Die Grenzen des Wünschens

Sich etwas zu wünschen und die Wunscherfüllung funktionieren nicht von ganz allein. Viele Dinge kann niemand beeinflussen. Das Wetter – ob sonnig oder regnerisch – trifft uns alle, unabhängig von unseren Wünschen. Es ist müßig, hier irgendwelche Vorstellungen zu haben: Man muss sich anpassen und das Beste daraus machen. Wünsche brauchen eine abgewogene Portion Realitätssinn. Nehmen wir an, Ihr Wunsch wäre es, ewig jung zu bleiben. Das wäre natürlich unsinnig, denn kein Schönheitschirurg, keine Faltencreme und kein Geld dieser Welt könnten diesen Wunsch erfüllen. Sie müssen also Ihren Wunsch der Wirklichkeit anpassen und sich zum Beispiel wünschen: »Mein größter Wunsch ist es, alt zu werden.« Sie wären glücklicher, weil mit jedem Tag, den Sie länger leben, Ihr Wunsch Wirklichkeit würde.

Manchmal hat man sich ein Ziel gesetzt, kann es aber nicht erreichen, weil etwas Wichtiges dazwischenkommt: Möglicherweise benötigt jemand in der Familie oder im Freundeskreis längerfristige Unterstützung. Oder andere, auf die Sie gesetzt haben, springen vom gemeinsamen Plan ab. Diese Beispiele zeigen, dass es schlussendlich eine »höhere Gewalt« gibt und wir nicht alle Fäden in der Hand haben – aber viele schon! (Lesen Sie mehr zum Thema »Schicksal« in Kapitel 9.) Dennoch lebt der Wunsch in Ihnen weiter und wartet darauf, eines Tages in Erfüllung zu gehen. Manchmal führt der Weg eben über einige abenteuerliche Umwege.

Sind Sie völlig ohne Plan?

Und was ist, wenn Sie keine Ahnung haben, was Sie wollen? Wenn Ihnen kein wirklich brennender Wunsch eingefallen ist? Wenn Sie hin- und herüberlegt, ausgewählt und wieder verworfen haben? Dann liegt Ihr Weg vermutlich näher, als Sie denken: In diesem Fall sollten Sie sich zunächst der Tätigkeit und dem Beruf zuwenden, die Sie bereits jetzt tun beziehungsweise dem Sie nachgehen. Allein: Sie sollten darin noch besser werden. Was müssten Sie machen, damit Sie Ihre Aufgabe noch besser erfüllen? Die Antwort auf diese Frage ist Ihr vorläufiges Ziel! Wenn Sie das, was Sie schon tun, noch besser machen, dann findet automatisch eine Entwicklung statt: Wachstum und Erfolg stellen sich dann als »Begleiterscheinung« ein. Daraus entwickelt sich der Mut, sich größeren Herausforderungen zu stellen und mehr auf seine eigene innere Stimme zu hören. Bald schon werden sich neue Wünsche einstellen!

Wünsche erfüllen sich vor allem dann, wenn man gelernt hat, wie man dabei vorgehen muss! Wir alle sind unser Leben lang auf der Suche nach der Realisierung unserer Wünsche. Immer wieder stellt sich uns die Frage: Was können wir unternehmen, damit sich unsere Wünsche erfüllen und wir ein schönes, glückliches und erfolgreiches Leben führen können? So gesehen beginnen Glück und Erfolg immer im Kopf. Dies ist nämlich der

Ort, wo unsere Gedanken entstehen. So erkannte bereits der Philosoph und Künstler Gustav Großmann, dass das Denken ein Mittel ist, um Erfolge zu erzielen. Er machte außerdem deutlich, welche Energie Wünsche und Ziele freisetzen: *»Glücklich sind alle diejenigen, welche ein Ziel haben, das sie Tag für Tag immer wieder neu anzuspornen vermag zu immer neuem Schaffen.«*[4]

Wünsche machen uns das Leben leichter

Wünsche machen uns das Leben leichter. Mit einer bestimmten Idee im Kopf können wir fast alles zielgerichteter angehen. Gerade langfristige Aufgaben ließen sich ohne eine konkrete Wunschvorstellung nicht anpacken. Stellen Sie sich vor, Sie planen eine berufsbegleitende Ausbildung, die sich über drei Jahre hinzieht. Das ist eine lange Zeit, in der Sie neben Ihrer üblichen Vollzeitbeschäftigung möglicherweise jeden Abend in Kurse oder Vorlesungen gehen und für Prüfungen lernen müssen. Eine gewaltige Durststrecke! Diese lässt sich nur durchhalten, wenn Sie sich vorstellen können, wie sich das erreichte Ziel anfühlt und welche Vorteile es mit sich bringt:

- Sie verspüren eine große Zufriedenheit, dass Sie es geschafft haben. Ihr Selbstwertgefühl nimmt zu.
- Sie sind stolz, wenn Sie das Zeugnis, Diplom o. Ä. überreicht bekommen und in den Händen halten.
- Sie bewerben sich für einen neuen Job oder nehmen ein Arbeitsangebot an.
- Sie können sich an Ihrem neuen Arbeitsplatz oder in Ihrem neuen Tätigkeitsbereich besser verwirklichen, weil dieser Ihren Begabungen entspricht.
- Sie verdienen mehr.

Sie sehen: Vorstellungen für das eigene Leben sind überaus hilfreich. Ein scheinbar unrealistisches Ziel oder etwas, das gar nicht in Ihrem Einflussbereich steht, braucht etwas mehr Ausdauer und Geduld.

Mit Können und Wollen schöpft man aus dem Vollen,
mit Vielleicht und Irgendwie klappt es selten oder nie!

ZUSAMMENFASSUNG KAPITEL 8

- Was wären wir ohne Wünsche? Wünsche spiegeln unseren inneren Reichtum wider! Wünsche sind Ausdruck unserer Persönlichkeit und ermöglichen deren Entfaltung.
- Wünsche machen das Leben leichter. Vieles lässt sich zielgerichteter angehen. Nur was Sie sich wünschen, können Sie verfolgen und verwirklichen.
- Sie haben eine ganze Reihe von Wünschen, für deren Realisierung Sie bereits alle Voraussetzungen in sich tragen. Wünsche sind also immer Hinweise auf Fähigkeiten, die Sie bereits besitzen.
- Zu viele Möglichkeiten und Optionen können leicht verunsichern. Wir wünschen oft zu viel und alles gleichzeitig. Konzentrieren Sie sich daher ganz bewusst auf das Wesentliche, auf Ihren wichtigsten Wunsch und Ihre große Vision.
- Mit verschiedenen Übungen können Sie herausfinden, was Ihre zehn schönsten, wichtigsten und wertvollsten Wünsche sind.
- Daraus entwickeln Sie Ihren schönsten, wichtigsten und wertvollsten Wunsch, den Sie in die Wunsch-Urkunde eintragen!
- Ihr persönlicher Erfolg beginnt immer mit Ihrer bewussten Entscheidung für Ihren wertvollsten Wunsch!
- Wünschen setzt stets eine positive innere Haltung voraus!

9. Planen – gut geplant ist halb gewonnen

»Die Freiheit des Menschen liegt nicht darin, dass er tun kann, was er will, sondern dass er nicht tun kann, was er nicht will.«

(JEAN-JACQUES ROUSSEAU)

Warum ist die Planung so wichtig? Mit dem Wünschen haben wir den ersten wichtigen Schritt gewagt. Viele Menschen werden nie diesen Weg zum Glück einschlagen. Doch Sie wissen, dass Ihre Wünsche Ihnen den Weg in die Zukunft weisen. Aber Achtung: Hier ist der Punkt, an dem viele andere Ratgeberbücher scheitern. Mit dem Wünschen allein ist es nicht getan. Die Erfüllung und Umsetzung erfordern Ihren Einsatz. Die Klarheit, zu wissen, was Sie wollen, ist ein unglaublich befreiendes Gefühl, doch Sie sollten auch den Weg gehen und nicht auf ein Wunder warten. Ab jetzt lautet die wichtigste Frage »Wie?«: Wie komme ich dahin? Wie kann ich meinen Wunsch verwirklichen? Wie gehe ich vor?

> Machen Sie sich ein großes Schild, auf dem das Wort »Wie« steht. Es soll und wird Sie immer wieder motivieren, nach Möglichkeiten zu suchen.

Es gilt nicht nur zu prüfen, ob Ihnen die erforderliche Hardware zur Verfügung steht, um Ihr Ziel zu erreichen. Sie sollten genau überlegen, welche Kenntnisse, Fähigkeiten, Leistungen, Beziehungen, Einnahmen, Ausgaben usw. dafür erforderlich sind.

Klingt das banal für Sie? Das ist es aber nicht, denn die meisten Menschen gehen völlig planlos durchs Leben. Das ist so, als ob Sie die Stecknadel im Heuhaufen suchen, aber gar nicht wissen, was Sie suchen und wie Sie dabei am besten vorgehen sollen.

Wer nicht plant, wird enttäuscht

Es gibt etwas, das wir niemals begreifen werden. Auf den privaten Fernsehsendern laufen seit einigen Jahren Sendungen über Menschen, die aus Deutschland auswandern. Sie verwirklichen sich damit einen Traum und das ist gut so. Was sie jedoch nicht tun, ist, sich auf dieses neue Leben, die fremde Kultur, vorzubereiten. Zu unserem blanken Entsetzen gehen sie in ein ihnen fremdes Land und haben vorher nicht einmal Grundkenntnisse der Sprache erworben. Kein Wunder, wenn dieses große Abenteuer dann scheitert und sie einige Jahre später reumütig in die Heimat zurückkehren.

Planen kann richtig Spaß machen! Wenn Sie an Ihr zukünftiges Traumhaus oder eine Traumreise denken, dann malen Sie sich in Gedanken alle Details aus. Sie überlegen stundenlang, wie die Raumaufteilung sein sollte, wie der Garten aussehen könnte. Sie werden einen Plan erstellen, denn ohne diesen gibt es keine Baugenehmigung. Vielleicht sollte man auch für Lebenspläne eine Behörde einrichten, die dafür sorgt, dass keiner planlos durchs Leben geht?

Was gehört zu einer guten Planung? In jedem Fall, dass Sie schriftlich arbeiten! Berücksichtigen Sie die Hinweise in diesem Kapitel, so können Sie selbst bald sagen: Alles läuft nach Plan!

Die goldende Regel: Aufschreiben und Visualisieren

> *»Die schriftliche Mitteilung hat das große Verdienst, dass sie weiter und länger wirkt als die mündliche …«*[1]
>
> (JOHANN WOLFGANG VON GOETHE)

Machen Sie es sich zur Gewohnheit, Ihre Wünsche sowie Ihre gesamte Zielplanung immer aufzuschreiben. Was nur gedacht ist, verfliegt ganz schnell wieder. Die Aktion des Aufschreibens ist der erste Schritt zur Materialisierung und Realisierung Ihres Wunsches: Jetzt steht er schon einmal schwarz auf weiß auf dem Papier und kann nicht mehr so schnell gelöscht und vergessen werden. Gleichzeitig schreibt sich Ihr Wunsch noch tiefer in Ihr Unterbewusstsein und entfaltet dort seine Wirkung.

Sicher kennen Sie das auch: Was Sie selbst niedergeschrieben haben, nehmen Sie ernster als gedankliche Wünsche und Zielsetzungen. Machen Sie sich dies zunutze und schreiben Sie Ihre Wünsche auf. Das Aufschreiben hat zudem einen positiven Nebeneffekt: Es entlastet Ihr Gedächtnis und motiviert, Ihre Wünsche in die Tat umzusetzen.

Und noch ein Aspekt: Der Mensch neigt dazu, das zu glauben, was er geschrieben sieht. Suggerieren Sie also mit dem schriftlichen Fixieren Ihrem Gehirn, dass Sie im Begriff sind, diesen Wunsch Wahrheit werden zu lassen. Wenn Sie dieses Buch nur lesen, aber nicht die Übungen schriftlich machen, dann wird sich in Ihrem Leben nichts ändern.

Mein Zukunftsordner

Legen Sie einen Ordner an, den Sie nur Ihrer persönlichen Zukunft widmen. Schreiben Sie hier alles auf und sammeln Sie alles, was für Ihre Zukunft wichtig ist.

Formulieren Sie Ihren Wunsch ganz konkret

Wie genau formulieren Sie Ihren Wunsch? Er sollte klar, konkret und in der Gegenwarts- oder Zukunftsform verfasst werden. Dies ist deshalb so wichtig, damit Sie sich Ihr Ziel tatsächlich vorstellen und sich dafür begeistern können. Schreiben Sie aber nicht: »Ich habe zehn neue Kunden.« Das können Sie natürlich nicht glauben, weil es schlichtweg nicht stimmt. Formulieren Sie hier deshalb besser in der Zukunftsform: »Ich werde zehn neue Kunden finden.« So können Sie sich besser mit dem Ziel identifizieren und darauf hinarbeiten!

Achten Sie außerdem darauf, dass Sie Ihre Wünsche in kleine Teilziele zerlegen. Denn um einen großen Wunsch zu verwirklichen, müssen viele Etappenziele gemeistert werden. Schreiben Sie also mindestens zehn Meilensteine auf und quantifizieren Sie diese. Beschreiben Sie keine Gefühlszustände wie »Ich möchte zufrieden und ausgeglichen sein«. Indem Sie Ihre Wünsche zahlenmäßig umschreiben, werden sie greifbar: »Ich werde ab dem 1. November einen Tag pro Woche nur mit meinen Kindern verbringen. Dadurch wird mein Leben in Balance kommen und ich werde zufriedener sein.«

Hier einige weitere Beispiele für klar und konkret formulierte Wünsche:

- In drei Jahren werde ich der Beste auf meinem Gebiet sein.
- Ich werde die neue Abteilung übernehmen und damit die Kundenzufriedenheit um 30 Prozent steigern.
- Ich werde im Fach Mathematik immer besser und bis zum Jahreszeugnis bei einer Zwei stehen.
- Ich werde bis zum 31.12.2010 nur noch 60 Kilogramm wiegen.

Klar und konkret formulierte Wünsche werden zu Zielen!

Negative Befehle funktionieren doch!

Weit verbreitet ist die Behauptung, das Gehirn verstehe keine Negationen. Das, was wir denken und wünschen – im Positiven wie im Negativen –, würden wir erhalten. Die angebliche Erklärung dafür: Unser Gehirn konzentriere sich auf das, worauf wir uns fokussieren, könne allerdings das Wort »nicht« oder »nein«

nicht verarbeiten. Der Klassiker, um dies zu belegen, ist die Aufforderung: »Denken Sie nicht an einen blauen Elefanten.« Natürlich denken Sie dann an einen blauen Elefanten – doch ist dies tatsächlich der Beweis, dass Wünsche und Ziele nicht negativ oder in Verbindung mit einer Verneinung formuliert werden dürfen? Wir bringen den Gegenbeweis: Deutschlands bekanntester Fernsehhypnotiseur »Pharo« (Martin Bolze)[2] suggeriert regelmäßig in seiner Präsentation den hypnotisierten Teilnehmern: *»In der nächsten Viertelstunde haben Sie die Zahl Sieben vergessen. In der nächsten Viertelstunde haben Sie die Zahl Sieben vergessen. Sie können sich in der nächsten Viertelstunde nicht mehr an die Zahl Sieben erinnern. Sie kennen die Zahl Sieben nicht.«*

Würde unser Unterbewusstsein tatsächlich keine Verneinungen verstehen, müssten sich die Teilnehmer doch gerade jetzt an die Zahl Sieben besonders gut erinnern. Sie müssten eigentlich nur noch an die Zahl Sieben denken. Doch genau das Gegenteil passiert: Es scheint, als hätten die hypnotisierten Teilnehmer nie zuvor die Zahl Sieben gekannt. Auf die Frage, wie viele Zwerge im Märchen »Schneewittchen« vorkommen, antworten die Teilnehmer spontan mit sechs. Auf die Frage danach, welche Nummer der bekannte Geheimagent James Bond hat, antworten die Teilnehmer spontan mit 008. Und wenn die Teilnehmer ihre zehn Finger zählen sollen, so enden sie ganz verdutzt mit der Zahl Elf, weil sie natürlich trotz der in ihrem Gehirn »ausgeschalteten« Zahl Sieben weitergezählt haben. An diesem spielerischen Beispiel wird deutlich, dass unser Unterbewusstsein sehr wohl jeden Befehl versteht und ausführt – selbst wenn dieser negativ oder als Verneinung formuliert ist.

Ein Bild sagt mehr als tausend Worte

Erfolgreiche Menschen formulieren ihre Wünsche und Ziele klar und konkret und fixieren sie schriftlich. Aber nicht nur das. Erfolgreiche Menschen malen sich den gewünschten Endzustand auch in ihrer Vorstellung aus. Man könnte sagen, sie malen sich in Gedanken ein Bild von der Zukunft. Was steckt dahinter? Unser Unterbewusstsein arbeitet mit Vorstellungen. Diese sind bei den meisten Menschen bildhaft. Es gibt allerdings auch Menschen, denen es schwerfällt oder sogar unmöglich ist, sich etwas bildhaft vorzustellen. Das macht gar nichts, denn die-

»Ich kann nicht, ich kann nicht.«

Emil Coué, der Begründer der Autosuggestionslehre, demonstrierte mit einfachen Experimenten die Macht der Gedanken. So mussten seine Klienten zum Beispiel ihre Hände fest verschränken und dann schnell wiederholen: *»Ich kann meine Hände nicht öffnen. Ich kann nicht, ich kann nicht, ich kann nicht …«* Und wenn sie die Hände dann nach einer Minute nicht mehr auseinanderbrachten, kommentierte Coué lächelnd: *»Wer so gut denken kann wie Sie, der sollte nie denken: ›Ich kann nicht!‹ Wer so etwas einmal erlebt hat, der weiß, was Denken ist.«*

se Menschen benutzen nur andere Sinneskanäle, kommen im Endeffekt jedoch zum gleichen Ergebnis. Je mehr Kanäle Sie benutzen, umso stärker wird Ihr Wunsch. Indem Sie nun Ihre Zukunft im Geist formen, liefern Sie Ihrem Unterbewusstsein ein konkretes Modell Ihres Wunsches und Zieles. Allerdings kann Ihr Unterbewusstsein nicht besonders gut zwischen Wirklichem und Vorgestelltem unterscheiden (lesen Sie dazu mehr ab Seite 67) und nimmt Ihre mental erzeugten Bilder deshalb als real wahr.

Wenn wir also im Folgenden von Visualisierung sprechen, dann schließt dies alle Möglichkeiten unserer Vorstellungskraft mit ein und ist immer ein geistiges Vorwegnehmen unserer möglichen Zukunft. So wie ein Skispringer im Geist immer wieder seinen Sprung durchlebt und sein bestes Ergebnis erzielt, so können Sie sich mit Ihren Visualisierungen immer wieder Ihren Wunsch und Ihr Zielbild vorstellen.

Haben Sie vor, es in Ihrer Sparte bis ganz an die Spitze zu schaffen? Dann setzen Sie sich bequem hin, schließen Sie die Augen und entspannen Sie sich. Konzentrieren Sie sich auf Ihren Wunsch, zum Beispiel Chefdesigner in Ihrer Firma zu werden. (Das kann natürlich auch ein ganz anderer Wunsch sein: eine Familie zu gründen, ein Haus zu bauen oder eine Bergtour durch die Alpen zu machen.) Stellen Sie sich vor, wie Sie Ihre Ideen sammeln, sorgfältig recherchieren und mit Begeisterung präsentieren. Stellen Sie sich weiter vor, wie Ihre Vorschläge bei den Meetings mit Anerkennung aufgenommen werden, wie die Geschäftsführung Sie lobt. Genießen Sie dieses angenehme Gefühl. Sehen Sie sich dann, wie Sie zu Ihrem Vorgesetzten gerufen werden, wie er Ihnen mitteilt, dass Sie die angestrebte Position erhalten. Fühlen Sie die Freude, die in Ihnen aufsteigt. Sie bedanken sich und hören sich sagen: »Ich freue mich sehr und werde das in mich gesetzte Vertrauen nicht enttäuschen.« Ihre Kollegen und Kolleginnen beglückwünschen Sie. Ihre Mitarbeiter freuen sich mit Ihnen. Sie sind stolz auf sich und Ihre Leistung, sind glücklich, Ihr Ziel erreicht zu haben. Nun ist es Zeit, sich ein neues großes Ziel zu setzen.

Diese Vorstellung sollten Sie sich immer wieder in Erinnerung rufen. Stellen Sie sich alles so realistisch wie möglich vor, hören Sie die Stimme Ihres Chefs, hören Sie sich selbst sprechen, spüren Sie den Händedruck – und fühlen Sie! Dieses Bild prägt sich in Ihr Unterbewusstsein ein und das wird alles tun, um Ihr Wunschbild in die Realität umzusetzen. Vertrauen Sie und verlassen Sie sich darauf. Auch bei der Visualisierung gilt: je häufiger, umso besser. Jede Wiederholung zählt.

Gedanklich Grenzen überwinden

Die Grenzen, in denen wir uns bewegen, haben wir selbst gesetzt. Unsere Vorstellungskraft (nicht jeder kann sich Dinge visuell vorstellen) ist eine hervorragende Möglichkeit, uns aus unserem eigenen (Gedanken-)Gefängnis zu befreien. Alles, was Sie sich vorstellen können, können Sie auch realisieren. Zugegeben, das geht nicht über Nacht, doch denken Sie daran: Auch Rom wurde nicht an einem Tag erbaut. Durch dieses mentale Training können Sie alle erdenklichen Situationen erleben, ohne sie tatsächlich zu erfahren. So werden Sie in die Lage versetzt, intuitiv besser zu handeln, um Ihrem Ziel Schritt für Schritt näher zu kommen und es schließlich zu erreichen. Das Gute daran ist, dass ein großes Ziel Sie »zwingt«, über sich selbst hinauszuwachsen. Es hilft Ihnen dabei, besser und stärker zu werden, und ganz nebenbei entstehen viele kleine und große Erfolgserlebnisse und Glücksgefühle.

Handwerklich visualisieren

Das Visualisieren kann in Form des eben beschriebenen mentalen Trainings erfolgen. Sie können es aber auch ganz handwerklich angehen und eine Wunschkollage basteln! Schneiden Sie dazu aus Zeitschriften und Katalogen Bilder, Fotos und Texte aus, die Ihnen gefallen und gut zu Ihnen passen. Die Bilder und Texte stehen für Ihre Wünsche: eine elegante Villa für das erträumte Eigenheim, ein schönes Naturbild für regelmäßige Spaziergänge, ein Segelboot für den geplanten Segelkurs, ein Athlet für regelmäßige sportliche Betätigung, ein Bild mit lachenden Menschen für mehr Zeit mit Freunden und Familie, ... Kleben Sie die Bilder und Texte zu einer Kollage und hängen diese gut sichtbar auf. Am besten an einer Stelle im Haus oder im Büro, an der Sie oft am Tag vorbeigehen. So werden Sie ständig an Ihr Wunschziel erinnert und zum Handeln motiviert.

Warum Vorbilder Sie Ihrem Ziel näher bringen

»Ein jeglicher muss seinen Helden wählen, dem er die Wege zum Olymp hinauf sich nacharbeitet.«[3]

(JOHANN WOLFGANG VON GOETHE)

Den Bann brechen

Seit der Entdeckung von 1852, dass der Everest der höchste Berg der Erde ist, mussten 21 Menschen ihr Leben lassen, 15 Expeditionen aufbrechen und 101 Jahre vergehen, bis der höchste Punkt des Everest schließlich zum ersten Mal betreten wurde. Mittlerweile (Stand 31. Dezember 2008) wurden 4109 Besteigungen durchgeführt. Was war geschehen? Im wahrsten Sinn des Wortes war die Mauer im Gehirn der anderen Bergsteiger gefallen. Was sie sich bisher nicht einmal vorstellen konnten, hatte Sir Edmund Hillary 1953 geschafft. Er war ab sofort ihr Vorbild, er machte ihnen deutlich, was möglich ist. Sie wollten ihm nacheifern – und prompt fühlten sie sich zu neuen Höchstleistungen beflügelt.

Was Sportler können, nämlich von einem Vorbild lernen, sollten auch Sie sich zunutze machen: »Ich möchte sein wie …«; »Das würde ich auch gerne so gut können wie …«; »Wer mich wirklich beeindruckt hat, ist …« »Von wem ich eine Menge gelernt habe, ist …«. Haben Sie auch Vorbilder? Gibt es jemanden, den Sie bewundern, der genauso ist, wie Sie selbst gern wären, der genau das besonders gut beherrscht, worum Sie sich bemühen? Gut so, denn jeder Mensch braucht Vorbilder, die konkret vorleben, was möglich ist und wie man es richtig macht!

Spiegelneurone helfen beim Nachahmen

Vorbilder spielen eine entscheidende Rolle für unsere Ziele, Werte, Visionen und Wünsche. Sie sind eine große Hilfe, um sich Wunschklarheit zu verschaffen. Wenn sich jemand mit seinem Vorbild identifiziert, dann strebt er eine Angleichung seiner Person an das Vorbild an. Er verhält sich in bestimmten Situationen genauso wie der andere; er ahmt ihn im Verhalten, im Sprechen, möglicherweise in der Kleidung, in den Werten ganz unbewusst nach und in dem, was der andere erreicht und bewirkt hat. Verantwortlich dafür sind die Spiegelneurone. Diese Nervenzellen des Gehirns spielen eine Schlüsselrolle, wenn wir uns in andere Menschen einfühlen, wenn wir ihre Gefühle und Absichten erspüren.[4]

Von niemandem können Sie mehr profitieren als von einem guten Vorbild. Sie können in aller Ruhe Ihre Studien betreiben und das Ganze ist sogar kostenfrei. Für kleine Kinder sind die Eltern oder die nächsten Bezugspersonen die wichtigsten Vorbilder, die sie unwillkürlich nachahmen. Im Erwachsenenalter sollten Sie sich bewusst nur solche Vorbilder wählen, die zu Ihren Träumen, Ihren Werten und Zukunftsplänen passen. Dass Vorbilder auch eine negative Seite haben, ist selbstverständlich, denn kein Mensch ist perfekt. Wir raten Ihnen zu akzeptieren, dass selbst Ihr Vorbild Fehler hat und Fehler macht. Die Frage, die viel interessanter ist, lautet doch: Wie hat es Ihr Vorbild geschafft, seine Wünsche und Träume zu verwirklichen, und das obwohl er oder sie so viele Schwächen hat?

Sie wissen, wo Sie in fünf Jahren stehen möchten, wie Ihr Leben dann aussehen soll und was Ihre Position sein wird? Dann machen Sie folgende Übung:

Schreiben Sie auf ein Blatt Papier drei Ihrer Vorbilder auf, die genau das bereits erreicht haben.

Dies sind die Menschen, von denen Sie sehr viel lernen können. Je mehr Sie sich mit diesen Menschen beschäftigen, umso mehr übernehmen Sie deren positive Erfolgseigenschaften. Doch Achtung: Lernen Sie auch aus deren Fehlern, denn es ist viel leichter, die Fehler anderer zu analysieren, als die eigenen. Übernehmen Sie bitte nur, was Ihnen hilft, Ihr Ziel zu erreichen!

Vielleicht abonnieren Sie gute Fachzeitschriften, lesen Biografien und Portraits über die Erfolgreichen in Zukunft noch viel aufmerksamer. Möglicherweise ergibt sich sogar bald eine Möglichkeit, diese Menschen persönlich kennenzulernen?

Gehen Sie noch einen Schritt weiter und fragen Sie sich: Lässt sich erkennen, was deren Erfolg ausmacht? Ist es ihr Fachwissen, ihr Netzwerk oder ihr souveränes Auftreten? Ihre Klarheit, ihre Eloquenz oder ihr Selbstvertrauen? Ihr Fleiß oder ihre Zielstrebigkeit? Ihre schlichte Menschlichkeit, ihre Lebensaufgabe oder eben ihr ganzes Charisma, mit der diese Persönlichkeiten ihre Umgebung fesseln? Vielleicht entdecken Sie die eine oder andere Ähnlichkeit mit Ihren Fähigkeiten oder Begabungen und können sich dies zunutze machen.

Barack Obama etwa hat Millionen von Menschen inspiriert und motiviert. Seine Visionen, seine rhetorischen Fähigkeiten und seine charismatische Präsenz lösten wahre Begeisterungsstürme aus und ebneten ihm den Weg zum ersten schwarzen Präsidenten der amerikanischen Geschichte. Längst haben Fachleute Obamas Kommunikationstechniken analysiert und für jeden interessierten Leser zugänglich gemacht. So charakterisiert Shell Leanne in ihrem Buch mit dem bezeichnenden Titel *Sag's wie Obama* den Stil des amerikanischen Präsidenten als charismatisch, unwiderstehlich und hinreißend und macht dessen Kommunikationstechniken einem großen Kreis von Interessenten nutzbar. So kann man beispielsweise von einem Vorbild lernen!

Zur Orientierung und zum Nacheifern brauchen wir Vorbilder und Idole – aus der Vergangenheit und der Gegenwart. Vorbilder beflügeln unsere Fantasie, sie dienen uns als Inspirationsquelle. Gerade wenn Selbstzweifel aufkommen und Krisensituationen entstehen – Vorbilder helfen und ermutigen uns, denn auch sie mussten durch dunkle Täler gehen und sind der lebende Beweis dafür, dass jeder einmal ganz klein anfängt.

Verschiedene Vorbilder für unterschiedliche Lebensbereiche

Um selbst eine außergewöhnliche Persönlichkeit zu werden, brauchen wir die Hilfe anderer Menschen, die größer sind als wir selbst! Darin liegt allerdings unter Umständen auch das Problem. Denn um jemanden als Vorbild anzunehmen, müssen Sie auch seine Schwächen akzeptieren und sich freiwillig demütig zeigen. Er oder sie muss nicht brillant sein, sollte aber etwas Außergewöhnliches in einem Bereich verkörpern. Daher können Sie ruhig Vorbilder für verschiedene Lebensbereiche haben. Kein Mensch kann und wird je alles in sich vereinen. Es geht darum, die Stärken des anderen zu studieren, nicht darum, einen anderen zu kopieren. Erst wenn wir so gut sind wie der andere, haben wir die Möglichkeit, noch besser zu werden.

Welche Rolle spielen Gewohnheiten?

»Wir sind das, was wir immer wieder tun. Vorzüglich zu sein ist keine Tat, sondern eine Gewohnheit.«

(ARISTOTELES)

Wir werden nicht gesteuert von unserem freien Willen, sondern primär von unserem Unterbewusstsein und der Macht unserer Gewohnheiten. Der Mensch ist ein Gewohnheitstier, so sagt der Volksmund. Wenn wir etwas immer wieder machen, zum Beispiel abends nach dem Essen den Fernseher einschalten, können wir uns dies nach einer Weile nur schwer wieder abgewöhnen, weil wir es mittlerweile einfach so gewohnt sind.

Gewohnheiten sind nicht angeboren

Gewohnheiten sind nicht angeboren. Wir legen sie uns selbst zu. Ein Neugeborenes bringt zwar schon sein Wesen und sein Temperament mit auf die Welt, das Profil des Charakters erwirbt es sich aber erst im Lauf seines Lebens. Unsere Gewohnheiten prägen unseren Charakter vom ersten bis zum letzten Lebenstag. Das Entscheidende dabei ist: Wir können unsere Gewohnheiten verändern. Manche leichter, andere weniger leicht. Zu Ihrer Beruhigung: Sie sollen nicht alles verändern! Wenn Sie eine einzige gute neue Gewohnheit entwickeln, dann verändern sich viele andere Gewohnheiten wie von allein mit.

Verhaltensweisen lassen sich trainieren bis zur perfekten Beherrschung oder bis zur unreflektierten Routine. Mittels Vorbildern, Versuchen und Irrtümern, Ermutigung und Wiederholung, Lob und Information lernen Kinder laufen, schwimmen, Fahrrad fahren, Zähne putzen, mit Messer und Gabel zu essen und vieles mehr. Dies wird ihnen auf Lebenszeit zur Gewohnheit; sie brauchen dann beispielsweise nie wieder darüber nachzudenken, wie man das Gleichgewicht auf zwei Rädern hält oder sich im Wasser fortbewegt, ohne unterzugehen.

Gute Gewohnheiten sind gute Verbündete

Auch Dinge, die für uns ganz typisch sind, die Ausdruck unseres einzigartigen Wesens sind, wie unsere Handschrift, unser Gang oder unsere Stimme, sind verdichtet zu Gewohnheiten. Unsere Gewohnheiten spielen eine enorm wichtige Rolle für unser Leben. Je mehr gute Gewohnheiten ein Mensch hat, umso leichter hat er es im Leben. Gute Gewohnheiten sind gute Verbündete, wenn es um die Erfüllung unserer Wünsche und Visionen geht. Sie beeinflussen nachhaltig unseren Lebenserfolg. Unter Umständen ist es notwendig, dass Sie mehr gute Gewohnheiten entwickeln oder schlechte Gewohnheiten ablegen müssen, um erfolgreich und zufrieden zu werden. Denn: Ein erfolgreicher Mensch hat ganz andere Gewohnheiten als ein erfolgloser. Er ist erfolgreich, weil er bessere Gewohnheiten hat: Er ist aus Gewohnheit aktiv, interessiert, entschlossen, positiv, überzeugend, hat ein klares Ziel vor Augen, geht auf andere ein, versucht, das Beste möglich zu machen, lernt mit Begeisterung, hört auf seine innere Stimme, …

Ihre Gewohnheiten

Notieren Sie bitte spontan einige gute Gewohnheiten, die Sie bereits haben:

____

____

____

____

Welchen Gewohnheiten haben Sie Ihre bisherigen Erfolge zu verdanken?
Notieren Sie bitte spontan einige Gewohnheiten, die Ihnen einfallen:

____

____

____

Notieren Sie bitte spontan Gewohnheiten, die Ihnen helfen würden, Ihre größten Wünsche zu verwirklichen:

Und jetzt schreiben Sie eine gute Gewohnheit auf, die Sie sich aneignen möchten oder die eine andere, »schlechte« Gewohnheit ersetzen soll:

Was wird passieren, wenn Sie diese gute Gewohnheit besitzen?
Schreiben Sie bitte zehn Dinge auf:

Die gute Nachricht: Gute Gewohnheiten lassen sich – wie in der Kindheit – auf jedem Gebiet durch Training erwerben. Denken Sie nur an einen Raucher: Ein Raucher hat sich in 20 Jahren ans Rauchen gewöhnt. Täglich, stündlich hat er mit der Zigarette und dem Feuerzeug hantiert, hat sich während des Telefonierens und nach der ersten Tasse Kaffee am Morgen eine Zigarette angezündet. Und doch ist es möglich, diese »schlechten« Gewohnheiten durch andere, »gute« Gewohnheiten zu ersetzen! Durch Übung und Wiederholung gelingt Ihnen das – der Wunsch und der Wille allein genügen nicht. Training macht den Unterschied!

Schlechte Gewohnheiten bekämpft man nicht, man ersetzt sie durch gute.

Nicht zu viel auf einmal

»Ich will fünf Kilo abnehmen«, »Ich möchte mehr Sport treiben«, »Ich will jeden Monat ein Fachbuch lesen«, »Ich will regelmäßig Englisch lernen« – warum bleibt es bei vielen Menschen lediglich bei guten Vorsätzen, warum schaffen es so viele nicht, diese in die Tat umzusetzen? Weil sie es sich bloß wünschen. Doch der Wunsch ist ein Wille, der sich selbst nicht ganz ernst nimmt, sagte der österreichische Schriftsteller Robert Musil. Das soll heißen: Wer sich zu regelmäßiger Fachlektüre motivieren will, muss aufhören, nur davon zu träumen, und stattdessen anfangen, einen realistischen Plan zu entwickeln. Etwa so: Montags bis freitags lese ich täglich eine halbe Stunde, am Samstag und Sonntag jeweils eine Stunde. Widerstehen Sie der Versuchung, an verschiedenen Gewohnheiten gleichzeitig zu arbeiten. Hier greift wieder einmal das Gesetz der Konzentration:

Was wachsen soll, braucht Nahrung. Die Nahrung der Gedanken ist die Konzentration.
(6. Grundgesetz der Lebensentfaltung)

Nehmen Sie sich also immer nur eine Gewohnheit vor und arbeiten Sie intensiv daran. Probieren Sie nicht, mehr Fachlektüre zu lesen, mehr Sport zu treiben, weniger zu essen und gleichzeitig noch an Ihrem Führungsstil zu arbeiten! Die größte

Hürde, die Sie zu überwinden haben, sind Ihre eigenen schlechten Gewohnheiten, wenn Sie es vom faulen Sofa-Hocker zum durchtrainierten Sportler schaffen wollen. Jahrelang geübte Abläufe – etwa abends den Fernseher einzuschalten und zu zappen – prägen Ihren Alltag und sind sehr widerstandsfähig gegen Veränderungen.

Unsere Gewohnheiten sind in tiefen Schichten unseres Gehirns verankert, im sogenannten limbischen System. Die Hirnrinde, in der unsere guten Vorsätze abgelegt sind, ist hingegen nur 2,5 Millimeter dünn. Was wir uns vornehmen, bleibt deshalb erst einmal buchstäblich an der Oberfläche! Daher lässt sich auf Anhieb eine Gewohnheit nicht so schnell ablegen – man muss dazu schon in die tiefen Regionen vordringen!

Erlernte Unbeweglichkeit überwinden

Manche Gewohnheiten zu ändern fällt besonders schwer. Vor allem dann, wenn man glaubt, es ginge überhaupt nicht. Wie sieht es zum Beispiel bei einem Schlaganfall-Patienten aus, dessen rechter Arm schon seit Jahren gelähmt zu sein scheint? Und doch gibt es Möglichkeiten und Wege, ein Verhalten durch ein anderes zu ersetzen. Faszinierend ist die Idee, die der Forscher Edward Taub durch eine Serie von Experimenten entwickelt hat: Angenommen, der »gelähmte« Arm war nur direkt nach dem Schlaganfall für kurze Zeit unbeweglich; er blieb später aber unbeweglich, weil der Patient mittlerweile angefangen hatte, den anderen Arm zu trainieren, sodass das betroffene Glied keinerlei Training erhalten hatte. Taub nennt dies die erlernte Nicht-Beweglichkeit.[5]

Durch die Einstellung »es geht sowieso nicht« schaffen die Menschen eine sich selbst erfüllende Prophezeiung, die sie dann unbewusst oder bewusst wahrmachen. Die neuere Hirnforschung liefert noch einen weiteren interessanten Aspekt: Da benachbarte Neuronen im Hirn Areale übernehmen, die nicht benutzt werden, sind die Neuronen, die den betroffenen Arm einst bewegt hatten, inzwischen anderweitig besetzt worden. Also müssen ganz neue Nervenbahnen aufgebaut werden. Dies dauert umso länger, je älter man ist – aber es funktioniert! Die Patienten glauben allerdings, es ginge nicht. Aus diesem Grund sind sie oft nicht bereit zu trainieren oder sie gehen die Reha nur halbherzig an, um dem Arzt zu zeigen, dass es sowieso keinen Sinn hat. Deshalb geht Taub anders vor: Nachdem der »gute« Arm trainiert ist, wird dieser in einer Schlinge festgebunden. Das Hirn muss so neue Nervenbahnen für den angeblich gelähmten Arm aufbauen. Interessant: Manche Patienten reagieren sehr verstimmt, bis erste kleine Erfolge eintreten und ihr Glaube »es geht nicht« gebrochen ist. Danach arbeiten sie hoch motiviert mit, bis der Arm wieder beweglich ist.

Dieses Wissen können wir uns zunutze machen, wenn wir Gewohnheiten ändern möchten. Insbesondere dann, wenn bestimmte Körperreaktionen »ausgeschaltet« werden sollen.

Eine Lektion Zeitmanagement

> *»Leute, die niemals Zeit haben, tun am wenigsten.«*
>
> (GEORG CHRISTOPH LICHTENBERG)

Der bewusste Umgang mit der Zeit ist ein großer Erfolgsfaktor. Zeit gewinnen wir durch Klarheit und Planung. Doch anstatt das Geschehen selbst in die Hand zu nehmen, lassen sich die meisten Menschen vom Alltag und von nebensächlichen Pflichten bestimmen. Topleute dagegen haben Zeit – für ihre Kunden, Mitarbeiter, Kollegen. Menschen, die meistens keine Zeit haben, wissen nicht, was sie wollen. Sie haben keine echten Wünsche und Ziele. Mal ist es dies, dann jenes. Sie vergeuden ihre Zeit, indem sie sinnlos damit umgehen, immer auf der Suche, schnell beeinflussbar von modischen Trends.

Herr über die eigene Zeit werden

Werden Sie zum Herrn über Ihre Zeit! Teilen Sie Ihre Aufgaben ein, denn nicht alles hat die gleiche Wichtigkeit. Wenn Sie sich dies einmal schriftlich sichtbar machen, sind Sie schon einen großen Schritt weitergekommen. Schreiben Sie alle anstehenden Aufgaben auf. Das Aufschreiben motiviert, die Ziele in die Tat umsetzen. Gedanken können Sie nicht sehen, aber was Sie sehen, glauben Sie!

Notieren Sie alle Aufgaben, die in der nächsten Woche anstehen. Unterteilen Sie diese Aufgaben nun in drei Gruppen:

- A-Aufgaben: die wichtigsten und dringlichsten Aufgaben
- B-Aufgaben: wichtige Aufgaben, die zu erledigen sind
- C-Aufgaben: Aufgaben, die Sie auch eine Woche später erledigen oder delegieren können

Prioritäten setzen

Die meiste Zeit verschwenden wir übrigens mit den unwichtigen Nebenaufgaben, mit den C-Aufgaben. Hier können Sie viel Zeit einsparen, indem Sie Ihre Prioritäten richtig setzen:

1. Listen Sie Ihre Aufgaben am Vorabend auf.
2. Genießen Sie morgens eine »stille Stunde« und notieren Sie die Ideen, die aus Ihrem Unterbewusstsein kommen.
3. Vergeben Sie für die verschiedenen Aufgaben Prioritäten.
4. Beginnen Sie mit der Aufgabe höchster Priorität und führen Sie diese zu Ende.
5. Beginnen Sie die Aufgabe mit der Priorität 2 und führen Sie diese ebenfalls zu Ende.
6. Kontrollieren Sie am Abend das Erledigte und »haken Sie es ab«.
7. Übertragen Sie das Nicht-Erledigte auf den nächsten Tag.
8. Beginnen Sie jeden Tag wieder bei Punkt 1, um so täglich möglichst die wichtigsten Aufgaben für Ihren dauerhaften Erfolg zu erledigen.

Nehmen Sie sich jede Woche und jeden Tag (am besten am Vorabend) die Zeit, Ihre Aufgaben nach A, B oder C einzuteilen, mit dem Ziel: mit weniger Arbeitszeit mehr erreichen. Wenn Sie nur 20 Prozent Ihrer Zeit konzentriert für Ihr Ziel einsetzen, dann ist das genug, um es zu erreichen. Stellen Sie sich vor, dass dann immer noch 80 Prozent an Zeit für andere Dinge übrig bleiben – also für B- und C-Aufgaben. Fragen Sie sich stets als

Erstes: Was ist das Wichtigste für die Erreichung meines Ziels, für diese Woche, für morgen? Sie sollten dabei aber nie mehr als zwei A-Aufgaben pro Tag eintragen, sonst verzetteln Sie sich.

Auch im Zusammenhang mit dem Zeitmanagement kommen wir daher zur Konzentration auf das Wesentliche. Ein Profi auf einem Gebiet zu werden ist ein gutes, ein sehr gutes Ziel sogar. Die Nummer eins zu werden, das ist etwas ganz Besonderes, das ist eine Lebensaufgabe, der Sie sich stellen – und Sie können das auch. Dazu gehört, dass Sie Ihre Zeit richtig nutzen.

Nicht alle Menschen möchten oder sollen Topmanager werden. Vielmehr soll jeder den Platz im Leben finden, der zu ihm passt, der seiner Berufung entspricht. Eine der großen Aufgaben ist es zum Beispiel, Kinder zu erziehen, soziale Zusammenhänge zu erkunden und sich für ein besseres Miteinander einzusetzen. Wenn sich zunehmend viele Frauen in Seminare einschreiben und voller Stolz in die Berufsspalte »Mutter« eintragen, so zeigt dies eine selbstbewusste Identifikation mit ihrer Aufgabe. Selbstverständlich kann der Bereich »Kindererziehung« auch Lebensaufgabe eines Mannes sein.

Ein Mensch, der seine Aufgaben liebt, dem ist nichts zu viel. Ein Mensch, der seinen Beruf und seine Aufgaben hasst, dem wird bereits das Aufstehen am Morgen zur Qual.

Hinzu kommt, dass ein Mensch, der seine Aufgaben wirklich liebt und mit ihnen »aufblüht«, keinerlei Belastung empfindet, sodass er auch in seiner Freizeit oder im Urlaub an seine Weiterentwicklung denken kann. Es wäre für ihn sogar eine Strafe, dürfte er sich nicht nach der Entwicklung einer bestimmten Sache erkundigen.

Nehmen Sie sich nicht zu viel vor

Vielleicht haben auch Sie sich schon darüber gewundert, dass es im Leben des Öfteren drunter und drüber geht. Leider hat uns niemand darauf vorbereitet, dass das Leben Chaos ist und es zu unserer Aufgabe gehört, jeden Tag aufs Neue dieses Chaos, soweit überhaupt möglich, zu organisieren und darin Ordnung zu schaffen. Es ist normal, dass immer etwas dazwischenkommt, wenn Sie sich gerade mit einer bestimmten Aufgabe beschäftigen. Unser Tipp: Verplanen Sie nie Ihre gesamte Zeit, sondern lassen Sie im Tagesplan Luft für Überraschungen. Sich viel zu viel vorzunehmen ist außerdem gefährlich: Am Ende des Tages haben Sie nicht alles geschafft und fühlen sich wie ein Versager. Es ist gar nicht notwendig, alles zu machen, sondern das *Richtige*. Für zwei A-Aufgaben finden Sie immer Zeit.

Ballast loswerden

Des Weiteren sollten Sie sich fragen: Was will ich nicht mehr machen, was bringt mich nicht weiter? – und diese Dinge möglichst schnell vergessen oder delegieren, um nicht unnötig Zeit damit zu verschwenden.

Notieren Sie:
Was werde ich ab morgen nicht mehr tun? Was werde ich ab morgen delegieren?

Autosuggestion – wie Sie mit Ihrem Unterbewusstsein arbeiten

Bedenken Sie: Ihr Unterbewusstsein ist Ihr Verbündeter (siehe Kapitel 3). Es wird Ihnen dabei helfen, dass Ihre Wünsche an Kraft gewinnen – und das sollten sie auch, denn schwache Wünsche führen nur zu schwachen Ergebnissen.

Was Sie nicht schnell angehen, versandet

Leider sieht es oft so aus: Ein Wunsch oder eine Idee entsteht in uns. Wir sind ganz begeistert, schaffen aber in den nächsten Stunden, Tagen und Wochen nicht einmal den kleinsten Schritt in Richtung Verwirklichung – und sei es lediglich, den Wunsch oder die Idee zu notieren. Schade, denn nach drei Tagen geht die Wahrscheinlichkeit gegen null, dass wir damit anfangen werden. Zu viele andere Dinge und neue Informationen überlagern dann bereits unseren Wunsch, sodass dieser in unserem Unterbewusstsein an Bedeutung verliert.

Sorgen Sie daher dafür, dass Ihre Wünsche nicht welken! Mit einer gezielten Autosuggestion können Sie Ihren Wünschen über Ihr Unterbewusstsein Kraft geben – sie ist sozusagen die Nahrung Ihrer Wünsche. Sie füllt Ihre Wünsche mit Energie. Mit Autosuggestion können Sie bestimmen, in welche Richtung Ihre Energie geht. Konzentrieren Sie so Ihre gesamte Kraft auf Ihre Wünsche und Ziele.

Viele Menschen, die einen großen wertvollen Wunsch in sich tragen, kommen irgendwann an einen Punkt, wo sie innerlich sehr verunsichert sind (mehr dazu in Kapitel 10). Diesen Punkt müssen Sie rasch hinter sich lassen. Mögen es äußere Faktoren sein oder mangelnde innere Überzeugung: Dann fragen Sie sich möglicherweise, ob es überhaupt Sinn hat, weiterzumachen. Auch hier hilft die Autosuggestion.

Autosuggestion ist der Weg, über den wir unser Unterbewusstsein programmieren können. Damit Sie Ihr Unterbewusstsein möglichst optimal für Ihre Wünsche und Ziele nutzen, sollten Sie die wesentlichen Eigenschaften unseres Unterbewusstseins kennen (lesen Sie dazu auch Kapitel 3):

Was unser Unterbewusstsein auszeichnet

- *Unser Unterbewusstsein ist ständig wach.*
  Unser Unterbewusstsein ist immer aktiv. Es registriert alles, viel mehr als unser Bewusstsein. Wir haben nur nicht immer Zugriff darauf.

- *Unser Unterbewusstsein nimmt unserem Bewusstsein Arbeit ab und macht uns das Leben leichter.*
  Die Intelligenz des Unbewussten steuert und beeinflusst unser tägliches Leben – weit mehr als das rationale Denken. Das Unterbewusstsein kann autonom, intelligent und wohlwollend arbeiten. Es will nur unser Bestes.

- *Unser Unterbewusstsein hat die Tendenz, jeden Gedanken zu realisieren.*
  Dieses 4. Grundgesetz der Lebensfaltung besagt unter anderem, dass das Unterbewusstsein kein Gewissen oder Kontrollorgan ist, sondern ein Ausführungssystem. Dabei ist

nicht von Bedeutung, ob der Gedanke richtig oder falsch ist. Je häufiger ein Gedanke wiederholt wird, umso stärker wird seine Wirkung auf uns.

- *Am besten können wir im entspannten Zustand mit unserem Unterbewusstsein arbeiten.*
  Im Entspannungszustand sind die Tore zu unserem Unterbewusstsein weit geöffnet. Mentaltechniken helfen Ihnen, sich zu entspannen und abzuschalten.

- *Nur was wir unbewusst wollen, passiert.*
  Wenn wir unsere Wünsche, Ziele und Vorhaben so positiv formulieren, als würden sie ganz bestimmt Wirklichkeit werden, wird unser Unterbewusstsein darauf hinarbeiten, sie real werden zu lassen.

- *Unser Unterbewusstsein arbeitet mit Vorstellungen.*
  Unser Unterbewusstsein wird durch Vorstellungen und Gefühle stark angesprochen und motiviert. Malen Sie sich deshalb Ihren Wunsch in allen Farben aus und stellen Sie sich Ihr Ziel so bildhaft, so deutlich, so lebhaft wie möglich vor (erfahren Sie mehr zum Thema Visualisierung auf Seite 153).

- *Unser Unterbewusstsein kann gezielt besprochen werden.*
  Wenn wir unserem Unterbewusstsein nichts Positives prophezeien, dann müssen wir damit rechnen, dass andere oder die Medien uns beeinflussen. Nur über Ihren Wunsch, Ihre Vorhaben nachzudenken reicht nicht aus. Am besten programmieren Sie Ihr Unterbewusstsein, indem Sie es besprechen, ihm genau sagen, was Sie wollen, und zwar laut und deutlich. Legen Sie Kraft in die Stimme und verleihen Sie so auch Ihrem Wunsch mehr Kraft.

Autosuggestionstraining

Mit Autosuggestion können wir unser Unterbewusstsein zu unserem besten Mitarbeiter machen. Die folgende Autosuggestion wurde speziell für Menschen entwickelt, die ihre Persönlichkeit stärken und ihre Wünsche verwirklichen wollen. Lesen Sie zu Beginn Ihres Trainings den für die Autosuggestion ausgewählten Text mindestens vier Wochen lang mindestens vier Mal am Tag laut vor, am besten, bevor Sie zur Arbeit gehen. Eine noch bessere Wirkung erzielen Sie, wenn Sie die Autosuggestion auswendig lernen und sie mit fester, klarer Stimme mit Blick in den Spiegel laut und deutlich rezitieren. Achten Sie darauf, dass die Autosuggestion ihre volle Wirkung nur entfalten kann, wenn Sie Ihre Stimmkraft einsetzen und nicht langweilig herunterleiern. Tragen Sie Ihr ganz persönliches Ziel sowie das Datum, bis wann Ihr Wunsch in Erfüllung gehen soll, in den folgenden Text zur Autosuggestion ein.

Autosuggestion zur Stärkung der Wunschkraft

Ja, ich kann, was ich will!
Ich bin fest entschlossen, meinem Leben Wert und Sinn zu geben,
denn ich weiß, was ich will!
Ich werde bis

____

(bitte fügen Sie hier das Datum ein)

____

(bitte fügen Sie hier Ihren Wunsch ein)
erreichen.
Darum werde ich täglich

____

(bitte hier eine konkrete Handlung einfügen) tun.

Ich habe einen starken Willen und kann mich gut konzentrieren!
Alle Oberflächlichkeiten verschwinden –
meine Konzentrationskraft wird immer stärker und gibt mir Sicherheit.
Misserfolge können mich nicht verunsichern,
denn ich kann, was ich will!
Erst denken, dann handeln,
aber nie mit dem Kopf durch die Wand,
denn es gibt immer eine Tür!
Wünschen, Planen, Wagen, Siegen –
das ist mein Motto!
Ich bin glücklich, denn ich weiß, ich kann, wenn ich will!

Sich selbst motivieren, seine Wünsche erfüllen, ein erfülltes Leben leben – dabei kann und wird Ihnen die tägliche Übung der Autosuggestion entscheidend helfen. Doch Vorsicht: Die Wirkung entfaltet sich frühestens nach drei Wochen. Je länger Sie also mit der Autosuggestion arbeiten, umso größer wird Ihr persönlicher Einfluss.

Wie wirkt Autosuggestion?

Als Autosuggestion bezeichnet man den aktiven Prozess, durch den Sie Ihr Unterbewusstsein trainieren können, an etwas zu glauben. Dies erreichen Sie durch die Selbst-Affirmationen (zum Beispiel »Ich kann, was ich will!«), die Sie so oft wie möglich wiederholen – so lange, bis sie zum festen Bestandteil Ihres unbewussten Denkens geworden ist. Hilfreich ist es, zusätzlich täglich mit einer Entspannungstechnik zu arbeiten. Die Wirksamkeit Ihrer autosuggestiven Gedankenformeln lässt sich durch mentale Visualisierungen des erwünschten Ziels erhöhen. Ersetzt beispielsweise ein Patient sein mentales Krankheitsbild durch ein Gesundheitsbild, so werden durch diesen »Austausch innerer Bilder« eigene Heilkräfte freigesetzt. Warum? Weil jeder überzeugte Gedanke und erst recht jede Vorstellung bestrebt ist, sich zu verwirklichen!

Geben Sie sich Zeit

Neue Denkmuster brauchen Zeit und viele Wiederholungen, um altes Gedankengut zu »überschreiben« und so eine entsprechende Gehirnaktivität zu ermöglichen. Wenn Sie also zunächst bewusst negative Sätze und Einreden durch positive ersetzen, dann fühlt sich das zunächst komisch und ungewohnt an, doch mit jeder Wiederholung werden die Verbindungen zwischen den Synapsen stärker und das Gehirn übernimmt die positiven Sätze nach einer gewissen Zeit als Gewohnheit: Die positiv geprägten Sätze werden schließlich automatisch, also unbewusst gedacht. Der Erfolg der Autosuggestion wird umso durchschlagender, je konsistenter und länger (oder öfter) sie angewendet wird.

Entspannung ist das A und O

Am leichtesten können Sie im entspannten Zustand mit Ihrem Unterbewusstsein kommunizieren und arbeiten – am besten in der Tiefenentspannung, dem sogenannten Alpha-Zustand. Sicher waren Sie schon oft in diesem Zustand, waren sich dessen jedoch nicht bewusst. Er tritt zum Beispiel ein, wenn Sie einer harmonischen Musik lauschen und Ihre Gedanken ziehen lassen. Ihr Geist, Ihr Körper und Ihre Seele gelangen dann automatisch in eine Tiefenspannung. Gelingt es Ihnen nicht, auf diese Weise »abzuschalten«, dann probieren Sie eine andere Methode aus, um gezielt in die Tiefenentspannung zu kommen: Atemtraining, Meditation, autogenes Training, Yoga, Zen, progressive Muskelentspannung nach Jacobsen, besprochene Entspannungs-CDs und anderes mehr können ihnen helfen.

Wie Alpha wirkt

Alpha bewirkt wahre Wunder:

- Im Alpha-Zustand kann man am leichtesten alte Programme überspielen. Das ist wichtig für Sie, wenn Sie mit Ihren Suggestionen arbeiten. Sind Sie in Alpha, wirkt die Suggestion schneller.
- In Alpha ist das Gehirn am aufnahmefähigsten; Menschen können in diesem Zustand viel leichter lernen.
- In Alpha reagiert der Mensch besser und richtiger.
- Alpha löst selbst gesetzte Grenzen auf, stärkt die Energie und verringert Ängste.
- Alpha ermöglicht den Zugang zum Unterbewusstsein, der Mensch kann aus seinem vollen Potenzial schöpfen.
- Alpha verstärkt die Konzentrationsfähigkeit und den Glauben an sich selbst.
- Alpha erweitert das Blickfeld und ermöglicht mehr Verständnis und Toleranz.
- In Alpha ist Ihre rechte Gehirnhälfte aktiviert und arbeitet mit der linken Seite zusammen. Sie haben Zugang zum kollektiven Unterbewusstsein; kreative Lösungen fallen Ihnen »von selbst« ein.
- In Alpha kennt das Glück keine Grenzen.

Schalten Sie abends, wenn Sie sich schlafen legen, eine spezielle Entspannungs-CD ein, die mit Autosuggestionen besprochen ist. Mit einer solchen CD kommen Sie schnell zur Ruhe und können Kraft und Energie tanken. Mehr noch, Sie werden in der Nacht, im Traum die positiven Suggestionen verarbeiten und im Unterbewusstsein verankern.

Das eigene Potenzial entfalten

Wenn Sie tief entspannt sind, sind Sie ganz in Ihrer Mitte, alles Äußere ist unwichtig, kann sich nicht störend auswirken. Ängste werden ausgeschaltet. Sie sind voll auf das konzentriert, was Ihnen wichtig ist. Sie können alle Information in Ruhe aufnehmen und richtig einordnen, in Ruhe und Gelassenheit Situationen durchdenken und Lösungen finden. In diesem Zustand wirken Suggestionen am besten und nachhaltigsten und gelangen auf direktem Weg in Ihr Unterbewusstsein. Sie entscheiden, womit Sie Ihren inneren Speicher füllen. Genau in diesem Zustand arbeiten Ihre drei Gehirne am besten miteinander und helfen Ihnen, Ihr Potenzial zu entfalten (vgl. Kapitel 7).

Sie verfügen über ein enormes Kapital: ein Gehirn, mit dem Sie unschlagbar sind, und ein Unterbewusstsein, das Ihr bester Verbündeter sein kann – vorausgesetzt, Sie nutzen dieses Potenzial!

ZUSAMMENFASSUNG KAPITEL 9

- Wenn Sie Ihre Wünsche kennen, geht es an die Planung.
- Arbeiten Sie immer schriftlich und notieren Sie Ihre Wünsche und Ihre gesamte Planung. Durch Aufschreiben materialisieren Sie Ihren Wunsch.
- Wünsche müssen klar und konkret formuliert und möglichst quantifiziert werden.
- Der gängigen Meinung zum Trotz versteht Ihr Unterbewusstsein einen Wunsch, selbst wenn dieser negativ formuliert ist (»nicht«, »kein« usw.).
- Malen Sie sich den gewünschten Zustand in Bildern aus. Durchleben Sie bildhaft den Zustand, den Sie herbeiwünschen.
- Alles, was Sie sich vorstellen können, können Sie auch realisieren! Was Sie sich nicht einmal in Gedanken ausmalen können, kann niemals Wirklichkeit werden.
- Wählen Sie sich drei Vorbilder. Von ihnen können Sie kostenlos lernen.
- Besorgen Sie sich Biografien, die das Leben von interessanten Persönlichkeiten beschreiben. Bücher sind die beste Gelegenheit, ein Vorbild zu finden und genau zu studieren.
- Legen Sie sich viele gute Gewohnheiten zu! Unser Gehirn ist zwar sehr widerstandsfähig gegen Veränderungen und neue Gewohnheiten, da aber Gewohnheiten nicht angeboren sind, lassen sie sich durch neue ersetzen.
- Zu einer guten Planung gehört der richtige und überlegte Umgang mit der Zeit, die Ihnen zur Verfügung steht. Werden Sie Herr über Ihre Zeit und lassen Sie nicht andere Menschen darüber bestimmen.
- Arbeiten Sie mit Ihrem Unterbewusstsein, Ihrem besten Verbündeten. Trainieren Sie Ihr Unterbewusstsein über Autosuggestion. So bekommen Ihre Wünsche Kraft.
- In der Tiefenentspannung lässt sich am leichtesten mit dem Unterbewusstsein kommunizieren.

10. Wagen – so gehen Sie mutig den nächsten Schritt

> *»Denken und Tun, Tun und Denken, das ist die Summe aller Weisheit, von jeher anerkannt, von jeher geübt, nicht eingesehen von einem jeden. Beides muss wie Aus- und Einatmen sich im Leben ewig hin- und herbewegen; wie Frage und Antwort sollte eins ohne das andere nicht stattfinden.«*[1]
>
> (JOHANN WOLFGANG VON GOETHE)

Goethe beschreibt in *Wilhelm Meisters Wanderjahre* ein Phänomen von hoher Logik: Erst muss man nachdenken, dann kann man zur Tat schreiten. Jede große Erfindung der Menschheitsgeschichte entstand zunächst in den Gedanken, bevor sie in die Tat umgesetzt wurde. Das heißt aber auch, dass denken allein, ohne aktiv zu werden, nichts bringt. Im ersten praktischen Schritt haben Sie Ihren wichtigsten und wertvollsten Wunsch herauskristallisiert. Dann haben Sie Energie in die Planung Ihres Erfolgs investiert. Sie haben sich Gedanken darüber gemacht, welche Vorbilder Sie Ihrem Ziel näher bringen können. Außerdem haben Sie überlegt, welche neuen guten Gewohnheiten Sie sich aneignen können. Jetzt heißt es, aktiv zu werden. Wenn Sie nicht ins Handeln kommen, wird nichts passieren

Glaube führt zur Tat. Konzentration zum Erfolg. Wiederholung führt zur Meisterschaft. (14. Grundgesetz der Lebensentfaltung)

Der Realisierung Ihres Wunsches steht nichts mehr entgegen, wenn Sie ins Handeln kommen. Sie sind motiviert und auch bereit, auf lieb gewonnene Gewohnheiten zu verzichten. Ihr Unterbewusstsein legt jetzt richtig los. Wenn Sie positiv an die

Verwirklichung Ihres Wunsches denken und ihn schriftlich manifestieren, strebt Ihr Unterbewusstsein automatisch die Verwirklichung an.

Am besten gleich heute anfangen

Sie haben bei anderen beobachtet, dass sie von einer Idee Feuer und Flamme waren, aber bis heute nichts unternommen haben? Sie selbst haben sich etwas fest vorgenommen, es dann aber doch nicht gemacht? Wenn Sie nicht innerhalb von 72 Stunden begonnen haben, Ihr Vorhaben umzusetzen, so sinkt die Wahrscheinlichkeit der Realisierung auf ein Prozent. Dies ist ein altbekannter und bewährter Erfolgstipp, eine recht hilfreiche Faustregel, die 72-Stunden-Regel genannt wird. Machen Sie sich diese zunutze: Alles, was Sie innerhalb von 72 Stunden ins Handeln bringt, hat eine 99-prozentige Aussicht auf Erfolg! Damit schaffen Sie den wichtigen ersten Schritt, der oft so schwerfällt. Sie werden überrascht sein, wie viele Vorhaben und Vorsätze sich verwirklichen lassen. Dies gilt für Ihre privaten Vorhaben genauso wie für all Ihre beruflichen Pläne und Entscheidungen.

Drei Fragen zu Beginn

Folgende drei Fragen können Ihnen beim Einstieg helfen:

- Wer macht?
- Was?
- Bis wann?

Wenn Sie diese Fragen klären konnten, kann es losgehen.

Ihr Entschluss

Was wollen Sie in den nächsten 72 Stunden tun?

1. ____________________
2. ____________________
3. ____________________
4. ____________________
5. ____________________

»Jetzt
In dem Augenblick,
in dem man sich endgültig einer Aufgabe verschreibt,
bewegt sich die Vorsehung auch.
Alle möglichen Dinge,
die sonst nie geschehen wären, geschehen,
um einem zu helfen.
Ein ganzer Strom von Ereignissen wird in Gang gesetzt
durch diese Entscheidung
und sie sorgt zu den eigenen Gunsten
für zahlreiche unvorhergesehene Zufälle,
Begegnungen und materielle Hilfen,
die sich kein Mensch vorher je erträumt haben könnte.
Was immer du kannst oder Dir vorstellst,
dass Du es kannst,
beginne es.
Kühnheit trägt Genie,
Macht und Magie in sich.
Beginne jetzt!«

(JOHANN WOLFGANG VON GOETHE)

Eine Frage des Mutes

»Mut zu haben bedeutet nicht, keine Angst zu haben,
sondern Dinge zu tun, obwohl man Angst hat.«

Woher sollen Sie den Mut nehmen, den nächsten Schritt zu wagen und etwas anzupacken, etwas anzustoßen? Vertrauen Sie auf Ihre neuen guten Gewohnheiten, die Sie sich Schritt für Schritt angeeignet haben. Diese geben Ihnen die Sicherheit, etwas rein praktisch zu tun: Erfolgreich werden Sie nur durch Handeln – nicht durch Herumsitzen, Jammern oder Schecks ans Universum zu schreiben! (Mehr dazu in Kapitel 6.)

Gejammer hilft nicht

Noch kurz ein Wort zum Phänomen des Jammerns: In der aktuellen Wirtschaftskrise werden fast wöchentlich Werke geschlossen, Abteilungen aufgelöst, Unternehmen verkauft. Viele

Betroffene sind zu Recht verzweifelt. Doch allgemein ist eine Grundstimmung zu beobachten, die nichts mit »Wagen«, geschweige denn mit »Handeln« zu tun hat, sondern vielmehr von Jammern geprägt ist. Sehr schnell wird der Ruf nach staatlicher Unterstützung laut. Überhaupt neigen viele Menschen, die mit ihrer Situation unzufrieden sind, zum Lamentieren. Jammern hilft allerdings nicht, um sich aus seiner Unzufriedenheit zu befreien. Vielmehr sollte jeder das Steuer in die Hand nehmen und sehen, wie er zu seinem Recht kommt. Jeder Mensch kann etwas zur Entfaltung seiner Persönlichkeit tun. Heutzutage kann sich jeder höher- und weiterentwickeln. Da gibt es keine unüberwindbaren Zugangsbarrieren mehr wie früher. Wir haben heute mehr Möglichkeiten denn je, etwas aus unserem Leben zu machen. Das ewige Gejammer über die scheinbar so schlechte Wirtschaftslage ist sehr entmutigend. Wenn man sich die Mühe macht, die Presse der letzten zwanzig Jahre zu analysieren, dann bekommt man den Eindruck, dass wir in einer Dauerkrise stecken. Doch eines dürfen wir niemals vergessen: Zu allen Zeiten gab es Sieger und Verlierer. Was wir darum stärken müssen, ist der Sieger in uns selbst. Es gibt viele Menschen, die selbst in schlechten Zeiten innovative Ideen hatten. Wahrscheinlich wissen Sie, dass ein guter Segler sogar in der Lage ist, gegen den Wind zu segeln: Das scheinbar Unmögliche ist doch machbar! Dazu braucht es Mut.

Mut und Selbstvertrauen sind Zwillinge. Wer Vertrauen in sich setzt, kann leicht mutig sein, denn er weiß ja, auf was (wen) er sich einlässt. Wer etwas in seinem Leben bewirken will, benötigt Mut.

Mut am rechten Platz zeigen

Für den einen gehört schon Mut dazu, in einer größeren Runde seine Meinung zu vertreten, ein anderer muss Mut aufbringen, um einen unbeliebten Rationalisierungsplan im Betrieb umzusetzen. Ein Seminarleiter bräuchte Mut, um bei einem Rennen auf dem Nürburgring mitzumachen – ein Rennfahrer bräuchte vielleicht Mut, um ein Seminar zu leiten. Setzen Sie Ihren Mut dort ein, wo er Sie weiterbringt – näher an Ihren wertvollsten Wunsch, Ihr großes Ziel. Vergeuden Sie nicht sinnlos Ihren Mut (und Ihre Kräfte) für Unwichtiges. Für einen Rennfahrer wäre es beispielsweise nicht wichtig, ein Seminar leiten zu können, und für uns Autoren nicht, schnelle Runden zu drehen.

Kein Mut allerdings gedeiht ohne Hoffnung und ohne Optimismus! Optimismus ist der Garant für Ausdauer und damit für die Erfüllung Ihrer Wünsche und Visionen. Oder kennen Sie Pessimisten, die rundum zufrieden und erfolgreich sind?

Optimisten sind die Gewinner

> *»Optimismus ist bei den Klugen verpönt. Es ist klüger, pessimistisch zu sein: Vergessen sind die Enttäuschungen und man steht vor den Menschen nicht blamiert da. Optimismus ist in seinem Wesen keine Ansicht über die gegenwärtige Situation, sondern er ist eine Lebenskraft, eine Kraft der Hoffnung, wo andere resignieren, eine Kraft, die die Zukunft niemals dem Gegner lässt, sondern sie für sich in Anspruch nimmt.«*[2]
>
> (DIETRICH BONHOEFFER)

Optimismus ist lebenswichtig

Diese Worte zeichnete Bonhoeffer in KZ-Haft auf. Angesichts des Schicksals von Dietrich Bonhoeffer müssen wir uns die Frage stellen: Was wären wir ohne Optimismus? Wer ständig negativ denkt und grübelt, kann sich wohl kaum über die Sekunden, Minuten und Stunden seines Lebens freuen. Wer dauernd mit dem Schlimmsten rechnet, hat kaum Motivation, Pläne für die Zukunft zu schmieden und das Schicksal in die eigenen Hände zu nehmen. Optimismus ist eine überlebenswichtige, lebensbejahende Eigenschaft. Martin Seligman, der Vater der Positiven Psychologie, weiß, dass Optimismus nur ein Instrument ist, aber ein wirkungsvolles. Sind Wertvorstellungen und Ziele vorhanden, dann ist der Optimismus das Rüstzeug, das die individuelle Entfaltung der Persönlichkeit möglich macht.[3]

Wussten Sie, dass Optimisten mit ihrer Einstellung gleich zwei Mal gewinnen? Sie können sich zwar nicht vor künftigen Niederlagen, Schwierigkeiten, Zweifeln usf. schützen. Aber sie erfreuen sich an der Gegenwart, weil sie sich nicht über das Morgen sorgen. Und sie bereichern ihr Leben durch den Glauben an eine positive Zukunft, für die es sich lohnt, den nächsten Schritt zu gehen – selbst wenn der Weg steinig ist.

Die meisten Menschen sind Optimisten

Wir Menschen sind offenbar von Natur aus Optimisten. Wir neigen dazu, uns unsere Zukunft in den schönsten Farben zu malen nach dem Motto: Klar kann es übel laufen, aber mir wird das schon nicht passieren! Das ist zumindest das Ergebnis einer Studie der Universität von Kansas (USA). Demnach meinten 98 Prozent der mehr als 150 000 befragten Menschen aus 140 Ländern, ihr Leben werde in fünf Jahren mindestens ebenso gut oder besser sein als derzeit. Am optimistischsten zeigten sich Iren, Brasilianer, Dänen und Neuseeländer, während die Bürger in Ländern der sogenannten Dritten Welt am wenigsten Zuversicht hatten. Die Deutschen lagen im Mittelfeld. Nur wenig Einfluss auf das Ergebnis hatten Alter und Einkommensverhältnisse. Für den Psychologen Matthew Gallagher, Leiter der Studie, belegen die Ergebnisse deutlich, *»dass Optimismus ein universelles Phänomen ist«*. Die positive Gefühlslage entspreche sozusagen der Natur des Menschen.[4]

Gerade in der Wirtschaft werden Menschen mit Optimismus und Energie gebraucht. Unternehmer können diese positive Einstellung bei der Auswahl des Personals nutzen. Der Glaube an den Erfolg mobilisiert schöpferische Energie. Vor allem bei Berufen mit hohen Ausbildungskosten ist Optimismus wichtig, denn eine negative Einstellung vermindert die Ausdauer und verursacht eine sehr hohe Fluktuation. Auch erzielen Optimisten eine höhere Produktivität, eine größere Zufriedenheit und ein besseres Betriebsklima. Außerdem verlieren sie bei Niederlagen nicht die Initiative.

Sicher: Optimismus allein löst keine Probleme, doch ein optimistischer Mensch sucht nach Möglichkeiten. Optimistische Menschen wissen instinktiv, dass sich mit einer positiven Erwartungshaltung auch schwierige Aufgaben besser bewältigen lassen. Mit Zuversicht haben sie auch den Mut, sich große Ziele zu setzen – und diese letztlich von Optimismus beflügelt leichter zu erreichen.

Denken Sie daran: Eine Vision ist eine Lebensaufgabe, ein ganz großes Ziel, an deren Verwirklichung ein Mensch ein Leben lang arbeitet. Eine Vision ist etwas von großem gesellschaftlichen Nutzen und liegt zunächst einmal nicht im Rahmen des Möglichen. Dafür muss der Mensch erst einmal den Mut zu träumen entwickeln und sich Schritt für Schritt mehr zutrauen.

Was tun bei Zweifeln und Verunsicherung?

> *»Es wächst der Mensch mit seinen größer'n Zwecken.«*
>
> (FRIEDRICH SCHILLER)

Machen Sie sich darauf gefasst: Trotz optimistischer Lebenseinstellung gibt es immer wieder Lebens- und Motivationskrisen. Diese sollten Sie fest einplanen. Alles andere wäre unrealistisch. Es ist normal, sich hin und wieder schlapp, unmotiviert und verunsichert zu fühlen. Rechnen Sie mit solchen Einbrüchen und wappnen Sie sich dagegen, indem Sie sich Ihre persönlichen Motivationsquellen und bisherigen Erfolge ins Gedächtnis rufen.

Wir wollen immer gern das Schönste und Beste, aber unsere Zweifel halten uns davon ab, uns mit ganzem Elan an die Verwirklichung unserer Wünsche zu machen. Sie möchten zwar gern Abteilungsleiter werden, haben die Weichen gestellt und rechnen sich große Chancen aus. Je näher aber der entscheidende Besprechungstermin mit dem Chef rückt, desto häufiger befallen Sie leichte Zweifel, ob Sie dieser Aufgabe auch gewachsen sein werden. Lassen Sie derartige Gedanken zu, dann brauchen Sie sich nicht zu wundern, wenn ein anderer den Posten erhält. Der andere ist wahrscheinlich fachlich nicht besser als Sie, aber mutiger und optimistischer!

Wer an seine Zukunft glaubt, gewinnt die Gegenwart

Wer zweifelt, glaubt nicht fest genug an die Verwirklichung seiner Wünsche. Dann versetzt sein Glaube Berge – aber im negativen Sinn. Die sich selbst erfüllenden Prophezeiungen gibt es auch in negativen Bereichen. Der Unglaube führt zu Zweifel, zu Angst, zu Pessimismus, zu Depressionen. Depressionen sind auf die Spitze getriebener Pessimismus. Es ist erschreckend, wie viele Menschen in unserer Gesellschaft täglich zwischen Pessimismus und Depressionen schwanken. Jeder Mensch sollte lernen, wie man Pessimismus in Optimismus verwandelt. Diese Geisteshaltung führt vom Versagen zum Erfolg: Wer an seine Zukunft glaubt, gewinnt die Gegenwart. Ein Mensch, der noch glauben kann, verwandelt sich von einer Person zu einer Persönlichkeit. Er hat eine andere Körperhaltung, einen anderen Gang, ein anderes Lächeln, einen anderen Händedruck und einen anderen Blick. Er hat Charisma. Diese Geisteshaltung hat nicht nur Wirkung nach außen, sondern auch nach innen. Stress wird schneller abgebaut, die Muskeln sind locker und entspannt, der Magen arbeitet harmonisch, das Herz schlägt zuverlässig, das Gedächtnis ist inspiriert und der Mensch sprudelt vor Einfällen.

Nun bleibt die Frage, wie man zu einer positiven Erwartungshaltung gelangt: Wie bekommt man den Glauben, der einem hilft, Berge zu versetzen? Die Antwort lautet:

Die ständige Wiederholung einer Idee wird erst zum Glauben, dann zur Überzeugung.
(13. Grundgesetz der Lebensentfaltung)

Wiederholung macht das Schwerste leicht

Allein durch Wiederholung verändern sich unsere Verhaltensmuster. Durch Wiederholung wird das Schwerste leicht. Das Stigma unserer Zeit ist die Reizüberflutung. Wir sind an allem interessiert, Wiederholungen sind uns zuwider. In der Werbung jedoch haben wir es mit ständigen Wiederholungen in den Slogans zu tun. Untersuchungen an amerikanischen Universitäten haben gezeigt, dass der Erinnerungswert umso höher ist, je häufiger etwas gesagt wird. Der französische Politiker Mendes-France sagte einmal: *»Wir haben nur zwei Möglichkeiten, entweder einzugestehen, ich habe mich geirrt, oder eine Idee so lange zu wiederholen, bis sie Wirklichkeit geworden ist.«* Als Erster wandte wohl der Römer Cato das 13. Grundgesetz in seinen Reden an. Er wiederholte so häufig den Satz: *»Und außerdem bin ich der Ansicht, dass Karthago zerstört werden muss«*, bis Karthago schließlich in Trümmern lag. Auch Kolumbus, Wagner, Schliemann, Mohammad Ali und viele andere wiederholten ihre Visionen und blieben ihnen treu, bis sie diese verwirklichen konnten.

Erfolge geben Zuversicht

Es gibt noch einen weiteren Weg und der führt über das Sammeln von Erfolgserlebnissen. Das Schöne an Erfolgen ist, dass sie uns bestätigen. Mehr noch, mit jedem persönlichen Erfolgserlebnis wächst der Glaube an die eigenen Stärken und Fähigkeiten. Im gleichen Maße wachsen auch der Mut und die Lust, über sich selbst hinauszuwachsen. Der Glaube geht der Tat voraus und wächst mit jedem Erfolgserlebnis. Schauen Sie sich um, was in der Welt allein durch die Kraft des Glaubens bewirkt wurde! Wollen Sie etwas Außergewöhnliches erreichen: Glauben Sie mit ganzem Herzen und mit der vollkommenen Kraft Ihrer Gefühle daran! Wenn Sie nicht an Ihre Chancen und Fähigkeiten glauben, wer soll es dann tun? Je größer Ihre Überzeugung, umso größer Ihre Ausstrahlung. Wenn Sie zu sehr zweifeln, dann wird es sehr schwer, andere davon zu überzeugen, dass Sie der oder die Beste sind für eine Aufgabe.

Betrachten Sie einmal die Politiker. Haben Ihnen Angela Merkel, Oskar Lafontaine, Guido Westerwelle, Horst Seehofer und Co öffentlich je ihren persönlichen Zweifel vermittelt, dass sie vielleicht nicht die Richtigen sein könnten? Sie alle waren bereits vor einer Wahl von ihren Zielen, guten Absichten und Fähigkeiten überzeugt!

Gerade in der aktuellen Wirtschaftskrise machen sich Verunsicherung und Zweifel breit. Genau jetzt sollten Sie Ihre Wünsche und Visionen besonders gut kennen, um sich von der allgemeinen Stimmungslage nicht anstecken zu lassen. Jetzt gerade sollten Sie sich von Ihren Träumen nicht verabschieden, sie nicht gedanklich in die unterste Schublade legen oder gar »abhaken«. Nein, gerade jetzt brauchen Sie Ihre Wünsche und Ziele, um auf eine bessere Zukunft hinzuarbeiten. Denken Sie daran:

Wünsche und Ziele machen Menschen groß! Der Mensch wächst an der Aufgabe, die er sich zu eigen macht.

So werden Sie nicht erdrückt von der Last der gegenwärtigen Sorgen, sondern erfahren einen Motivationsschub durch Ihren wertvollsten Wunsch.

Keine Angst vor Fehlern!

14 Mal hat Reinhold Messner den Mount Everest bezwungen. Er ist unumstritten der Top-Bergsteiger unserer Zeit. Wussten Sie, dass er insgesamt 31 Versuche startete – von denen lediglich 14 erfolgreich waren und 17 fehlgeschlagen sind? Davon spricht heute niemand mehr. Reinhold Messner ist und bleibt ein Profi – die Nummer eins auf seinem Gebiet. Fehler werden immer passieren. Verabschieden Sie sich von der Vorstellung, Ihnen dürften keine Fehler unterlaufen. Wir haben die Erfahrung gemacht, dass die 10-4-6-Formel eine gewisse Gesetzmäßigkeit hat: Von zehn Dingen gehen vier daneben. Man kommt aber nur zu den sechs Erfolgen, wenn man von vornherein vier Fehler miteinrechnet. Fehler zu haben ist kein Zeichen von Schwäche, sondern ein Zeichen von Menschlichkeit. Sie sind notwendig, denn sie geben uns die Möglichkeit, zu lernen und uns weiterzuentwickeln, den eingeschlagenen Kurs zu überprüfen und gegebenenfalls zu revidieren. Interpretieren Sie Fehler einfach als ein Zeichen, dass in Ihnen das Potenzial steckt, noch besser zu werden.

Der größte Feind des Menschen ist die Angst. Sei es die Angst vor Fehlern, die Angst vor der Verhandlung mit dem dominanten Geschäftspartner, die Angst vor der bevorstehenden Operation, die Angst vor der nächsten Ansprache vor versammelter Runde usw. Mit der folgenden Anti-Angst-Strategie können Sie Ihre Angst vor Fehlern abbauen:

Fragen Sie sich: Was kann mir im schlimmsten Fall passieren? Stellen Sie sich alle möglichen Auswirkungen bildhaft vor. Schreiben Sie sich diese explizit auf und überlegen Sie als Nächstes, ob dies tatsächlich so schlimm wäre und Sie wirklich davon abhalten soll, aktiv zu werden und Ihre Aufgaben anzugehen.

Und wenn Ihnen tatsächlich ein Fehler unterlaufen ist? Zaudern Sie nicht lange, sondern geben Sie ihn sofort zu. Sie müssen ja nicht gleich im ganzen Betrieb herumlaufen und erklären, dass Sie sich verkalkuliert haben. Wenn Sie mit Ihrem Fehler konfrontiert werden, wäre es schwach, wenn Sie versuchten, ihn zu schmälern, zu vertuschen oder gar anderen in die Schuhe zu schieben. Dieser Fehler ist nun einmal passiert. Was sollen Sie sich noch lange damit abgeben? Schauen Sie nicht zurück, sondern nach vorn. Schreiten Sie lieber zur Tat! Ein Irrtum wird erst dann zum Fehler, wenn man ihn nicht korrigieren will. Angenommen, Sie haben eine falsche Kalkulation erstellt, dann korrigieren Sie das und legen die richtigen Zahlen vor. Geben Sie keine langen Erklärungen ab, warum und wieso Ihnen dieser Fehler unterlaufen ist.

Das kürzeste Erfolgsgesetz lautet: Etwas richtig machen bedeutet Erfolg, etwas falsch machen bedeutet Misserfolg. Immer, wenn wir einen Misserfolg haben, dann haben wir bewusst oder unbewusst etwas falsch gemacht. Daher sollten wir dankbar sein, dass es Misserfolge gibt, sonst könnten wir gar nicht lernen, besser zu werden oder zu begreifen, dass wir einen falschen Weg eingeschlagen haben.

Holen Sie sich Unterstützung

Sie brauchen nicht alles zu können und müssen sich nicht schämen, wenn Ihnen einmal ein Missgeschick passiert. Vielmehr sollten Sie die Größe besitzen, einen Fehler zuzugeben, dann zu vergessen und weiterzumachen. Lernen Sie also aus Ihren Fehlern und machen Sie es das nächste Mal einfach ein bisschen besser. Vielleicht haben Sie zu spät angefangen? Dann planen Sie das nächste Mal mehr Zeit ein. Verstärken Sie Ihre Stärken, und anstatt Ihre Schwachstellen auszumerzen, akzeptieren Sie diese und finden Sie jemanden, der dies kompensiert. Warum sollte ein Legastheniker sich immer über seine vielen Schreibfehler ärgern? Besser ist es doch, er konzentriert sich auf die Inhalte und kauft sich das beste Rechtschreibprogramm, das es gibt. Besser noch: Er wird auf seinem Gebiet so erfolgreich, dass er sich einen Assistenten oder eine Assistentin leisten kann!

Sie haben Schwierigkeiten, sich Ihrem idealen Verhalten zu nähern? Dann probieren Sie es doch einmal mit der »So-tun-als-ob«-Strategie.

So tun als ob

- Sie sind noch nicht selbstsicher? Tun Sie so, als wären Sie es bereits.
- Sie sind noch nicht mutig? Tun Sie so.
- Sie sind noch nicht gelassen? Tun Sie so.
- Sie sind noch nicht erfolgreich? Tun Sie so.

Sie fragen sich jetzt sicherlich: Soll ich andere etwa täuschen und etwas vorgeben, was ich gar nicht bin? Nein, hier geht es nicht um Täuschung, sondern darum, seine geistigen Begrenzungen zu überwinden – eine ganz praktische Möglichkeit, Ihre Glaubenssätze und Ihr damit verbundenes Verhalten leichter zu ändern. Viele Menschen meinen nämlich, ihre Glaubenssätze seien unabänderliche Wahrheiten. Das stimmt nicht: Sie können diese sehr wohl ändern, und zwar indem Sie sie hinterfragen und andere Erfahrungen machen. Man muss sich von seinen eigenen Gedanken nicht alles gefallen lassen. Gerade in ungewohnten Situationen ist die Als-ob-Strategie sehr hilfreich, um erfolgreich abzuschneiden. Sollen Sie vor dem versammelten Vorstand ein Referat über ein Projekt, das Sie leiten, halten, fühlen sich jedoch zu unsicher und wenig überzeugend? Versuchen Sie, sich gerade so zu verhalten, als ob Sie sicher und überzeugend wären. Indem Sie so tun, als ob Sie schon über bestimmte Fähigkeiten verfügen, wirkt sich Ihr Verhalten auf Sie selbst aus. Und je häufiger Sie es zeigen, desto eher wird es zu einem echten Bestandteil Ihrer Persönlichkeit. Nach einiger Zeit müssen Sie dann nicht mehr selbstsicher, überzeugend oder mutig sein – Sie sind es!

Das Vorwegnehmen von Ereignissen hat Einfluss auf das Ereignis selbst.

Die Strategie »So tun als ob« – die übrigens durch Paul Watzlawick bekannt wurde[5] – lässt sich in vielen Situationen einsetzen. Worin liegt der Clou? Darin: Äußeres Verhalten führt zu innerer Haltung, ebenso wie die innere Haltung das äußere

Verhalten beeinflusst. Was heißt das? »So tun als ob« wird ein echtes Verhalten. Sie üben auf diese Weise das gewünschte Verhalten ein, aus Übung wird Gewohnheit. Außerdem werden Sie vermutlich durch die positive Resonanz Ihres Umfelds bestärkt.

Tipp: So stimmen Sie sich positiv

Hierzu ein Tipp: Falls Sie zum Zaudern und Zögern neigen und dazu, alles negativ zu sehen, so gewöhnen Sie sich daran, immer wieder freundlich lächelnd die Mundwinkel aufwärtsgerichtet zu halten. Bald werden Sie spüren, wie Ihnen das Froh- und Freundlichsein mehr und mehr zur zweiten und schließlich zur ersten Natur wird! Dies wird verstärkt durch Ihre Mitmenschen, die positiv auf Ihr Verhalten reagieren.

Vergessen Sie nicht: Wir brauchen andere Menschen. Andere Menschen sind sehr wichtig für Ihren persönlichen Weg zur Verwirklichung Ihrer Wünsche und Visionen.

Andere Menschen sind der Schlüssel

Wer sich wünscht, in seinem Metier zur absoluten Spitze zu gehören – sei dies als Kieferchirurg, Möbelrestaurator oder Unternehmensberater –, hat viel vor sich. Vor allem viel Lernen und Üben. Die gute Nachricht: Sie müssen sich nicht alles selbst erarbeiten und brauchen auch nicht alles neu zu erfinden.

Haben Sie schon einmal darüber nachgedacht, von anderen zu lernen (siehe Kapitel *Warum Vorbilder Sie Ihrem Ziel näher bringen* ab Seite 158) und sich von anderen helfen zu lassen, um selbst besser zu werden, sich mehr Wissen anzueignen, zum Spezialisten zu werden? Lassen Sie uns dazu eine Geschichte erzählen:

Ähnlich haben es viele in anderen Berufsgruppen – insbesondere zahlreiche Zahnärzte – nach dem Mauerfall getan. Zahnärzte aus der ehemaligen DDR haben ganz gezielt Kollegen aus dem Westen angesprochen und sich von ihnen motivieren, inspirieren und helfen lassen. So schafften sie es in relativ kurzer Zeit, auf das gleiche fachliche Niveau zu kommen.

Eine Erfolgsgeschichte

Unser Vater und Großvater Arthur Enkelmann gehörte zu den besten Schneidermeistern Deutschlands. Seine Leistungen wurden mit vielen Goldmedaillen ausgezeichnet. 1940 wurde er in den Krieg eingezogen und musste an der russischen Front dem Vaterland dienen. Erst 1955 wurde er als Spätheimkehrer von Adenauer in Moskau persönlich befreit. Seine Kollegen hatten nach dem Krieg ihr Geschäft wieder aufgebaut und standen vor dem Wirtschaftswunder, er stand vor dem Nichts. Doch schon zwei Jahre später gehörte er wieder zu den besten Handwerkern Deutschlands. Wie hatte er das geschafft? Viele Jahre später ist uns seine Erfolgsstrategie bewusst geworden: Er war noch kein Vierteljahr zurück in Deutschland, da stellte er den Kontakt zu den besten Meistern seines Fachs wieder her. Sie erkennen seine Strategie: Er ließ sich von den Besten nach oben ziehen.

Auch Barack Obama braucht Unterstützer!

Kein Spitzensportler wird Weltmeister, indem er allein für seinen Sieg trainiert. Eine ganze Mannschaft von Trainern, Coachs, Masseuren, Ärzten und Managern ist an dem Erfolg beteiligt. So viel anders ist das im Berufsleben auch nicht. Barack Obama wäre niemals Präsident geworden ohne seine Berater, Pressesprecher und seinen jungen Redenschreiber. Ganz entscheidend für seinen Erfolg war seine Frau, sie hat ihn unermüdlich unterstützt und an ihn und seine Vision geglaubt! Niemand, niemand auf dieser Welt kann seine große Vision allein verwirklichen.

Sehen Sie sich doch einmal in Ihrem beruflichen Umfeld um:

- Wer hat Sie in der Vergangenheit unterstützt?
- Wer ermutigt Sie, wer glaubt an Sie?
- Wer arbeitet mit Ihnen?
- Wer kann Ihnen helfen?
- Wer wird Sie unterstützen und warum wird er das tun?
- Was hat der andere davon, wenn er Sie unterstützt?

Es lohnt sich, sich einmal Gedanken um all die Menschen zu machen, die in Ihren Erfolg eingebunden sind. Das sind nicht nur Kollegen und Mitarbeiter, sondern auch Partner, Familie, Freunde, …

Auf jedem Gebiet gibt es Spezialisten

Stellen Sie sich die Frage: Wo möchte ich in fünf Jahren stehen? Nehmen wir an, Sie möchten auf Ihrem Fachgebiet zum absoluten Spezialisten werden. Gehen Sie jetzt einen Schritt weiter und fragen Sie sich: Wer ist bereits absoluter Fachmann in diesem Bereich? Wer ist spitze? So wie es zum Beispiel führende Modedesigner gibt, gibt es auch führende Pferdezüchter oder führende Phlebologen. In jeder Stadt, in jedem Bundesland, in jedem Land. Liegt es nicht nahe, jene Menschen ausfindig zu machen, die bereits das erreicht haben, was Sie sich als Ziel gesetzt haben? Vermutlich kennen Sie diese Menschen sowieso schon – zumindest vom Namen her. Erstellen Sie sich eine Liste der entsprechenden Personen und bemühen Sie sich darum, möglichst viele von ihnen kennenzulernen. Nehmen Sie Kontakt zu ihnen auf, sprechen Sie sie auf Veranstaltungen an!

Sie können von den Menschen, die auf dem Gebiet bereits Spezialisten sind, so viel lernen – es wäre geradezu dumm, sich nicht von ihnen mitziehen zu lassen! Wir raten Ihnen nicht, eine schlechte Kopie des Gegenübers zu werden, ebenso wenig, diese gezielt auszunutzen und nichts zurückzugeben. Wir raten Ihnen vielmehr, von Genies zu lernen, denn das ist der beste und einfachste Weg, etwas zu lernen. Es wäre sehr unklug, wenn Sie versuchten, das Rad neu zu erfinden, wenn es andere bereits erfunden haben. Wir alle brauchen Vorbilder und gute Lehrer. Erst wenn Sie so gut sind wie Ihr Meister, werden Sie selbst zu einem Meister. Haben Sie aber auch die Größe, dem anderen Nutzen zu bringen. Überlegen Sie sich, was der andere davon hat, Ihnen zu helfen, und wie Sie dem anderen vielleicht helfen können oder womit Sie ihm eine Freude bereiten. Ein gut gehütetes Erfolgsgeheimnis ist, dass Dankbarkeit Sie unvergesslich macht.

Denken Sie bei Ihrer Suche auch an einen bestimmten Personenkreis, von dem Sie ganz besondere Unterstützung erwarten dürfen: von den Menschen, die schon immer an Sie geglaubt und Sie motiviert haben.

Schreiben Sie Ihre fünf größten Unterstützer und Förderer auf.

Auf der Liste stehen möglicherweise Ihre Eltern, Lehrer, Vorgesetzten, Freunde, Mentoren, der Lebenspartner … Auf jeden Fall Menschen, die schon einmal in Ihrem Leben auf Ihre Fähigkeiten vertraut haben, die Sie gefördert, motiviert und unterstützt haben. Genau diese Menschen brauchen Sie: Sie können Ihnen auch jetzt helfen, auf Ihrem Gebiet spitze zu werden. Wichtig ist nur, dass Sie offen sind für gute Ratgeber und dass Sie den Mut haben, um Hilfe und Unterstützung zu bitten!

Gleich und Gleich gesellt sich gern

Spezialisierung – dieser Begriff begleitet Sie künftig immer. Spezialisierung gilt nicht nur für Wissen und Können, sondern auch für das Umfeld. Wollen Sie die Nummer eins in der Werbebranche werden, dann sind Sie bei den Bankern nicht richtig aufgehoben. Ein genialer Programmierer verkehrt mit den besten Programmierern – nie würde ihm einfallen, sich mit Anfängern abzugeben oder gar mit jemandem aus einem ganz anderen Metier. Sie möchten beruflich sehr erfolgreich und die Nummer eins unter den Besten werden? Dann umgeben Sie sich auch mit den Besten, denn dies ist jetzt Ihr Element. So wie die Pinguine auf dem Land erbarmungswürdig, langsam und plump dahinwatscheln, so elegant und pfeilschnell bewegen sie sich im Wasser. Da sind sie in ihrem Element, da können sie zeigen, was in ihnen steckt. Darauf sind sie spezialisiert. Die Gesetze der Natur gelten auch für die Menschen – im Job und im Privatleben.

Gemeinsame Interessen verbinden. Schauen Sie sich einmal in Ihrem beruflichen Umfeld um: Wer versteht sich gut mit wem? Ist Ihnen schon aufgefallen, dass die Erfolgreichen mit den Erfolgreichen zusammen sind, die Loser mit den Losern? Das überrascht nicht. Menschen, die etwas in ihrem Leben und in der Welt bewegen wollen, denken an die Zukunft, sind konstruktiv und planen. Die Verlierer bemitleiden sich selbst und freuen sich, wenn sie zusammen mit Gleichgesinnten über ihr Schicksal jammern können. Die Grundeinstellung verbindet.

Suchen Sie deshalb Kontakt zu Angehörigen Ihres Metiers. Sprechen Sie auf Messen und Fachveranstaltungen andere Menschen Ihrer Branche und Ihres Berufs an. Unter ihnen finden Sie am ehesten Verbündete. Sie trauen sich das nicht zu? Sie denken, Sie müssten erst noch mehr wissen, damit Sie in den erlauchten Kreisen ernst genommen werden? Wer hat Ihnen das denn eingeredet? Vielleicht rühren diese Denkstrukturen noch aus Ihrer Kindheit her, als Sie angehalten wurden, nur ja nichts Falsches zu sagen, lieber den Mund zu halten. Doch es gibt keinen Grund, sich nicht in die Elitekreise zu begeben. Learning by doing – da muss sich niemand schämen.

Bitte, helfen Sie mir! – Einzelkämpfer kommen nicht weit

Für jeden von uns gibt es Schlüsselpersonen. Diese haben Einfluss auf Bereiche, die für unser Fortkommen entscheidend sind. Sie sind in der Lage, uns erfolgreich zu machen. Was liegt da näher, als diese Menschen für sich zu gewinnen und sich wortwörtlich von ihnen »hochziehen« zu lassen? Nichts – doch ist es anscheinend für viele ein riesengroßes Problem, sich von jemandem helfen zu lassen. Ihre Eitelkeit steht ihnen im Weg. Sie wollen alles selbst machen. Oder sie wenden ein: »Ich möchte nicht lästig sein.« Sie lassen ihre Chance verstreichen, sich von den Erfolgreichen, die eigentlich ihr Vorbild sein müssten, Tipps, Empfehlungen und Hilfestellung geben zu lassen. Lieber dümpeln sie weiter in ihrer Mittelmäßigkeit dahin, als sich von Karriereförderern, Türöffnern und Projektunterstützern helfen zu lassen. Dabei gibt es doch keinen Satz, der mehr zum Handeln motiviert als »Bitte, helfen Sie mir«! Die meisten Menschen sind nur allzu gerne bereit zu helfen; sie sind froh, wenn sie gefragt werden, wenn sie ihr Wissen teilen können. Interessanterweise haben wir festgestellt, dass gerade erfolgreiche Menschen eine Art Helfersyndrom haben: Sie wollen sogar gefragt und angesprochen werden! Machen Sie sich dies zunutze. Die Besten sind oft enttäuscht, wenn sie nicht gefragt werden. Machen Sie sich vor allem bewusst: Einzelgänger und

Eigenbrötler kommen nicht halb so weit wie Menschen, die sich Unterstützer und Mentoren suchen, von deren Erfahrung und Wissen profitieren, sich mit ihnen austauschen und sich anleiten lassen. Springen Sie also über Ihren Schatten der Eitelkeit und lassen Sie sich helfen!

Niemand muss alles alleine schaffen

Der amerikanische Motivator Dr. Robert H. Schuller erzählte uns einmal folgende Geschichte: »*Viele Jahre lang legte ich großen Wert darauf, alles alleine zu machen. Das ging so weit, dass ich mein gesamtes Gepäck immer selbst vom Gepäckband im Flughafen hievte und zum Taxi brachte. Selbst wenn ich auf einer langen Reise war und entsprechend schwere Koffer dabei hatte. Eines Tages ging mir ein Licht auf und seitdem sprach ich Menschen an mit den Worten ›Bitte, helfen Sie mir‹. Offensichtlich kann niemand auf diese so offen ausgesprochene Bitte mit einer Absage reagieren. Seitdem musste ich nie mehr alleine meine schweren Koffer schleppen.*«

Jemanden um Unterstützung zu bitten ist kein Zeichen von Schwäche. Gleichzeitig ist es aber auch wichtig, dass Sie soziale Kompetenz zeigen, um Verbündete zu gewinnen und in Netzwerke eingebunden zu werden. Wie schon Johann Wolfgang von Goethe sagte, »*... gibt es kein größeres und wirksameres Mittel ... als das Zusammenarbeiten überhaupt*«[6]! Legen Sie in Ihrem Kopf den Schalter um. Denken Sie nicht »Ich brauche keine Hilfe«, sondern überlegen Sie »Wer kann mir helfen?«. Haben Sie also den Mut, von Genies zu lernen. Fangen Sie am besten gleich damit an:

> Packen Sie die nächste Gelegenheit – wo auch immer sich diese bietet – beim Schopfe und sprechen Sie andere Menschen an, von denen Sie lernen möchten, von denen Sie Empfehlungen haben möchten. Ihrer Fantasie sind dabei keine Grenzen gesetzt: Sie können nach Marktchancen, Weiterbildungsmöglichkeiten, Kontakten usw. fragen. Oder Sie formulieren ganz direkt: »Was kann ich tun, um das zu erreichen, was Sie erreicht haben? Bitte geben Sie mir einen Tipp.«

ZUSAMMENFASSUNG KAPITEL 10

- Jetzt müssen Sie es »wagen« und ins Handeln kommen. Am besten fangen Sie gleich heute an – hängen Sie sich mit Ihrer ganzen Willenskraft an die Wunschverwirklichung!
- Der notwendige Mut kommt automatisch, wenn Sie aktiv werden. Zögern Sie nicht, denn jeder Mensch hat Möglichkeiten zur Entfaltung – er muss sie nur nutzen!
- Optimismus ist der Garant für die Erfüllung Ihrer Wünsche und Visionen: Mit einer positiven Einstellung lassen sich schwierige Aufgaben besser bewältigen und große Ziele erreichen.
- Auf jedem Erfolgsweg gibt es Rückschläge. Seien Sie darauf gefasst und lassen Sie sich von Widrigkeiten – ganz gleich, welcher Art – nicht abschrecken und entmutigen.
- Glauben Sie an sich, seien Sie von Ihren Fähigkeiten überzeugt. Dann wirken Sie auch auf andere überzeugend.
- Betrachten Sie es sportlich, wenn Ihnen Fehler unterlaufen. Das ist menschlich. Rechnen Sie nach der 10-4-6-Formel grundsätzlich vier Fehler mit ein, damit Sie zu sechs Erfolgen kommen!
- Wenden Sie die »So-tun-als-ob«-Strategie an, um neue Verhaltensweisen zu trainieren und in ungewohnten Situationen zu bestehen.
- Einzelkämpfer kommen nicht weit: Sie brauchen andere Menschen, die Sie auf dem Weg zu Ihrem Wunschziel unterstützen. Suchen Sie die Schlüsselpersonen, die Ihnen weiterhelfen können. Viele Unterstützer befinden sich in Ihrem direkten Umfeld! Andere müssen Sie ansprechen.

11. Siegen – Wünsche und Visionen erfüllen sich

Das Fundament für Ihr Glück und Ihren Erfolg haben Sie jetzt gelegt: Sie haben Ihre Wünsche herausgefiltert und formuliert. Wenn Sie nun glauben, ohne Anstrengung rasch zum Erfolg zu kommen, werden Sie enttäuscht werden. Durch Wünschen und Nichtstun allein können sich Menschen nicht weiterentwickeln. Niemand kann sich ändern, neue Fertigkeiten erlernen und seinen Visionen Schubkraft geben, indem er ausschließlich nachdenkt und sich etwas wünscht. Um Ihr Ziel zu erreichen, müssen Sie vielmehr Engagement, Leidenschaft und Fleiß an den Tag legen!

10 000 Stunden bis zur Perfektion

»*Was ist der Unterschied zwischen Erfolg und Nicht-Erfolg?*«, fragte sich der bekannte Autor Malcolm Gladwell. Er machte sich auf die Suche nach Antworten und fand verblüffende Studien. Demnach liegen zwischen Erfolg und Nicht-Erfolg 10 000 Stunden voller Training, Disziplin und Ausdauer.[1] Gladwell fasst damit Erkenntnisse des Psychologen Anders Ericsson von der Florida State University zusammen, der dies bereits seit 1993 untersuchte. Auch der US-Neurologe Daniel Levitin von der McGill University in Montreal konnte mit seinen Studien die 10 000-Stunden-Regel bestätigen.[2] Er fand heraus, dass sich ein gewöhnlich Begabter mindestens 10 000 Stunden mit einer Sache beschäftigen müsse, um eine spezielle Fertigkeit professionell ausführen zu können, ja zur Weltspitze zu gehören. Das entspricht drei Stunden täglichem Training über einen Zeitraum von zehn Jahren. Dies gilt für Geschäftsleute ebenso wie für Musiker, Sportler oder Mediziner.

Talent zeigt sich in Übung

Tatsächlich haben Ausnahmemenschen wie Albert Einstein, Mozart und Tiger Woods bemerkenswerte Ähnlichkeiten: Nicht das Geniale befähigte sie zu Spitzenleistungen. Nein, vielmehr brachten Training und Zielstrebigkeit den Physik-Nobelpreisträger, den Wunderknaben und den Spitzengolfer voran. Die Ansicht, Begabung sei etwas Angeborenes, ist sehr verbreitet. Entweder man hat das Talent – oder eben nicht. Seit Jahrzehnten beschäftigen sich Wissenschaftler damit, das Geheimnis der Begabung zu erforschen. Mittlerweile ist eine fast revolutionäre Überzeugung gereift: Begabung ist unwichtig! Anders Ericsson von der Florida State University, einer der weltweit führenden Talentforscher, meint: *»Bisher existiert kein überzeugender Beweis, dass besondere Fähigkeiten angeboren sind.«*[3] Die Vorstellung, dass bestimmte Fertigkeiten wie Schwimmen, Malen oder Programmieren genetisch bedingt seien, sei falsch. Das Rezept für die Karriere erfolgreicher Musiker, Sportler und Politiker sei schlichtweg: üben.

Die Untersuchung auf der folgenden Seite wird gerne zitiert, wenn es darum geht, die Bedeutung von Training und Einsatz dem Phänomen Talent gegenüberzustellen[4].

Ericsson leitete als Erster aus den Erkenntnissen die herausragende Gemeinsamkeit von Ausnahmemenschen ab: 10000 Übungsstunden sind nötig, um außergewöhnliche Fähigkeiten zu entwickeln. Einzige Voraussetzung: Sie müssen körperlich und geistig gesund sein. Der Psychologe Mihaly Csikszentmihalyi hat sich 91 kreative Köpfe vorgeknöpft – Schriftsteller, Musiker, Physiker, Biologen, viele Nobelpreisträger. Er stellte fest: Sämtliche Denker und Schöpfer waren harte Arbeiter – sie waren sogar von Arbeit regelrecht besessen. Erfolgreiche Kreative, so fasst es Csikszentmihalyi zusammen, machen Überstunden und arbeiten mit höchster Konzentration.[5]

Das Fazit dieser Untersuchungen: Begabung und Talent sind zwar förderlich, aber ohne Übung, ohne viele Wiederholungen

Stundenlang Musik

Berlin hat viele klassische Orchester und entsprechend gute Musikschulen. Der Psychologe Anders Ericsson hat sich zusammen mit Kollegen vom Berliner Max-Planck-Institut für Bildungsforschung das Ziel gesetzt, herauszufinden, welche Faktoren dazu führten, dass eine junge Frau im Geigenspiel Spitzenleistungen erzielt oder nur ein durchschnittliches Niveau erreicht. Dazu nahm er Kontakt zu Musikschulen auf und versuchte, möglichst viele Violinistinnen für seine Befragung zu gewinnen. Ericsson teilte die jungen Geigenspielerinnen in drei Gruppen ein: in solche mit nachgewiesenen Spitzenleistungen (solche, die in großen Orchestern bereits die Erste Geige spielten), in solche mit sehr guten Leistungen und in solche, die sich auf den Berufswunsch Musiklehrerin beschränkten. Als vierte Gruppe nahm Ericsson erfahrene, professionelle Geigerinnen dazu.

Die Ergebnisse dieser Studie waren überraschend: Es war vor allem das Ausmaß an Zeit, das die Violinistinnen in das Üben mit ihrem Instrument investiert hatten, nach dem sich die Gruppen unterschieden: Die später erfolgreichen Musikerinnen übten bereits im Alter von acht Jahren doppelt so lange Geige (vier Stunden pro Woche) als die später weniger erfolgreichen. Im Alter von zehn Jahren übten die erfolgreichen Musikerinnen bereits acht Stunden pro Woche, ebenfalls doppelt so viel wie die anderen. Und im Alter von 14 Jahren hatten die Erfolgreichen ihr Übungspensum bereits auf 16 Stunden gesteigert, wieder doppelt so viel wie die späteren Musiklehrerinnen. Die Spitzenmusikerinnen hatten somit bis zum Alter von 20 Jahren bereits mehr als 10000 Stunden mit ihrem Instrument gespielt, während es die Musiklehrerinnen nicht einmal auf 5000 Stunden brachten. Erfolg, so folgerte Ericsson, sei also vor allem abhängig von Arbeit und Anstrengung.

und Training lassen sich damit keine großen Erfolge erzielen. Ohne Fleiß kein Preis, sagt schon eine altbekannte Redewendung.

Jeder kann ein Genie werden

Wir können also viel mehr leisten, als wir glauben! Angeborene Begabungen und Talente haben gar nicht den entscheidenden Einfluss, wie immer angenommen wird. Zwar sagt man schon einmal schnell dahin: »Er ist ein geborener Verkäufer«, doch in Wahrheit gibt es das damit beschriebene Phänomen nicht.

Mensch werden ist ein Lernprozess

Wir Menschen bringen alle Anlagen für unsere Entwicklung mit. Diese Entwicklung läuft aber nicht wie beim Tier »naturwüchsig«, gleichsam wie von selbst ab. Unser Menschwerden kann vielmehr total misslingen. Gut, so schreibt Johannes Schwarte in seinem Buch *Der werdende Mensch*[6], werden wir nicht von selber. Wir Menschen brauchen für unsere Entwicklung sowohl Erziehung, also absichtliche Einwirkungen, als auch Sozialisation, das heißt die nicht absichtsgeleitete Weitergabe von Werten, Fähigkeiten und Eigenschaften, die eine menschliche Gesellschaft auszeichnen.

Viele wollen immer klüger werden, aber nur wenige streben danach, wirklich genial zu werden. Kaum einer wird schon als Genie geboren – doch jeder hat die Fähigkeiten dazu bereits in sich. Jeder könnte auf seinem Gebiet ein Genie sein. Aber erst der Glaube aktiviert die Kräfte zur Verwirklichung dieser Behauptung.

Glaube führt zur Tat und Konzentration zum Erfolg; Wiederholung führt zur Meisterschaft. (14. Grundgesetz der Lebensentfaltung)

Entscheidend ist die Motivation

Es kommt nur darauf an, unsere Fähigkeiten und Begabungen zu entdecken und zur Entfaltung zu bringen. Und schlussendlich ist natürlich die Bereitschaft entscheidend, hart zu arbeiten

Barack Obama wäre vor 20 Jahren wohl noch nicht gewählt worden. Vielleicht wäre er auch bei den amerikanischen Präsidentschaftswahlen 2008 nicht gewählt worden – wenn sein Vorgänger George W. Bush nicht so viele Fehler gemacht hätte und so unbeliebt geworden wäre. Diese historischen Umstände haben Obamas Wahlsieg maßgeblich mit beeinflusst. Ganz unabhängig von seinem persönlichen Talent.

und zu trainieren. Denn jedes Talent entfaltet sich nur durch Betätigung – sei es bei Künstlern, Sportlern oder Managern! Erst die Begeisterung für das Ziel gibt die Kraft zum Training, zum Wiederholen. Konzentration führt zum Erfolg, und jeder Mensch kann seine Ziele erreichen, wenn er sie genau kennt und sich darauf konzentriert. Unerlässlich für die Entwicklung unserer Talente ist also die Handlung. Dafür wiederum ist Motivation wichtig. Ohne Motivation ist nicht nur aller Anfang schwer, ohne Motivation hört man irgendwann auf zu trainieren. Erst die Motivation bringt uns dazu, etwas zu tun. Und jeder erreichte Erfolg motiviert uns stets aufs Neue, den nächsten Erfolg anzugehen.

Viele Seminarteilnehmer sind erstaunt, wenn sie erfahren, dass die Grundgesetze der Lebensentfaltung schon viele Jahrhunderte alt sind. Vielleicht war nicht einmal Aristoteles der Erste, der formulierte: *»Gib mir einen Punkt und ich werde die Welt aus ihren Angeln heben.«* Das gilt auch für Sie, lieber Leser! Je mehr Sie gleichzeitig wollen, umso weniger können Sie wiederholen. Je weniger Sie wiederholen, umso schwächer sind Sie und damit Ihr Talent. Daher: Versuchen Sie auf einem Gebiet der Beste zu werden.

Mit der Konzentration, mit der Spezialisierung beginnt Ihr Aufstieg. Wenn sich dann Ihr größter Wunsch erfüllt, haben sich tausend kleine Wünsche automatisch mit erfüllt. Beschränken Sie sich auf das Wichtigste, das ist Konzentration. Haben Sie den Mut, werden Sie einmalig, denn es ist wirklich möglich. Neben Ihrem Talent sind der richtige Zeitpunkt und der Bedarf entscheidend dafür, ob Sie ein Genie werden. Doch selbst wenn die äußeren Faktoren nicht unbedingt optimal sind, haben Sie Steigerungsmöglichkeiten: Jeder kann in jedem Fall um 20 Prozent besser werden!

Die Macht der Dankbarkeit

»Dankbarkeit macht den Ärmsten reich.«

(ANDREAS TENZER)

Erreichen wir unsere Ziele, sind wir erfolgreich, haben wir unsere Träume und Wünsche wahrgemacht, dann klopfen wir uns stolz auf die Brust und sind zufrieden mit uns. Dagegen wäre nichts zu sagen, wenn wir zugleich ein Gefühl der Dankbarkeit hätten. Dankbar zu sein schon dafür, in dieser Welt und in diesem Umfeld leben zu dürfen! Haben Sie einmal überlegt, wie Ihr Leben wohl aussehen würde, wären Sie in einem Slum von Kalkutta oder in einem Dorf mitten in Afrika auf die Welt gekommen?

Nie gab es so viele Chancen

Nie gab es so viele Möglichkeiten und Chancen wie heute in unserem Teil der Welt. Und nirgends lebt man besser und sicherer als bei uns. Hier haben Sie die Freiheit, sich zu entfalten. Ihr Leben zu gestalten, so wie Sie es wollen; hier darf jeder seine Meinung äußern. Jeder, der gesund ist, Schulen besuchen und Arbeit finden kann, hat Grund, dankbar zu sein. Wir haben sogar die Chance, an unserer Entwicklung zu arbeiten. Wo sonst gibt es diesen Luxus? In anderen Gegenden dieser Welt wird ums nackte Überleben gekämpft. Da ist die Beschäftigung mit Geist und Seele ein unvorstellbarer Gedanke. All das haben wir – und wir glauben, wir hätten keinen Grund, dankbar sein zu müssen!

Viele Gründe, um dankbar zu sein

Der Blick vom Berggipfel ins Tal, ein schöner Sonnenuntergang, ein verständnisvoller Händedruck in kritischer Lage, aber auch das Essen in einem Luxusrestaurant – für all das wäre durchaus Dankbarkeit angebracht. Freunde, auf die man sich verlassen kann, Chefs, von denen wir lernen dürfen, verständnisvolle Gesprächspartner, interessante Menschen, die uns im Lauf des Lebens begegnen, sollten wir nicht als selbstverständlich hinnehmen. Dankbarkeit ist einer der vielen Schlüssel zum Glück und zu einem erfüllten Leben. Wenn wir uns bewusst daran erinnern, wofür wir dankbar sein können, dann macht sich ein tiefes Gefühl der Befriedigung, der Zufriedenheit und der Freude in uns breit. Wer ein Gefühl der Dankbarkeit aufbringt für alles, was er hat, erlebt und erreicht, nimmt damit einen positiven und gewinnbringenden Einfluss auf sein Leben.

Dankbarkeit macht stark

Die Forschung hat sich mit der Dankbarkeit befasst und herausgefunden, dass Dankbarkeit weniger anfällig macht für Depressionen, für Ängste, dafür emotional stärkt und den Umgang mit anderen erleichtert. Dankbarkeit korreliert am höchsten mit dem allgemeinen Glücksempfinden, anders gesagt: Sie werden keinen undankbaren Menschen finden, der glücklich ist.

Fragen Sie sich:

- Sind Sie dankbar?
- Danken Sie anderen für ihre Hilfe und Unterstützung?
- Benutzen Sie das Wort »danke« häufig?
- Wem sind Sie dankbar?
- Wofür empfinden Sie tiefe Dankbarkeit?

Erfolge wollen gefeiert werden

»Tages Arbeit, abends Gäste!
Saure Wochen, frohe Feste!
Sei dein künftig Zauberwort.«[7]

(JOHANN WOLFGANG VON GOETHE)

Wann haben Sie das letzte Mal einen Erfolg gefeiert? Mit Ihren Arbeitskollegen oder Geschäftspartnern einen gelungenen Projektabschluss? Mit Ihren Freunden Ihre erfolgreiche Beförderung? Oder mit Ihren Kindern den Abschluss des letzten Schuljahrs? Vor lauter Alltagsroutine vergessen wir leider oft, innezuhalten, Erfolge zu feiern, sie gemeinsam mit Freunden und der Familie zu genießen. Häufig läuft »business as usual« am nächsten Tag ganz einfach weiter, ohne dass hervorragende Leistungen honoriert wurden.

Sich und andere belohnen

Und dabei ist es doch enorm wichtig, dass Leistung sichtbar gemacht und anerkannt wird! Nichts motiviert mehr – andere und uns selbst. Anerkennung baut auf und spornt zu neuen Höchstleistungen an. Wir sollten uns und andere viel mehr belohnen! Es ist so einfach: Ein Blumenstrauß ist rasch besorgt, um der Assistentin für ihre letzte Nachtschicht zu danken. Ein paar Worte des Lobes an die Organisatoren des gelungenen Meetings sind schnell ausgesprochen. Ein kleiner Umtrunk mit dem Team, das das neue Projekt erfolgreich auf den Weg gebracht hat, ist umgehend organisiert ... Nicht zu vergessen ein großes Dankeschön an den Partner, der einen (wenn auch manchmal zähneknirschend) immer unterstützt und ertragen hat.

Auch im privaten Bereich ist es ähnlich einfach, Anerkennung und Aufmerksamkeit zu zeigen. Feiern Sie Kindergeburtstage, gehen Sie zum Abschlussball Ihrer Tochter. Oder planen Sie einmal für Ihre Frau / Ihren Mann ein richtiges Geburtstagsfest: eine schöne Geste des Dankes und der Anerkennung!

Gewöhnen Sie es sich an, im Berufs- und Privatleben positives Feedback zu geben. Reagieren Sie nicht nur bei Dingen, die nicht gut laufen. Nein – alles, was gut gelaufen ist, verdient Anerkennung. Hier gilt es, einzuhaken. Und geben Sie auch Ihren Mitmenschen Gelegenheit, sich mit Ihnen zu freuen und zu feiern, wenn Sie Ihrer Vision näher gekommen sind, wenn Sie ein Ziel erreicht haben und sich für Sie ein Wunsch erfüllt hat.

Ihre persönliche »Wall of Fame«

Wählen Sie einen Raum oder eine Wand aus, wo Sie sich »verewigen«. Hängen Sie dort Zeugnisse, Urkunden, Schriftstücke, Presseberichte, Fotos usw. auf, die Sie an Ihre eigenen Erfolge erinnern. Wenn Sie diese täglich vor Augen haben, motiviert Sie das zu neuen Taten.

Ihre Wall of Fame ist nicht dazu da, andere zu beeindrucken, sie dient dazu, dass Sie selbst nicht vergessen, wie talentiert Sie sind. Dies hat nichts mit Eitelkeit zu tun, sondern damit, stolz auf die eigenen Leistungen zu sein. Jeder Sportler hat so einen Raum. Glauben Sie, dass das Zufall ist?

Denken Sie sich auch mögliche Belohnungen aus. Bei kleinen Erfolgen gibt es zum Beispiel eine schöne CD, bei großen Erfolgen eine Reise in die Karibik!

ZUSAMMENFASSUNG KAPITEL 11

- Nicht das Geniale befähigte Albert Einstein, Wolfgang Amadeus Mozart oder Tiger Woods zu Spitzenleistungen. Vielmehr waren es Training und Zielstrebigkeit.
- Forscher stellten fest: 10000 Stunden Übung, Wiederholung und Training sind notwendig, um außergewöhnliche Fähigkeiten zu entwickeln.
- Kein Mensch wird als Genie geboren. Jeder hat die Fähigkeiten in sich, die ihn zu einem Genie machen. Allein durch Betätigung entfalten Sie Ihr Potenzial, das in Ihnen steckt. Warten Sie nicht, sondern kommen Sie JETZT ins Handeln!
- Werden Wünsche wahr, wäre auch ein Gefühl der Dankbarkeit angebracht, denn: »Dankbarkeit macht den Ärmsten reich.«
- Dankbarkeit hängt eng mit dem allgemeinen Glücksempfinden zusammen. Wer dankbar ist, fühlt sich glücklicher und zufriedener.
- Feiern Sie kleine und große Erfolge – Ihre eigenen und die der anderen! Es ist ungemein wichtig, dass Erfolge anerkannt und honoriert werden.
- Kritisieren Sie nicht nur, sondern geben Sie positives Feedback, wenn etwas gut gelaufen ist.

12. Auch ich habe einen Traum …

Wünschen, Planen, Wagen, Siegen – dies ist Ihr Weg, der Ihren Traum Wirklichkeit werden lässt. Wenn Sie diesen Weg beschreiten, dann werden Sie nicht nur über den Sinn des Lebens nachdenken, sondern Ihrem Leben ganz bewusst einen Sinn geben und diesen auch erfüllen! Unsere Welt braucht dringend Menschen, die Nutzen erbringen, die bereit sind, sich für etwas einzusetzen.

Lassen Sie zum Ende noch einmal die Kernstücke unserer Glückstheorie Revue passieren. Wir haben sie in den »33 Weisheiten des Wünschens« zusammengefasst:

Die 33 Weisheiten des Wünschens

1. Wünsche sind der Schlüssel zur Selbsterkenntnis.
2. Wünsche kommen aus den tiefsten Schichten der Persönlichkeit.
3. Wünsche sind Ausdruck von Talenten und Stärken, die im Menschen schlummern.
4. Wünsche sind flüchtig; darum sollten wir ihnen mehr Beachtung schenken und sie schriftlich sammeln.
5. Wünsche bekommen durchs Aufschreiben Wurzeln.
6. Wünsche sind das beste Hilfsmittel, um die Entwicklung der eigenen Persönlichkeit zu steuern.
7. Wünsche formen und bilden den Charakter.
8. Wünsche erweitern den geistigen Horizont.
9. Wünsche beherbergen unsere verschlüsselten, unbewussten Lebensentwürfe.
10. Wünsche sind Spiegelbilder der Zukunft.

11. Mit unseren Wünschen leben wir bereits in unserer Zukunft.
12. Mit unseren Wünschen holen wir die Zukunft in die Gegenwart hinein.
13. Wünsche sind Ausdruck von Bedürfnissen (impliziten Motiven).
14. Wünsche sind der Sieg der Hoffnung über die Angst.
15. Ein optimistischer Mensch hat mehr Wünsche als ein Pessimist.
16. Je klarer ein Wunsch Gestalt annimmt, desto mehr gewinnt der Mensch an Mut und Zuversicht.
17. Wünsche helfen uns, über uns selbst hinauszuwachsen.
18. Wünsche helfen uns, Ängste und Hemmungen zu überwinden.
19. Wünsche sprengen die engen Grenzen des Habitus.
20. Wünsche sind Wegweiser in eine glückliche Zukunft.
21. Wünsche erweitern unser Bewusstsein, indem sie das scheinbar Unmögliche in Gedanken entstehen lassen und die Zukunft vorwegnehmen.
22. Wer seine Wünsche nicht kennt, lässt sich vom Alltag verführen und regieren.
23. Wünsche geben dem Unterbewusstsein eine Richtung, eine Aufgabe vor.
24. Es gibt verschiedene Wünsche (berufliche, zwischenmenschliche, gesundheitliche, Erlebnis-Wünsche, finanzielle, kulturelle usw.).
25. Wunschkonzentration ist der geheime Schlüssel zum Glück.
26. Wünsche lenken unsere Wahrnehmung und Erwartungen.
27. Wünsche sind verschieden stark.
28. Wünsche haben unterschiedlichen Wert.
29. Je stärker der Wunsch, umso größer die Motivation – und diese Motivation bestimmt die Leistungsfähigkeit des Gehirns. Das heißt, ohne Wünsche gibt es keine positive Motivation.
30. Was der Mensch sich wünschen kann, das kann er auch verwirklichen.
31. Das Vorwegnehmen von Ereignissen hat Einfluss auf das Ereignis selbst.
32. Wunschverwirklichung beweist das gewaltige Entwicklungspotenzial, das im Menschen steckt.
33. Glück ist die Belohnung für Wunscherfüllung: Es gibt kein Glück ohne Erfüllung von Wünschen!

Wussten Sie, dass Ihre Wünsche und Ihr Selbstbewusstsein ganz eng miteinander zusammenhängen? In dem Moment, in dem Sie Ihre eigenen Wünsche kennen und bejahen, beginnt Ihr Selbstbewusstsein zu wachsen! Wenn Sie dann noch den Mut aufbringen, sich auf einen großen Wunsch zu konzentrieren, und bereit sind, Zeit und Energie zu investieren, dann wird scheinbar Unmögliches möglich: Sie werden ganz automatisch zu einem großen Vorbild für viele andere Menschen.

So vollbrachte ein 10-jähriger Junge scheinbar Unmögliches. Lesen Sie selbst, was sich vor vielen Jahren ereignete:

Tu endlich etwas, du fauler Hund!

In Nordrhein-Westfalen erkrankte ein 10-jähriger Schüler an Kinderlähmung. Seit diesem Tag war er an den Rollstuhl gefesselt und sein Leben veränderte sich sehr. Er zog sich in sich selbst zurück, wurde zu einem Bücherwurm, einem Stubenhocker. Denn er konnte nicht mehr – wie alle anderen Kinder – Räuber und Gendarm, Nachlaufen und andere Spiele spielen. Die Klasse des Jungen war organisiert im CVJM, dem christlichen Verein junger Männer. Zwei Jahre später verließ ausgerechnet der Schriftführer des CVJM die Klasse. Da der Posten nun vakant war und keiner der anderen Lust auf diesen Job hatte, fragte man den jetzt 12-jährigen erkrankten Jungen: »Möchtest du diesen Posten übernehmen?« Am liebsten hätte er vor Freude »Ja« gesagt, aber er traute sich nicht. Da man für diese Aufgabe jedoch keinen anderen Schüler gewinnen konnte, fragte man ihn immer wieder. Nach vier Wochen war er dazu bereit. Es war für ihn ein schöner Tag, denn nun war er wieder mit dabei, wenn geplant und organisiert wurde. Er war nicht länger ein Außenseiter. Oft haben Kranke ein noch intensiveres Mitgefühl als gesunde Menschen. So machte der Junge eines Tages bei einer CVJM-Sitzung den Vorschlag: »Wir sollten Geld sammeln für ein Lepra-Krankenhaus in Indien.«

Nicht die kleinste Reaktion in der Versammlung erfolgte. Aus Trotz und verletztem Stolz kündigte er an: »Dann mache ich es allein.« »Das wirst du schon schaffen«, sagten die anderen, aber er spürte genau, dass sie es ihm nicht zutrauten und es nur sagten, um ihn nicht zu kränken. Er meditierte und überlegte – er überlegte und meditierte. Doch nichts geschah. Eines Tages kam seine gesunde Schwester aus der Stadt und brachte ihm aus einer Buchhandlung ein großes Poster mit. Vielleicht kennen Sie solche Poster, auf denen Sprüche stehen wie »Vor dem Denken das Gehirn einschalten« usw. Auf diesem Poster stand allerdings: »Tu endlich etwas, du fauler Hund!« Der Junge meditierte nicht mehr, er überlegte nicht mehr, er handelte. Er telefonierte, schrieb Briefe und schon nach 14 Tagen hatte er die ersten 1300 Euro zusammen. Mit diesem Geld ging er zur nächsten Sitzung des CVJM. Plötzlich waren alle Kameraden für seine Idee. Das Lepra-Krankenhaus wurde gebaut – aufgrund der Initiative eines 12-jährigen Jungen im Rollstuhl. »Tu endlich etwas, du fauler Hund!« – Was muss passieren, damit in Ihrem Leben etwas passiert?

Wie wichtig die Initiative zu handeln auch ist – das Allerwichtigste ist, dass Sie Ihren Traum nie aufgeben und sterben lassen!

Lassen Sie Ihren Traum nicht sterben!

Vor über 20 Jahren kam der Film *Flashdance* in die Kinos. Ein fantastischer Film, den viele Millionen von Menschen gesehen haben und der heute zu Recht zu den Klassikern zählt. Er handelt von zwei jungen Mädchen, die als Tänzerinnen Karriere machen wollen: die eine als Eiskunstläuferin, die andere als Balletttänzerin. Beide bekommen die Chance, vorzutanzen. Die Eltern der Eiskunstläuferin sagen: »Was soll das, muss das sein, das bringt doch nichts.« Doch die Tochter besteht darauf und geht mit ihren Eltern zum Eislauf-Casting. Die Musik beginnt, sie tanzt brillant, die Eltern sind sehr stolz auf ihre Tochter – in diesem Augenblick stürzt sie. Der Kommentar der Eltern: »Warum hast du uns das angetan? Was werden die Leute jetzt von uns sagen?« Auch die Balletttänzerin bekommt ihre Chance, sie beginnt ihren Tanz, auch sie stürzt, steht allerdings auf, tanzt brillant und gewinnt einen Platz in der besten Tanzakademie des Landes. Eine großartige Karriere beginnt. Nach Wochen fragt sich die Balletttänzerin, was eigentlich aus ihrer Freundin, der Eiskunstläuferin, geworden ist. Sie stellt Nachforschungen an. Ihre Freundin hat Temperament und Leidenschaft und ist eine begabte Eisprinzessin, doch wo ist sie untergetaucht? Durch Zufall erfährt sie, dass diese in einem Striptease-Schuppen gelandet war. Jetzt beginnt im Film eine atemberaubende Szene: Die Balletttänzerin zerrt ihre Freundin aus dem Striptease-Lokal heraus und es kommt zu einem erschütternden Streit, in dem die Balletttänzerin schließlich fragt: »Wie konntest du da nur landen?« Und die Eiskunstläuferin sagt: »Ein Mensch, der seinen Traum verliert, stirbt.«

Auch Sie haben einen Traum, bitte lassen Sie ihn niemals sterben!

Der Umgang mit Niederlagen oder Misserfolgen zeigt uns den Unterschied zwischen einer Person und einer Persönlichkeit: Ob ein Mensch Hindernisse überwinden, Schwächen in Stärken umwandeln kann oder ob er den Stürmen des Lebens nicht standhält, hinfällt und liegen bleibt, hängt von seiner Persönlichkeit ab. Eine starke, in sich ruhende und von ihren Fähigkeiten überzeugte Persönlichkeit kann schwerste Niederlagen verkraften. Wer sich selbst fordert, wird stark. Haben Sie Mut, vertrauen Sie auf sich und setzen Sie sich hohe Ziele.

Niederlagen muss man erlebt und erlitten haben, um Siege und Erfolge richtig genießen zu können. Ohne Kummer und Sorgen wäre Glück wertlos. Verwandeln Sie Tränen in Edelsteine, Probleme in Glück, Niederlagen in Siege.

Die 14 Grundgesetze der Lebensentfaltung

Ein System, das Lebensglück verspricht, muss im Einklang mit den Naturgesetzen stehen. Wer die 14 Grundgesetze der Lebensentfaltung und das damit verbundene Gedankengebäude kennt, hat die wirkungsvollste Basis für sein Lebensglück. Einige psychologische Theorien sind wirksam, andere intellektuell interessant, jedoch für den Alltag unwirksam. Lassen Sie sich motivieren, sich immer wieder mit den 14 Grundgesetzen auseinanderzusetzen. Die beste Möglichkeit, sie in Ihrem Unterbewusstsein einzuprägen, ist, sie auswendig zu lernen.

Auswendig lernen heißt: das Unterbewusstsein prägen, damit es unbewusst und damit ganz automatisch die 14 Grundgesetze nutzen kann. Autofahren lernt man, indem man alle Regeln auswendig lernt und sie anschließend vergisst. Erfolgreiches Reden lernt man durch Auswendiglernen aller Regeln der Rhetorik, die man dann vergisst, um sie wie ganz selbstverständlich unbewusst anzuwenden. Genauso können wir auch erlernen, ein wertvolles Leben zu führen. Indem Sie die 14 Grundgesetze auswendig lernen, werden Sie diese auf natürliche Weise im Alltag nutzen. Leben sich entfalten zu lassen, im Einklang mit der Natur zu leben – dies ist unser gemeinsames Motto.

1. Nur der Mensch hat die Kraft, bewusst zu denken, zu planen und zu gestalten. Nur er kann sich selbst und damit sein Schicksal und seine Zukunft gezielt beeinflussen.
2. Am Anfang jeder Tat steht die Idee. Nur was gedacht wurde, existiert.
3. Gedanken entwickeln sich im Unterbewusstsein aus dem Menschen selbst oder durch äußere Einflüsse.
4. Das Unterbewusstsein – die Baustelle des Lebens und der Arbeitsraum der Seele – hat die Tendenz, jeden Gedanken zu realisieren.
5. Aus dem kleinsten Gedankenfunken kann ein leuchtendes Feuer werden.
6. Was wachsen soll, braucht Nahrung, die Nahrung der Gedanken ist die Konzentration.
7. Bewusste oder unbewusste Konzentration ist die Verdichtung von Lebensenergie.
8. Im Streit zwischen Gefühl und Intellekt siegt immer das Gefühl.
9. Gefühle lenken und verstärken die Konzentration unbewusst, aber nachdrücklich.
10. Durch eine gezielte Entscheidung kann die Aufmerksamkeit auf jeden ausgewählten Punkt gelenkt werden.
11. Beachtung bringt Verstärkung, Nichtbeachtung bringt Befreiung.
12. Zustimmung aktiviert Kräfte – Ablehnung vernichtet Lebenskraft.
13. Die ständige Wiederholung einer Idee wird erst zum Glauben, dann zur Überzeugung (auch in negativer Hinsicht).
14. Glaube führt zur Tat, Konzentration führt zum Erfolg, Wiederholung führt zur Meisterschaft.

Anmerkungen

Einleitung – von Visionen und Wünschen

1 Pohl, Reinfried: Ich habe Finanzgeschichte geschrieben

1. Die ewige Suche nach dem Glück

1 Schreiber, Matthias: Ein Hauch, ein Husch, S. 118

2 Fontane, Theodor: Gesamtausgabe der erzählenden Schriften, Bd. 9, S. Fischer 1925

3 Goethe, Johann Wolfgang: Egmont, 3. Aufzug

4 Freud, Sigmund: Das Unbehagen in der Kultur

5 Bertelsmann Stiftung (Hg.): Glück, Freude, Wohlbefinden – welche Rolle spielt das Lernen?

6 Braun, Annegret: Von der Machbarkeit des Glücks, 2007

7 Hegel, Georg Wilhelm Friedrich: Vorlesungen über die Philosophie der Geschichte

8 Zitiert nach: BKK für Heilberufe 2010, www.bkk-heilberufe.de/Inhalt/liste-gesundheitsmagazin/Glueck_was_ist_das_eigentlich.html

9 Goetsch, Monika: Was man besitzt, verliert den Reiz. In: Deutsches Allgemeines Sonntagsblatt, 29.1.1999

10 Ebenda

11 Zitiert nach: Seiwert, Lothar: Das Bumerang-Prinzip, S. 13ff.

12 Rizzolatti, Giacomo / Sinigaglia, Corrado: Empathie und Spiegelneurone. Die biologische Basis des Mitgefühls; Bauer, Joachim: Warum ich fühle, was du fühlst. Intuitive Kommunikation und das Geheimnis der Spiegelneurone

13 Ruut Veenhoven in einem Interview mit stern.de am 23.1.2003: Das Talent zum Glücklichsein, www.stern.de/wissen/gesund_leben/interview-das-talent-zum-gluecklichsein-502966.html

14 Nachzulesen unter: Lykken, David T.: Happiness: What Studies on Twins Show Us about Nature, Nurture, and the Happiness Set Point, Golden Books Pub Co, 1999

15 Zitiert nach: www.ots.at/presseaussendung/OTS_20010215_OTS0056

16 Vgl. de.wikipedia.org/wiki/Glück

17 Argyle, Michael: The Psychology of Happiness. Routledge Chapman & Hall, 2001

18 Theobald, Kerstin: Macht Geld glücklich? In: finanztreff.de vom 25.1.2010, http://nachrichten.finanztreff.de/news_news,awert,panorama,bwert,,id,31205404,quelle,,r,0,sektion,vermischtes.html

19 Ebenda

20 Ruut Veenhoven in einem Interview auf stern.de a.a.O.

21 Coelho, Paulo: Am Ufer des Rio Piedra saß ich und weinte. S. 9f.

22 Ruckriegel, Karlheinz: Miteinander im Betrieb, S. 14

23 Frankl, Viktor E.: Der Wille zum Sinn. Ausgewählte Vorträge über Logotherapie, S. 20

2. Schon die alten Griechen wollten es wissen

1 Vgl. Horn, Christoph: Antike Lebenskunst. Glück und Moral von Sokrates bis zu den Neuplatonikern, Goldmann, München 2000

2 Vgl. ebenda, S. 162ff.

3 Vgl. auch: de.wikipedia.org/wiki/Aristippos von Kyrene

4 Aristoteles: Nikomachische Ethik

5 Vgl. Decorte, Jos: Eine kurze Geschichte der mittelalterlichen Philosophie, UTB, Stuttgart 2006

6 Epikur: Philosophie der Freude. Briefe, Hauptlehrsätze, Spruchsammlung, Fragmente. Übertragung und Nachwort von Paul M. Laskowsky, Insel, Frankfurt 2009

7 Vgl. Fellmann, Ferdinand: Auf der Suche nach dem Glück. Für eine Ethik der Selbsterfahrung. In: Marburger Forum. Beiträge zur geistigen Situation der Gegenwart, Jg. 9 (2008), Heft 3; www.philosophia-online.de/mafo/heft2008-3/Fel_Glue.htm

3. Die Macht der Gedanken

1 Vgl. Weidmann, Anke: Ein Mantra für die Lebensfreude. In: www.zeit.de/2005/24/Ein_Mantra_fuer_die_Lebensfreude

2 Grün, Anselm: Einreden, S. 14

3 Schellbach, Oscar: Mein Erfolgs-System, S. 85

4 Vgl. Walter, Oliver: Rational-Emotive Therapie (RET) nach Ellis; www.verhaltenswissenschaft.de/Psychotherapie/Verhaltenstherapie/Beck/beck.htm (Abruf: 31.5.2010)

5 Andreas, Justinus C.: Franz Anton Mesmer ... Entdecker Des Thierischen Magnetismus, Erinnerungen an Denselben, Nabu Press 2010

6 Vgl. Emerson, Ralph Waldo: Von der Schönheit des Guten: Betrachtungen und Beobachtungen, Diogenes, Zürich 1992

7 Vgl. Zimmermann, Hans-Peter (2008): Die spannende Geschichte der Hypnose, www.hpz.com/Hypnose-Geschichte/Hypnose-Geschichte/geschichte-der-hypnose.html (Abruf: 31.5.2010)

8 Vgl. Schuller, Robert H.: Entdecke deine Möglichkeiten – und lebe sie: Der Weg zum Möglichkeitsdenker, Hower of Power Deutschland, 2009

9 Berger, Michael Martin: Controlling und Wahrnehmung: Ansätze zu einem erweiterten Controlling-Begriff, S. 114

10 Vgl. etwa: Watzlawick, Paul: Die erfundene Wirklichkeit, Piper, München 2002; Watzlawick, Paul: Anleitung zum Unglücklichsein, Piper, München 2009

11 Vgl. Coué, Emile: Autosuggestion. Wie man die Herrschaft über sich selbst gewinnt. Die Kraft der Selbstbeeinflussung durch positives Denken, Oesch Verlag, Zürich 1997

12 Wörtlich hat Coué gesagt: »Es geht mir jeden Tag in jeder Hinsicht immer besser und besser.«

13 Heier, Magnus: Ich werde schaden

14 de.wikipedia.org/wiki/Positives_Denken

15 Amen, Daniel G.: Das glückliche Gehirn: Ängste, Aggressionen und Depressionen überwinden – So nehmen Sie Einfluss auf die Gesundheit Ihres Gehirns

16 Michaelis, Marlies: Die Heimat des Optimismus, in: www.sueddeutsche.de, 25.10.2007. Kraft, Ulrich: Die rosarote Brille vor dem inneren Auge, in: Handelsblatt Nr. 231, 29.11.2007

17 Vgl. Paul, Joachim: Netzwerk Neues Denken, www.netzwerkneuesdenken.de/positivesdenken.htm

18 Erickson, Milton H.; Rossi, Ernest L.; Rossi, Sheila L.: Hypnose, S. 35

4. Auf der Suche nach Antworten – vom WIR zum ICH

1 Frankl, Viktor E.: Der Mensch auf der Suche nach Sinn, S. 75

2 Junge, Matthias: Individualisierung, S. 7

3 Junge, Matthias: Individualisierung, S. 10f.

4 Nollmann, Gerd / Strasser, Hermann (Hg.): Das individualisierte Ich in der modernen Gesellschaft, S. 9

5 Elias, Norbert: Über den Prozess der Zivilisation, Soziogenetische und psychogenetische Untersuchungen

6 Horx, Matthias: Die neue Welt der ICHs? Zur Verteidigung des Individualismus gegen seine Kritiker und Freunde, in: Nollmann,

Gerd / Strasser, Hermann: Das individualisierte Ich in der modernen Gesellschaft, Seite 198 ff.

7 Nollmann, Gerd / Strasser, Hermann: Das individualisierte Ich in der modernen Gesellschaft, S. 19

8 Horx, Matthias: Die neue Welt des ICHs? Zur Verteidigung des Individualismus gegen seine Kritiker und Freunde, S. 204, in: Nollmann, Gerd / Strasser, Hermann (Hg.): Das individualisierte Ich in der modernen Gesellschaft, Campus 2004

9 Simonson, Julia: Individualisierung und soziale Integration. Zur Entwicklung der Sozialstruktur und ihrer Integrationsleistungen, S. 133

10 Enkelmann, Nikolaus B., in: Schellbach, Oscar: Der neue Weg, S. 283

5. Der Mensch braucht einen Sinn – Viktor E. Frankl

1 Frankl, Viktor E.: Der Mensch auf der Suche nach Sinn, S. 116

2 Frankl, Viktor E.: Logotherapie und Existenzanalyse, S. 261

3 Frankl, Viktor E.: ... trotzdem ja zum Leben sagen, S. 109

4 Frankl, Viktor E.: Was nicht in meinen Büchern steht, S. 9

5 Ebenda, S. 36

6 Ebenda, S. 39

7 Ebenda, S. 44

8 Ebenda, S. 82

9 Ebenda, S. 77

10 Frankl, Elli: Vortrag am 30.11.1995, S. 4

11 Frankl, Viktor E.: Der Mensch auf der Suche nach Sinn, S. 119

12 Ebenda, 120

13 Ebenda, S. 77

14 Ebenda, S. 70

15 Ebenda, S. 70

16 Frankl, Viktor E.: Was nicht in meinen Büchern steht, S. 126

17 Frankl, Viktor E.: Logotherapie und Existenzanalyse, S. 261

18 Frankl, Viktor E.: Was nicht in meinen Büchern steht, S. 75

19 Ebenda, S. 75

20 Ebenda, S. 12

21 Ebenda, S. 14

22 Ebenda, S. 14

23 Ebenda, S. 15

6. Falsche Propheten – die halbe Wahrheit

1 Goethe, Joh. W. von: Brief an Carl Friedrich Zelter, 30.10.1808

2 Byrne, Rhonda: The Secret. Das Geheimnis, S. 23

3 Ebenda, S. 65

4 Ebenda, S. 69

5 Frankh, Pierre: Erfolgreich wünschen. 7 Regeln, wie Träume wahr werden, S. 25f.

6 Byrne, Rhonda: The Secret. Das Geheimnis, S. 223–237

7 www.gym-hartberg.ac.at/religion/starnet/media/downloads/Esoterik.pdf

8 Rosenkranz, Stefanie: Geister, Gurus und Gebete, Stern Nr. 49 vom 26.11.2009, S. 44

9 Byrne, Rhonda: The Secret. Das Geheimnis, S. 159

10 Ebenda, S. 157

11 Ebenda, S. 28–30

12 Vgl. Dil, Esma Anemon: Du bist das Geheimnis, in: Süddeutsche Zeitung vom 1.9.2007

13 Byrne, Rhonda: The Secret. Das Geheimnis, S. 22f.

14 Vgl. Dil, Esma Anemon: Du bist das Geheimnis, in: Süddeutsche Zeitung vom 1.9.2007

15 Campbell, Jason: The Secret Behind the Secret … and Why it Doesn't Work, in: Speaker, March 2009, S. 20–23

7. Was hat Glück mit Wünschen zu tun?

1 Zitiert nach: Thadden, Elisabeth: Nichts bleibt je, wie es ist

2 Ortega y Gasset, José: Der Aufstand der Massen, 1929

8. Wünschen – ganz praktisch

1 Goethe, Johann Wolfgang von: Dichtung und Wahrheit

2 Ariely, Dan: Denken hilft zwar, nützt aber nichts. Warum wir immer wieder unvernünftige Entscheidungen treffen, München 2010

3 Großmann, Gustav: Sich selbst rationalisieren! S. 122

4 Ebenda

9. Planen – gut geplant ist halb gewonnen

1 Goethe, Johann Wolfgang von: Brief an Friedrich August Wolf, Weimar, 28.11.1806

2 Pharo trat unter anderem in folgenden Sendungen auf: Die Nacht des Schlafes (3SAT), Der Hypnotiseur (ARD, Arte), BRISANT (ARD), Fernsehgarten (ZDF).

3 Goethe, Johann Wolfgang von: Pylades

4 Rizzolatti, Giacomo; Sinigaglia, Corrado: Empathie und Spiegelneurone. Die biologische Basis des Mitgefühls; Bauer, Joachim: Warum ich fühle, was du fühlst. Intuitive Kommunikation und das Geheimnis der Spiegelneurone

5 Vgl. Blech, Jörg: Heilkraft im Oberstübchen, in: Spiegel Wissen 2/2009, S. 46–50

10. Wagen – so gehen Sie mutig den nächsten Schritt

1 Goethe, Johann Wolfgang von: Wilhelm Meisters Wanderjahre, Zweites Buch, Neuntes Kapitel

2 Bonhoeffer, Dietrich: Widerstand und Ergebung. Briefe und Aufzeichnungen aus der Haft

3 Seligman, Martin E. P.: Kinder brauchen Optimismus, S. 422

4 Vgl. Reporter positiver Nachrichten: Juhu: 9 von 10 Menschen sind optimistisch! In: Rheinische Post vom 26.5.2009, http://gutenachrichtenreporter.wordpress.com/2009/05/26/juhu-9-von-10-menschen-sind-optimistisch/

5 Vgl. Watzlawick, Paul: Wie wirklich ist die Wirklichkeit? Piper, München 1995

6 Goethe, Johann Wolfgang von: Nachgelassene Werke, Fünfter Band, S. 99

11. Siegen – Wünsche und Visionen erfüllen sich

1 Gladwell, Malcolm: Überflieger, Campus, Frankfurt 2009

2 Vgl. Levitin, Daniel: This is your Brain on Music. Understanding a Human Obsession, Atlantic Books 2008

3 Zitiert nach: Thielicke, Robert: Alles nur Übung, in: Focus Nr. 15 (2009), www.focus.de/wissen/wissenschaft/psychologie/tid-14115/psychologie-alles-nur-uebung_aid_387226.html (Abruf: 31.5.2010)

4 Vgl. Hany, Ernst: Entwicklung und Förderung hochbegabter Schüler aus psychologischer Sicht. Vortrag im Rahmen der Ringvorlesung »Herausforderungen der Bildungsgesellschaft« an der Universität Erfurt am 11.6.2002, S. 6 f.

5 Vgl. Czikszentmihalyi, Mihaly: Kreativität. Wie Sie das Unmögliche schaffen und Ihre Grenzen überwinden. Klett Cotta, Stuttgart 1997

6 Schwarte, Johannes: Der werdende Mensch. Persönlichkeitsentwicklung und Gesellschaft heute, VS Verlag für Sozialwissenschaften 2002, S. 236 f.

7 Goethe, Johann Wolfgang von: Der Schatzgräber

Literaturverzeichnis

Amen, Daniel G.: *Das glückliche Gehirn: Ängste, Aggressionen und Depressionen überwinden – So nehmen Sie Einfluss auf die Gesundheit Ihres Gehirns.* Goldmann Verlag, München 2010

Andreas, Justinus C.: *Franz Anton Mesmer … Entdecker Des Thierischen Magnetismus, Erinnerungen an Denselben.* Nabu Press 2010

Ariely, Dan: *Denken hilft zwar, nützt aber nichts. Warum wir immer wieder unvernünftige Entscheidungen treffen.* Droemer / Knaur, München 2010

Argyle, Michael: *The Psychology of Happiness.* Routledge Chapman & Hall, 2001

Auhagen, Ann Elisabeth: *Positive Psychologie.* Beltz PVU, Weinheim 2008

Bauer, Joachim: *Warum ich fühle, was du fühlst. Intuitive Kommunikation und das Geheimnis der Spiegelneurone.* Heyne, München 2006

Bellebaum, Alfred: *Glücksforschung: Eine Bestandsaufnahme.* UVK, Konstanz 2002

Berger, Michael Martin: *Controlling und Wahrnehmung: Ansätze zu einem erweiterten Controlling-Begriff.* Gabler, Wiesbaden 2004

Bertelsmann Stiftung (Hg.): *Glück, Freude, Wohlbefinden – welche Rolle spielt das Lernen?* Gütersloh 2008

Blech, Jörg: *Heilkraft im Oberstübchen.* In: Spiegel Wissen 2 / 2009, S. 46–50

Bonhoeffer, Dietrich: *Widerstand und Ergebung. Briefe und Aufzeichnungen aus der Haft.* Guetersloher Verlagshaus, 17. aktualisierte Auflage 2002

Braun, Annegret: *Von der Machbarkeit des Glücks oder: Was ist Glück?* In: Kuckuck. Notizen zur Alltagskultur 22 (2007), Heft 2, S. 30–34

Byrne, Rhonda: *The Secret. Das Geheimnis.* Goldmann Arkana, München 2007

Campbell, Jason: *The Secret Behind the Secret … and Why it Doesn't Work.* In: Speaker, March 2009, S. 20–23

Coelho, Paulo: *Am Ufer des Rio Piedra saß ich und weinte.* Diogenes, Zürich 1997

Coué, Emile: *Autosuggestion. Wie man die Herrschaft über sich selbst gewinnt. Die Kraft der Selbstbeeinflussung durch positives Denken.* Oesch Verlag, Zürich 1997

Czikszentmihalyi, Mihaly: *Kreativität. Wie Sie das Unmögliche schaffen und Ihre Grenzen überwinden.* Klett Cotta, Stuttgart 1997

Decorte, Jos: *Eine kurze Geschichte der mittelalterlichen Philosophie.* UTB, Stuttgart 2006

Dil, Esma Anemon: *Du bist das Geheimnis.* In: Süddeutsche Zeitung vom 1.9.2007

Elias, Norbert: *Über den Prozess der Zivilisation. Soziogenetische und psychogenetische Untersuchungen.* 2 Bände, Suhrkamp, Frankfurt a.M. 2007

Emerson, Ralph Waldo: *Von der Schönheit des Guten: Betrachtungen und Beobachtungen.* Diogenes, Zürich 1992

Enkelmann, Claudia E.: *Mit Liebe, Lust und Leidenschaft zum Erfolg.* Walhalla, Regensburg 2007

Enkelmann, Claudia E.: *Erfolgreich mit den Waffen einer klugen Frau.* Redline Wirtschaft, München 2008

Enkelmann, Nikolaus B.: *Der Erfolgs-Navigator. Ohne Stress und Burnout private und berufliche Ziele verwirklichen.* Linde, Wien 2008

Enkelmann, Nikolaus B.: *Leben ist eine Kunst.* GABAL, Offenbach 2010

Enkelmann, Nikolaus B.: *Mentaltraining – der Weg zur Freiheit.* GABAL, Offenbach 2001

Enkelmann, Nikolaus B.: *Mit Vertrauen gewinnen!* Wallhalla, Regensburg 2010

Enkelmann, Nikolaus B.: *Rhetorik Klassik – Die Kunst zu überzeugen.* GABAL, Offenbach 2004

Enkelmann, Nikolaus B.; Böttcher, Gabi: *Die Formel des Erfolgs. Ratgeber für Sieger.* mvg-Verlag, München / Landsberg, 2. Auflage 1994

Epikur: *Philosophie der Freude. Briefe, Hauptlehrsätze, Spruchsammlung, Fragmente.* Übertragung und Nachwort von Paul M. Laskowsky, Insel, Frankfurt 2009

Erickson, Milton H.; Rossi, Ernest L.; Rossi, Sheila L.: *Hypnose: Induktion. Psychotherapeutische Anwendung. Beispiele.* Klett-Cotta, Stuttgart 2009

Ericsson, K. Anders; Charness, Neil; Feltovich, Paul J.; Hoffman, Robert R. (Hg.): *The Cambridge Handbook of Expertise and Expert Performance (Cambridge Handbooks in Psychology).* Cambridge University Press 2006

Fellmann, Ferdinand: *Auf der Suche nach dem Glück. Für eine Ethik der Selbsterfahrung.* In: Marburger Forum. Beiträge zur geistigen Situation der Gegenwart, Jg. 9 (2008), Heft 3; www.philosophia-online.de/mafo/heft2008-3/Fel_Glue.htm

Frankh, Pierre: *Erfolgreich wünschen: 7 Regeln, wie Träume wahr werden.* Koha-Verlag, Burgrain 2005

Frankl, Elli: *Trotzdem ja zum Leben sagen ... Der Mensch auf der Suche nach Sinn.* Vortrag vom 30.11.2005 im Stadttheater Landsberg anlässlich des 100. Geburtstags von Viktor E. Frankl

Frankl, Viktor, E.: *Der Mensch auf der Suche nach Sinn.* Herder, Freiburg/Basel/Wien 1973
Frankl, Viktor E.: *Der Wille zum Sinn. Ausgewählte Vorträge über Logotherapie.* Piper, München 1997
Frankl, Viktor, E.: *Logotherapie und Existenzanalyse.* Beltz Verlag, Weinheim und Basel 2002
Frankl, Viktor, E.: *… trotzdem Ja zum Leben sagen.* Deutscher Taschenbuch Verlag, München 1984
Frankl, Viktor, E.: *Was nicht in meinen Büchern steht.* MMV Medizin Verlag, München 1995
Freud, Sigmund: *Die Traumdeutung.* Fischer, Frankfurt am Main, 13. Aufl. 2005
Gilbert, Daniel: *Ins Glück stolpern.* Goldmann, München 2008
Gladwell, Malcom: *Überflieger: Warum manche Menschen erfolgreich sind – und andere nicht.* Campus, Frankfurt am Main 2009
Graf, Helmut: *Die kollektiven Neurosen im Management. Viktor Frankl. Wege aus der Sinnkrise in der Chefetage.* Linde Verlag, Wien 2007
Großmann, Gustav: *Sich selbst rationalisieren! Wesen und Praxis der Vorbereitung persönlicher und beruflicher Erfolge.* Verlag für Wirtschaft und Verkehr Forkel & Co., Stuttgart und Wien, 9. Auflage 1927
Grün, Anselm: *Einreden.* Vier-Türme Verlag, Münsterschwarzach 2009
Hany, Ernst: *Entwicklung und Förderung hochbegabter Schüler aus psychologischer Sicht.* Vortrag im Rahmen der Ringvorlesung »Herausforderungen der Bildungsgesellschaft« an der Universität Erfurt am 11.6.2002, S. 6f.
Heier, Magnus: *Ich werde schaden.* In: faz.net vom 21.9.2009
Helmel, Heinrich: *Der bejahende Mensch. Selbsterziehung zur positiven Lebensgestaltung.* Heinrich Schwab Verlag, Argenbühl-Eglofstal 1980
Helmel, Heinrich: *Blutwell-Übungen und Helmel-Atemgymnastik.* Heinrich Schwab Verlag, Argenbühl-Eglofstal, 13. Auflage 2008
Horn, Christoph: *Antike Lebenskunst. Glück und Moral von Sokrates bis zu den Neuplatonikern.* Goldmann, München 2000
Horx, Matthias: *Die neue Welt der ICHs? Zur Verteidigung des Individualismus gegen seine Kritiker und Freunde.* In: Nollmann, Gerd; Strasser, Hermann: *Das individualisierte Ich in der modernen Gesellschaft,* Seite 198ff.
Junge, Matthias: *Individualisierung.* Campus, Frankfurt am Main 2002
Kraft, Ulrich: *Die rosarote Brille vor dem inneren Auge.* In: Handelsblatt Nr. 231, 29.11.2007
Levitin, Daniel J.: *This Is Your Brain on Music: The Science of a Human Obsession. Dutton Adult.* Atlantic Books, New York 2006
Lykken, David T.: *Happiness: What Studies on Twins Show Us about Nature, Nurture, and the Happiness Set Point.* Golden Books Pub Co, 1999

Lyubomirsky, Sonja: *Glücklich sein: Warum Sie es in der Hand haben, zufrieden zu leben.* Campus, Frankfurt am Main 2008
Michaelis, Marlies: *Die Heimat des Optimismus.* In: www.sueddeutsche.de, 25.10.2007
Mohr, Bärbel: *Bestellungen beim Universum. Ein Handbuch zur Wunscherfüllung.* Omega Verlag, Aachen 2004
Neffe, Franz Josef: *Lebensschlüssel Autosuggestion.* Verlag für Könnenschaft, Pfaffenhofen 2007
Nollmann, Gerd; Strasser, Hermann (Hg.): *Das individualisierte Ich in der modernen Gesellschaft.* Campus, Frankfurt am Main 2004
Ochmann, Frank: *Das Talent zum Glücklichsein – Anmerkungen des Soziologen Ruut Veenhoven.* In: Stern Nr. 5 vom 23.01.2003
Ortega y Gasset, José: *Der Aufstand der Massen.* Deutsche Verlagsanstalt, Stuttgart 2002
Pattakos, Alex: *Gefangene unserer Gedanken.* Linde Verlag, Wien 2005
Paul, Joachim: *Netzwerk Neues Denken.* www.netzwerkneuesdenken.de/positivesdenken.htm
Pohl, Reinfried: *Ich habe Finanzgeschichte geschrieben.* Hoffmann und Campe, Hamburg 2005
Rizzolatti, Giacomo; Sinigaglia, Corrado: *Empathie und Spiegelneurone. Die biologiche Basis des Mitgefühls.* Suhrkamp, Frankfurt am Main 2008
Rosenkranz, Stefanie: *Geister, Gurus und Gebete.* In: Stern Nr. 49 vom 26.11.2009, S. 44
Ruckriegel, Karlheinz: *Miteinander im Betrieb.* In: Personal, Heft 6/2009, S. 14–16
Schellbach, Oscar: *Der neue Weg* (Monatszeitschrift). Verlag Schellbach-Haus, Baden-Baden 1958
Schellbach, Oscar: *Mein Erfolgs-System.* Verlag Schule des Erfolges, Hamburg 1928
Schreiber, Matthias: *Ein Hauch, ein Husch.* In: Der Spiegel 23/2009, S. 118ff.
Schreiber, Matthias: *Das Gold in der Seele – Die Lehren vom Glück.* Deutsche Verlags-Anstalt, München 2009
Schuller, Robert H.: *Aus Tränen werden Edelsteine.* GerthMedien, Asslar 2006
Schuller, Robert H.: *Entdecke deine Möglichkeiten – und lebe sie: Der Weg zum Möglichkeitsdenker.* Hower of Power Deutschland, 2009
Schuller, Robert H.: *Erfolg kennt keine Grenzen. Fehlschläge sind niemals endgültig.* mvg-Verlag, München 1991
Schuller, Robert H.: *Meine Lebensreise.* GerthMedien, Asslar 2004
Schwarte, Johannes: *Der werdende Mensch. Persönlichkeitsentwicklung und Gesellschaft heute.* VS Verlag für Sozialwissenschaften, Wiesbaden 2002

Seiwert, Lothar J.: *Das Bumerang-Prinzip: Mehr Zeit fürs Glück.* Deutscher Taschenbuch Verlag, München 2004
Seiwert, Lothar J.: *Wenn du es eilig hast, gehe langsam. Mehr Zeit in einer beschleunigten Welt.* Campus, Frankfurt am Main 2008
Seligman, Martin E. P.: *Der Glücks-Faktor: Warum Optimisten länger leben.* Bastei-Lübbe, Bergisch Gladbach 2005
Seligman, Martin E. P.: *Pessimisten küsst man nicht.* Droemer-Knaur, München 2001
Seligman, Martin E. P: *Kinder brauchen Optimismus.* Rowohlt, Reinbek bei Hamburg 1999
Seligman, Martin E. P: *What you can change and what you can't: Learning to accept what you are: The complete guide to successful-self-improvement.* Nicholas Brealey Publishing 2007
Simonson, Julia: *Individualisierung und soziale Integration. Zur Entwicklung der Sozialstruktur und ihrer Integrationsleistungen.* VS Verlag für Sozialwissenschaften, Wiesbaden 2004
Spies, Eberhard: *Die Philosophie des Gemütes. Eine philosophisch-anthropologische Studie nach der Philosophie von Immanuel Kant und Thomas von Aquin.* Missionsverlag, St. Ottilien 1930
Thadden, Elisabeth: *Nichts bleibt je, wie es ist.* In: Die Zeit, 1.4.2009
Theobald, Kerstin: *Macht Geld glücklich?* In: finanztreff.de vom 25.1.2010, http://nachrichten.finanztreff.de/news_news,awert,panorama,bwert,,id,31205404,quelle,,r,0,sektion,vermischtes.html
Tracy, Brian: *Eat that frog. 21 Wege, um sein Zaudern zu überwinden, in weniger Zeit mehr zu erledigen.* GABAL, Offenbach 2007
Tracy, Brian: *Flight plan. Das wahre Geheimnis vom Erfolg.* GABAL, Offenbach 2009
Walter, Oliver: *Rational-emotive Therapie (RET) nach Ellis.* www.verhaltenswissenschaft.de/Psychotherapie/Verhaltenstherapie/Beck/beck.htm (Abruf: 31.5.2010)
Watzlawick, Paul: *Wie wirklich ist die Wirklichkeit? Wahn, Täuschung, Verstehen.* Piper, München 2010
Weidmann, Anke: *Ein Mantra für die Lebensfreude.* In: www.zeit.de/2005/24/Ein_Mantra_fuer_die_Lebensfreude
Wisemann, Richard: *59 Seconds: Think a little, Change a lot.* Macmillan, London 2009
Zimmermann, Hans-Peter: *Die spannende Geschichte der Hypnose.* www.hpz.com/Hypnose-Geschichte/Hypnose-Geschichte/geschichte-der-hypnose.html (2008; Abruf: 31.5.2010)